세계의 심장

Das Herz der Welt (1944, ⁶2008)
© Johannes Verlag Einsiedeln, Freiburg

세계의 심장

2021년 10월 20일 교회 인가
2022년 4월 17일 초판 1쇄 펴냄
2023년 6월 2일 초판 2쇄 펴냄

지은이 • 한스 우르스 폰 발타사르
옮긴이 • 김혁태
펴낸이 • 정순택
펴낸곳 • 가톨릭출판사
편집 겸 인쇄인 • 김대영
편집 • 정주화, 강병권
표지디자인 • 정진아
내지디자인 • 강해인
마케터 • 황희진, 임찬양

본사 • 서울특별시 중구 중림로 27
등록 • 1958. 1. 16. 제2-314호
전자우편 • edit@catholicbook.kr
전화 • 1544-1886(대표 번호)
지로번호 • 3000997

ISBN 978-89-321-1808-6 03230
값 24,000원

이 책의 한국어 출판권은 (재)천주교서울대교구 가톨릭출판사에 있습니다.
저작권법에 의해 한국 내에서 보호를 받는 저작물이므로 무단 전재와 무단 복제를 금합니다.

가톨릭의 모든 도서와 성물을 '가톨릭출판사 인터넷쇼핑몰'에서 만나 보실 수 있습니다.
http://www.catholicbook.kr | (02)6365-1888(구입 문의)

Das Herz Der Welt

세계의 심장

한스 우르스 폰 발타사르 지음 | 김혁태 옮김

가톨릭출판사

옮긴이의 말

청춘들에게 보내는 위로와 자극

발타사르(Hans Urs von Balthasar, 1905~1988)는 스위스 태생의 20세기 위대한 가톨릭 신학자이다. 그는 문학, 철학, 문화와 신학을 아우르는 방대한 저술을 남겼는데, 그 분량은 가히 타의 추종을 불허한다. 그에게 가해진 여러 비방과 논란에도 불구하고 그는 오늘날 가톨릭만이 아니라 개신교에도 지대한 영향을 미치고 있는 신학자로서, 그의 신학적 기획은 특히 '계시의 아름다움'과 예수 그리스도 안에서 드러난 '하느님의 사랑'을 관조하는 데 있었다. 대표작으로 꼽히는 그의 3부작(전 15권) 《영광*Herrlichkeit*》, 《하느님 드라마 *Theodramatik*》, 《하느님 논리*Theologik*》는 하느님의 계시를 각각 아름다움, 선함, 진리의 측면에서 탐색한 것이다.

이《세계의 심장》은 발타사르의 초기작이다(초판은 1944년). 말년에 이 책을 새롭게 펴내는 것에 다소 주저했지만, 죽기 며칠 전에 쓴 '머리말'에서 밝혔듯이, 그는 이 책을 젊은이들에게 헌정했다. 그가 젊은 날에 쓴 이 작품이 황량한 세상을 살아야 하는 청춘들에게 어쩌면 위로와 자극이 되기를 바랐던 것일까. 아름답고 참된 것, 가장 중요한 것을 상실하지 않기를 바라는 원숙한 노인의 마음으로.

하지만 이 책은 난해하기 이를 데 없다. 첫 장부터 그러한데(그리하여 아마도 많은 이가 금세 읽기를 중단하지 않을까), 은유와 상징, 축약과 모호함으로 가득하다. 사실 이 책은 체계적이고 논리적인 신학 서적이 아니다. 그가 '머리말'에서 적은 대로, 서정 문학적 양식 안에 그리스도교적인 것의 진수를 녹여 낸 묵상집이랄까.

사실 발타사르는 조직적인 신학 체계를 구축하는 데 관심이 없었다. 전통적이지도 일반적이지도 않은 그의 글쓰기가 당혹함을 불러일으키는데, 이러한 특성이《세계의 심장》에 여지없이 드러난다. 여기서는, 말하는 이와 그 대상이 인간, 하느님, 그리스도, 미지의 어느 누구이기도 하고, 아울러 다양한 문체가 번갈아 사용된다. 체계적인 분석을 허용하지 않으려는 이러한 모호성과 문학적 표현들을 모호함 그대로 읽어 내고 우리말로 옮기는 것이 관건이었지만, 어쩌랴, 한계성을 절감한다. 그럼에도 내용적으로 두 가지만을 간단히 언급하고자 한다.

하나는, 이 책이 삼위일체적 **'순환의 신비'**를 말하려는 것 같다는 점이다. 모든 것은 하느님 아버지에게서 나와 하느님 아버지에게로 돌아간다. 그분에게서 사랑이 샘물처럼 솟아 만물을 적시고 흐르며 그분에게로 귀환한다. 하느님께서 모든 것 안에 모든 것이 되실 때까지(1코린 15,28 참조). 그리고 그 중심에 예수 그리스도의 신비가 있다. 성령 안에서 사람이 되신 하느님의 심장이 세계의 중심이다. 온 우주가 그분의 몸이다. 심장이 어찌 자기 몸을 돌보지 않거나 사랑하지 않을 수 있으랴. 그러나 이 생명의 흐름과 순환을 가로막고 차단하는 교회와 그리스도인들의 세속성에 대한 풍자와 준엄한 비판도 이 책에서 찾을 수 있다.

또 하나는, 이 책이 **'모순의 신비'**에 대해 곳곳에서 거듭하여 말한다는 점이다. 이 모순의 신비는 사람이 되신 하느님 아들 안에서 신성과 인성이 결합함으로써('위격적 일치') 이로부터 귀결되는 본질적 특성으로, 예수님의 강생과 수난, 부활의 전 생애를 관통한다. 곧 "그보다 더 큰 것을 생각할 수 없는 크신 분"(안셀모 성인)이 "그보다 더 작은 것을 생각할 수 없는 작은 분"이 되심으로써, 하느님 아들 안에서 양극단이, 곧 무한과 한계, 낮춤과 높임, 권능과 무능, 강함과 약함, 충만과 공허, 하느님 가까이와 하느님 멀리가 온전히 매개되고 견지되며 무한히 초월된다. 이러한 모순의 일치는 그리스도 안에서 남김없이 드러난 하느님의 절대적 사랑 안에서만 가능하다.

하느님은 사랑이시다(1요한 4,8.16 참조). 발타사르는 '성 토요일의 신학'과 '지옥 담론'에서 하느님의 절대적 사랑이 사랑하는 이들을 위하여 죽음과 지옥(하느님 단절과 소외)에까지 내리시는 그리스도의 헌신과 순종에서 극적으로 계시되었음을 역설한 바 있다. 물론 여기서 말하는 사랑은 우선적으로 어떤 느낌이나 감정을 의미하지 않는다. 사랑은 존재를 긍정하는 가운데 타자를 위하여 자신을 비우고 내어 주는 것이다. 이 사랑의 심장 박동이 감추어져 있으면서도 조용하게, 우리 자신과 온 우주에서 끊임없이 약동하고 있다고 발타사르는 말한다. 절절한 이 사랑에 빠져들어 이 사랑으로 불타는 것, 사랑의 심장 박동에 공명하여 우리 심장도 함께 고동치는 것만이 인간의 모든 갈망을 최종적으로 충만히 채울 수 있다고.

발타사르의 대작들에 비하면 작은 책자이지만, 이《세계의 심장》을 펴내는 가톨릭출판사에 경의를 표한다. 이 대가의 작품들은 거대한 산맥과도 같아서, 선뜻 다가갈 용기가 나지 않기 때문이다. 아울러 옮긴이에게는 여전히 신앙과 삶의 학교인 광주신학교 공동체 식구들에게 감사한다. 이 책이 한국 교회와 신앙인들에게 사랑의 작은 불티라도 되기를 감히 바란다.

2021년 8월에

김혁태 신부

머리말

심장은 여전히 뛰고 있다

곧 50년이 된다. 여름날 내 고향 호숫가에서 이 책을 집필했던 게. 늙은이가 된 지금, 이 책의 서정 문학적 양식이 오늘날 누군가에게 호소력이 있을지 잘 모르겠다. 그러나 새롭게 단장을 하고 제시되는 이 책의 영적 함의는 시간의 흐름 속에서도 변하지 않았다.

세상의 소음 한가운데서 그 심장 박동은 한결같다. 그리고 귀를 기울이는 이에게는 그때보다 감지하기가 더 어렵지도 않다. 어쩌면 참으로, 우리가 쓸데없는 것들로 더욱 시끄럽게 그 박동 소리를 압도할수록, 그 심장 박동은 더욱 고요하게, 더욱 끈질기게, 더욱 충실하게 자신을 알리고 있지 않을까.

우리의 권력 의지를 향해, 우리의 넋 나간 삶을 향해 그 심장 박동이 권능과 무능의 전무후무한 일치로, 사랑의 본질 자체로 자신을 드러낸다. 내 젊은 날의 이 작품을 무엇보다 청춘들에게 바친다.

1988년 6월에

한스 우르스 폰 발타사르Hans Urs von Balthasar

차례

옮긴이의 말 • 5
머리말 • 10

제1부   나라

1장 • 17
2장 • 41
3장 • 68
4장 • 90

제2부   수난

5장 • 115
6장 • 134
7장 • 153
8장 • 174
9장 • 192

제3부　승리

10장 • 209
11장 • 231
12장 • 251
13장 • 270

더 알아보기

발타사르, 그는 누구인가 • 295

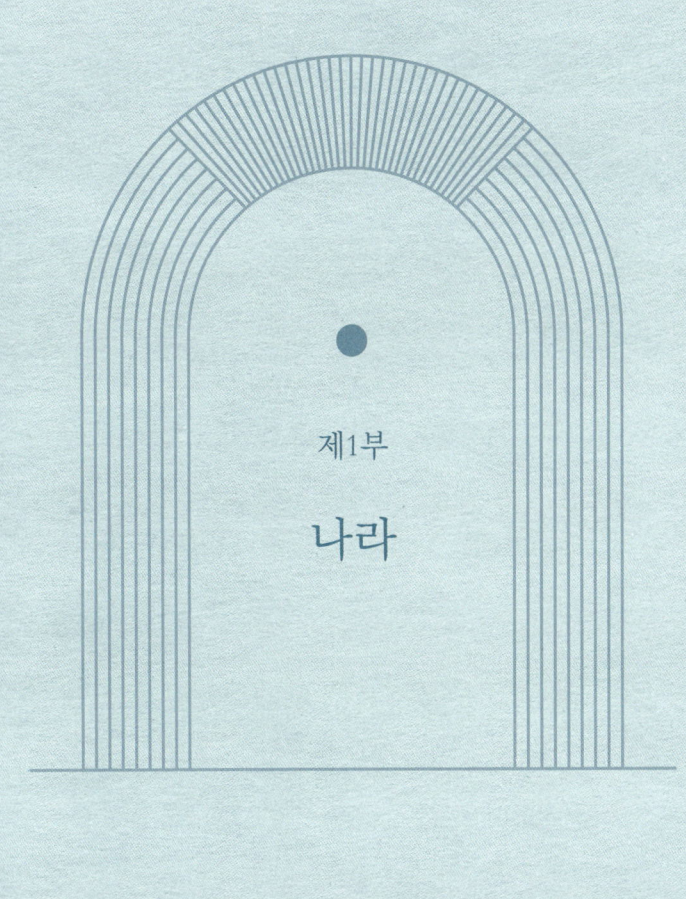

제1부

나라

1장

 이 책은 변화무쌍하고 복잡하기 이를 데 없는 혼돈의 21세기를 살아가는 청년들에게 바치는 희망의 찬가이다. 발타사르는 위로와 격려를 담아서 청년들에게 이 희망의 찬가를 바쳤다. 이 작품은 청년들에게 인간 존재가 간직한 모순, 그리고 이 모순을 넘어서서 충만한 삶과 자아실현을 이룰 수 있는 비전을 제시하고 있다. 그것은 다름 아닌 인류를 향한 하느님 사랑의 신비, 그리스도를 통해 드러나는 그분의 무한한 사랑의 신비에 대한 비전이다.

 발타사르는 1장에서 인간 존재가 지닌 '역설적 신비'를 다양한 비유를 들어 보여 준다. 그러면서 이를 바탕으로 우리를 향해 하느님이 건네신 구원의 신비를 조명하고자 했다. 무엇보다도 그는 인간의 유한성에 주목했다. 우리는 한 줌의 재로 사라지고 말 유한한 존재이다. 그러나 우리에게는 무한함을 인식할 수 있는 능력이 있다. 여기에 인간 존재가 지닌 '모순'이 있다. 우리는 무한자이신 하느님을 향해 창조되었지만, 그분이 아니라면 한순간도 유지될 수 없는 존재이다. 또한 하느님의 은총이 아니라면, 우리는 결코 그분께 도달할 수 없는 존재이다.

그런 역설적 존재인 인간에게 발타사르는 '시간'이 지닌 가능성에 주목하도록 초대한다. 우리가 이 시간 속에서 어떻게 하느님의 부르심에, 은총 작용에 응답하는가에 따라, 인간의 유한함은 하느님의 무한함으로 뻗어 나갈 수 있는 가능성을 얻게 된다. 따라서 '시간'은 우리에게 구원의 손길을 건네는 중요한 장場이 아닐 수 없다. 발타사르는 인간이 무한으로 나아가기 위한 비결로 주님의 말씀을 듣는 자세와 우리 자신에 대한 집착을 내려놓는 자세, 그리고 사랑을 꼽았다. 더 나아가, 그는 하느님 곁에서 죽고 부활할 때, 비로소 영원한 생명에 이를 수 있다고 전한다. 그렇게 "시간의 비밀스러운 강물에 우리의 몸을 씻을 때" 우리는 무한을 향한 구원의 길로 나아갈 수 있다.

마지막으로, 발타사르는 성자 그리스도의 입장이 되어 다음과 같이 구원을 향한 길을 전해 주고 있다.

"주는 것이 받는 것보다 더욱 복되다. 내가 아버지를 발산하듯 너희도 나를 발산해야 한다. 참으로 너희 얼굴을 나에게로 돌려라. 그래야 나는 너희 얼굴을 세상 속으로 돌릴 수 있으리라. 그래야 나는 너희를 나라는 길 위에 둘 수 있다. 나는 길이다."

그는 이처럼 우리의 심장이 성자 안에서 고동치지 않는다면, 삼위일체의 영원한 생명과 사랑 안에서 고동치지 않는다면, 우리가 허무로 돌아가고 말 거라고 전해 준다.

* 이 내용 요약은 원문에는 없는 부분입니다. 그렇지만 독자들이 이 책을 좀 더 쉽게 읽을 수 있도록 추가했습니다.

유한성의 감옥이여! 모든 존재가 그러하듯 인간 역시 감옥들 안에서 태어난다. 영혼, 육신, 생각, 지식, 지향, 인간의 모든 것이 그 자체로 한계를 가진다. 모든 것이 만질 수 있는 유한성 그 자체이다. 이것 또는 저것이고, 다른 것과 분리되어 있고 떨어져 있다. 누구나 감각의 창살 너머로 타자를 바라보지만, 결코 그 타자가 될 수 없다. 인간 정신이 세계의 공간을 새처럼 난다 해도, 그 공간은 결코 인간 자신이 아니다. 공간을 가르는 궤적들은 사라지고, 오래 남을 인상 따윈 생기지 않는다. 이 존재에서 저 존재에 이르기까지, 얼마나 무수히 그러한가! 심지어 서로 사랑한다 해도 그렇다. 섬처럼 고립되어 서로가 서로에게 눈짓을 보내고, 고독을 나누려 애쓰고, 서로 일치한 듯한 착각 속에 있을 때조차도, 곧바로 실망이 얼마나 고통스럽게 그들을 덮치는가? 숨겨진 창살들과 차디찬 유리 벽에 곧바로 막히지 않는가? 갇힌 새처럼 그들은 유리 벽을 향해 돌진한다. 누구도 자신의 감옥을 두 갈래로 열어젖힐 수 없고, 타자가 누구인지도 알지 못한다. 인간이 동물을 대하는 것 못지않게 억측은 남자에게서 여자로, 아이에게서 어른으로 옮겨 간다. 모든 존재가 서로에게 낯설기만 하다. 아무리 아름답게 서로 기대어 있을지라도, 눈부신 색채처럼, 또는 물과 바위, 태양과 안개처럼 서로 조화를 이루고 있을지라도, 그 모든 것이 함께 어우러져 한껏 우주의 하모니를 울리고 있을지라도, 그 화려함의 대가는 극도의 쓰라린 분리이다.

이미 홀로 자존하는 개별자는 단념된 것일 뿐, 순수의 거울은 깨어져 있고, 무한성의 모상은 모든 세계로 뿔뿔이 흩어져, 세계는 파편 더미들로 가득하다. 그럼에도 여전히 귀중한 것은 각각의 폐허들이니, 모든 파편마다 근원의 신비가 한 줄기 빛으로 번쩍인다. 유한한 선 안에서 무한한 선을 알아볼 수 있다. 그 이상의 것에 대한 약속을, 어쩌면 벽이 부서질 수도 있다는 예감을, 갑작스런 환희 앞에서 우리의 맥박을 멈추게 하는 달콤한 부추김을! 일순간 자신을 내려놓고, 베일이 벗겨져, 잿더미와도 같은 익숙함의 외투를 벗고, 알몸으로 설 때, 숨을 멎게 하는 그 놀라움을! 무한히 행복하게 하는 경이로움을! 여기 시초의 반사, 근원의 입맞춤, 잃어버린 단일성의 증표가 있다. 그러나 즐거움의 과심果心은 만질 수 없이 늘 신비로이 머무른다. 잡아채려 해도, 붙잡을 수 없다. 아담의 사과를 손에 쥘 수 있을 뿐, 생명나무의 무한한 열매에는 닿지 못한다. 천상의 모습은 슬프게 웃으며 슬그머니 물러나, 멀어져 안개 속으로 스러진다. 무한한 듯 보였던 것도 다시 냉정하게 벽을 드러내고, 찾는 이, 찾는 대상 둘 다 자신들의 비좁은 감옥 속으로 미끄러지듯 되돌아간다. 우리는 다시 모든 것을 마주하여 서 있다, 부분의 부분으로. 우리가 가진 것은 조각나 주어진 것뿐이다. 그 어떤 잡아끄는 힘도, 그 어떤 눈물도 감옥을 부수지 못한다.

그러나 보라. 둥둥 떠다니며 흔들거리는 것, 신비로이 유동하는 것이 있으니, 그것은 시간이다. 이편에서 저편으로 가는 보이지 않는 작은 배. 이것에서 저것마다로 노 저어 가는 여정. 시간 속으로 오르자마자 배는 이미 너를 싣고 출발하고, 너는 어떻게 그러는지, 어디로 가는지 알지 못한다. 네 아래 단단한 바닥은 이미 출렁이며 요동치고, 가혹한 물길은 굽이치며 솟구친다. 잘도 휘감아 도는 강물처럼 굽이굽이 흐르기 시작한다. 강기슭이 번갈아 나타나고, 곧이어 배는 숲들을 가로질러 가며 너를 뒤흔든다. 너른 들판들과 인간의 도시들을 연이어 지난다. 물결은 그 자체로 변화무쌍하고 변덕스럽다. 부드럽게 살랑이다가도 금세 성난 폭포처럼 변한다. 그러다가도 다시 잔잔해지고, 광활한 호수가 되고, 이제는 미동조차 느끼지 못하게 된다. 강물은 때때로 강기슭 따라 썰물처럼 빠진다. 그러다가 마침내 한가운데로부터 또다시 질풍노도가 들이친다.

공간은 차갑게 고정되어 있지만, 시간은 역동적이다. 공간은 분리되어 있지만, 시간은 모든 것을 하나로 환수한다. 시간은 네 밖에서 흐르지 않으니, 너는 그 위에서 표류하는 나뭇조각처럼 스스로 헤엄칠 수 없다. 시간은 너를 관통하며 흐른다. 너 자신이 강물 속에 있다. 네가 강이다. 서글픈가? 시간을 신뢰하여라. 곧 웃게 되리라. 웃고 있는가? 그러나 웃음에 매이지 마라. 곧 울게 되리라. 감정은 수시로 바뀌어 네게로 불어 대고, 이 상태에서 저 상태로 넘나든다. 깨었다가도 잠들고, 잠들었다가도 다시 깬다. 너는 오래도록 거닐 수 없다. 다시금 가만히 멈추어 서야 하고, 지치고, 배고프고, 주저앉아야 한다. 너는 배를 채우고, 또다시 일어서고, 다시금 새로이 걷기 시작한다. 너는 아파한다. 아득하게, 닿을 수 없이, 네가 열망하는 행동을 바라본다. 그러나 강물은 언제나 너를 실어 가고, 어느 날 아침 행동해야 하는 시간이 와 있다. 너는 어린아이이고, 어린 시절의 연약함에서 결코 벗어날 수 없다고 생각한다. 너는 창문 없는 벽들로 사방이 막힌 어린 시절 속에 갇혀 있다.

그러나 보라, 너의 벽들은 움직일 수 있고 굽힐 수 있으니, 너의 온 존재가 청년으로 변한다. 안쪽 깊숙이 숨겨진 샘들이 너 자신에게서 솟아 나와 너 자신에게로 흐른다. 가능성들이 네 앞에서 꽃잎처럼 열린다. 그리고 어느 날 네 주위로 세상이 자란다. 시간은 살며시 너를 이 굽이에서 저 굽이로 데려가고, 풍경과 지평선들이 너를 지나쳐 흘러간다. 그리하여 너는 변화를 좋아하기 시작하고, 어떤 강렬한 모험을 예상한다. 어떤 방향을 감지하고, 무엇인가가 터지고 열리리라 느낀다. 너는 바다를 예감한다. 그리고 본다, 네 안에서 변모된 그것이 너를 둘러싼 모든 것 안에서도 변모하고 있음을. 네가 스치며 서둘러 언뜻 본 모든 점들이 그 자체로 변화 속에 있음을. 모든 점들이 소용돌이치며 어디론가 흘러가고, 저마다 가진 오랜 역사는 멀리 사라진다. 그러나 너만큼이나 그 점들도 자신의 역사가 어디서 끝날지 알지 못한다. 너는 하늘을 바라본다. 드높이 태양들이 순환하지만, 행성 체계들을 가득 거느린 채 포도알처럼 뿔뿔이 흩어진다, 이미 앞서 창조된 아득히 멀리, 알 수 없는 공간들 속으로. 네가 원자들을 해체하면, 그것들은 짓밟힌 개미탑보다도 더 어지러이 뒤엉킨다. 너는 안착할 데를 찾고, 우리 지구의 적당한 중심부에서 고정된 법칙을 찾는다. 그러나 그것 역시 그저 사건이고 역사이니, 그 누구도 너에게 다음 주에 올 구름조차 헤아려 줄 수 없으리라.

어쩌면 어떤 법칙이 존재하리라. 하지만 그것은 변모의 불가사의한 법칙이니, 누군가 스스로 변모하기라도 하듯, 아무도 그 법칙의 근거를 밝혀내지 못한다. 너는 강물을 마른 강가로 이끌고 가 마치 물고기를 잡듯 물길의 법칙을 움켜잡을 수 없다. 그리고 너는 스스로 헤엄칠 수 있는 법을 오로지 강물 속에서 배운다. 사람들 가운데 똑똑한 이들은 존재의 근거를 규명하려 하지만, 한 줄기 물결을 묘사하는 것 외에는 아무것도 할 수 없다. 그들의 묘사에서 강물의 흐름은 뻣뻣하게 굳어 있고, 그것이 참이 되는 것은 다만 그 묘사가 또다시 바뀌도록 내버려 둘 때뿐이다. 욕심 많은 이들은 이것저것 수없이 행했지만, 그들이 한 것은 강물 속에 돌들을 던져 넣어 물길을 막아 세우려 했던 것뿐이다. 그들은 자신들의 체계들 안에서 영원의 섬을 찾아내려 했으니, 그들의 가슴은 풍선처럼 부풀어 올라 영원을 행복한 현재 속으로 잡아넣으려 했다. 하지만 그들이 잡은 것은 허공이었을 뿐, 그대로 파열하고 말았다. 또는 그들은 마법에 걸린 듯 상상의 이념에 사로잡혀, 아예 사는 것을 잊고 말았다. 그러나 강물은 유유히 그들의 시선 위로 흘러가 버렸다. 그렇다, 법칙은 강물 속에 있다. 그리고 너는 그저 내달려 그것을 낚아챌 수 있을 뿐이다. 완전성은 도래하는 것의 충만함 속에 있다. 그러니 이미 도달했다는 듯 착각하지 마라. 네 뒤에 놓인 것은 잊어라. 네 앞에 놓인 것을 향해 손을 뻗어라. 변모 속에서 너는 낚아챈 것을 잃고 말리니,

그 변모 속에서 마침내 너는 네가 갈구하며 열망하던 것으로 변하리라.

시간을 신뢰하여라. 시간은 음악이다. 그리고 음악이 울려 나오는 공간은 미래이다. 박자에 박자를 맞추어 교향악이 만들어진다, 스스로 발견되는 차원 속에서, 깊이를 알 수 없는 저장고로부터 늘 새롭게 시간에 제공되는 차원 속에서. 공간은 자주 부족하기만 하다. 곧 돌은 석상을 짓기에 너무 부족하고, 광장은 인간 군상群像을 다 품지 못한다. 시간이 불충분했던 적이 있던가? 극히 짧은 줄처럼 다 떨어지고 만 적이 있던가? 시간은 은총처럼 충분히 길다. 시간의 은총에 너를 맡겨라. 너는 시간을 끊어 내고 그것을 움켜잡아 어디에든 저장할 수 없다. 그러니 시간이 흐르도록, 달려가도록 두어라. 너는 어떻게든 그것을 붙잡을 수 없다. 아름다운 화음에 쓸어 담아 단번에 영원히 소유할 수 없다. 인내는 듣고자 하는 이의 첫 덕성이다. 그리고 둘째 덕성은 내려놓음이다. 보라, 마지막 음이 다 울리기 전에는 네가 멜로디의 진동을 앞서 파악하지 못하기 때문이다. 멜로디가 다 울린 다음, 그제야 너는 감추어진 무게와 긴장의 굴곡들과 간격의 굽이들을 조망할 수 있다. 귓속으로 들어간 것이 비로소 마음속으로 들어간다. 그리하여, 아니 더욱 그렇게, 네가 감각의 다양성 안에서 감각적으로 경험하지 못하면, 보이지 않는 정신의 일체성 안에서도 파악하지 못한다. 이처럼 영원한 것은 시간 위에 있다. 그리고 그 영원한 것은 시간의 열매이다. 그러면서도 또한 영원한 것은 다만 시간의 흐름 속에서 자신을 실현한다.

우리는 과연 어떤 존재인가! 소멸 속으로 붙들려 들어가며 성장해야 한다. 그러지 않고서는 달리 성숙할 수 없고, 매시간마다 끊임없이 단념하지 않고서는 풍요롭게 될 수 없다. 우리는 시간의 연속성을 참아 내지 않으면 안 된다. 멈추어 서려는 바로 그곳에서 자연의 생명 법칙을 훼손한다. 시간적 현존에 대한 인내를 잃어버리는 바로 그곳에서 이미 무無로 떨어진다. 걷는 동안, 부딪혀 오는 맞바람 속에서 한 목소리가 속삭인다. 자세히 들으려 조용히 멈추어 서면, 그 목소리는 침묵한다. 시간은 위협인 동시에 또한 응답 없는 약속이다. 곧 시간이 우리에게 외친다. 앞으로 나아가라고, 그러지 않으면 너는 함께 갈 수 없다고! 앞으로 나아가라, 빈손을 보여 다오, 그러지 않으면 나는 너에게 시간을 채워 줄 수 없다! 싱싱한 나의 선물을 들고 나는 너를 지나쳐 갈 뿐, 낡아 가는 네 하찮은 것에 너를 버려두고 말리라! 나를 믿어라, 네가 너의 행복과 너의 좋은 시간을 멈추고 중단할 때, 너는 더욱더 부요하다. 네가 가난할 수 있다면, 아니 그보다는 열린 마음으로 미래의 대문 앞에 거지일 수 있다면, 너는 한층 더 부요하다! 붙잡지도, 매달리지도, 달라붙지도 마라! 너는 시간을 붙들어 쟁여 둘 수 없으니, 남김없이 쓰는 법을 시간에게 배워라! 스스로 아낌없이 다 써라, 강제로 다 빼앗긴 사람처럼 되어라. 그러면 너는 비참하게 약탈당한 사람이 되어 그 어느 임금보다도 더 부요해지리라. 시간은 충만함의 학교요 너그러움의 배움터이니.

시간은 사랑의 최고 학교이다. 그리고 시간이 우리 현존재의 토대라면, 우리 현존재의 토대는 사랑이다. 시간은 흘러가는 현존이며, 사랑은 자기 자신을 흘려보내는 생명이다. 시간은 예고도 없이 무방비로 몰수당한 현존이다. 사랑은 기꺼이 스스로 몰수당하고 자진하여 무장 해제를 당한다. 현존은 — 이것이 그 법칙이요 그 본질이니 — 흐르지 않고서는 사랑을 입증할 수 없다. 그리고 그렇게 현존에게는 스스로 사랑일 수 있는 자유가 있다. 우리는 죽을 만큼 초조할 때조차도 인내하지 않으면 안 된다. 아무도 자신의 신체를 다만 한 뼘이라도 늘릴 수 없기 때문이다. 물론 시간과 함께 키가 크는 것은 예외이다. 우리는 단념해야 한다. 우리가 탐욕의 떨리는 손으로 소유마저 움켜잡으려 한다 해도, 조용히, 치명적인 시간이 우리의 손가락들을 늘어트린다. 그러면 긁어모은 보물들은 바닥으로 굴러떨어진다. 결국은 마지막 순간에 강압적으로 들이닥치는 게 있음을 모든 순간이 우리에게 부드러이 충고한다. 우리가 시간적 연속성의 신비를 우리 삶의 달콤한 알맹이로, 지치지 않는 사랑의 공급으로 알아맞혀야 했음을. 이상하지 않은가? 헛되이 열망하던 바, 바로 그것이 되어도 괜찮으니 말이다. 앎과 원의 안에서 고통스럽도록 못내 아쉬워하던 바를 우리는 현존재 안에서 쉽게 실현할 수 있다. 우리는 자신을 내어 주고 싶어 한다 — 우리는 이미 넘겨져 있다. 우리는 우리가 스스로에게 선사할 수도 있었을 것을 추구한다 — 우리는 이미 오래전에 받아들여져 있다. 그리고 살았던 모든 것들의 무상함을 깊이 숙고하는 가운데 심장이 스스로를 한껏 동여맬 때면, 그것은 혼인의 밤에 신부의 두려움이니, 그때에 신부의 마지막 베일이 강제로 벗겨진다.

우리는 마지못해 원할 수밖에 없는 것을 기꺼이 해도 되는 존재로 기획되어 있다. 그러나 무엇이 더욱 복된가? 현존하는 것이야말로 이미 사랑의 업적이라는 생각보다 더 황홀한 생각이 어디 있는가? 그리하여 나는 이미 늘 나의 존재와 본질인 바로 그것으로 존재하지 않으려고 쓸데없이 저항하는가? 그리하여, 내가 '아니!'라고, 두려움으로 한껏 팽팽해진 핏줄로 목청껏 '아니!'라고 소리친다 해도 동굴의 마지막 모서리에서 배반의 메아리가 실로 '그래!' 하고 말한다. 우리는 많은 죽음 다음에[1] 마지막으로 죽는다. 그러면 최고의

---

1 삶에서 겪는 다양한 죽음의 상황을 가리키는 것으로 보임. — 역자 주

삶인 이 행동에서 현존은 죽기를 멈춘다. 치명적인 것은 늘 오직 한 가지이니, 살면서 죽지 않기를 바라는 것이다. 기꺼이 죽은 모든 죽음이 삶의 원천이다. 이처럼 사랑의 잔에는 삶과 죽음이 섞여 있다. 우리가 사랑하지 않는 것이야말로 기적이다. 사랑은 우리 현존의 고문서 속에 숨겨 있는 위조 방지 표식이다. 사랑의 멜로디 따라 우리 몸의 지체들이 들뜬다. 사랑하는 이는 시간적 삶의 욕구에 순응한다. 사랑하기를 거부하는 이는 강물을 거슬러 (헛되이) 투쟁한다.

샘의 입구에서 흐르듯 존재의 황금 물이 끊임없이 우리를 관통하여 흐를 때, 선사함의 몸짓은 우리에게 얼마나 쉽게 이루어져 있던가! 무한히 흘러오는 미래의 풍요로움 속에서 우리가 몸을 씻을 때, 자기 버림은 얼마나 쉬운가! 불충실한 시간이 깨어지지 않는 반지를 우리 손가락에 끼웠을 때, 충실은 얼마나 쉬운가! 소멸하는 것이 얼마나 복되고 그야말로 얼마나 이로운지를 우리가 매시간 체험할 때, 죽음은 얼마나 쉬운가! 그리고 늙는 것마저도, 우리를 위축시키고 우리에게 한계를 지우는 그 두려운 것마저도 외적인 안개를 대체하며 가난의 내적 투명성을 제공한다. 아무것도 우리에게 비극적이지 않으니, 그 어떤 포기든 넘치도록 보상받기 때문이다. 또한 벌거벗은 가난의 순수한 중심에 가까이 이를수록, 우리는 더욱 내적으로 우리 자신을 소유하게 되고, 더욱 든든하게 모든 것과 하나를 이룬다.

그리하여 우리는 우리가 원하는 바대로의 존재이어도 괜찮다. 시간의 비밀스러운 강물 속에서 우리는 몸을 씻으니, 그 물이 우리 자신이다. 이러한 존재의 흐름 안에서 마음속 깊은 곳의 거부가 해결되고 극복된다. 의문스러운 것은 다만 꿰뚫어 보이지 않는 고정된 것, 모든 정신과 눈을 거슬러 저항하는 뻣뻣한 것이다. 그러나 눈은 촉촉하고 정신은 반짝인다. 그리고 그렇게 정신은 또한 샅샅이 빛나며, 완강한 것을 해체한다. 우리가 외부에다 거죽에 거죽을 덧대며 삶의 냉혹한 명령을 거슬러 무장을 하는 동안, 가장 깊은 내부에서 샘물은 하나로 계속 흘러 벽들을 씻어 내고 우리의 견고한 성을 파내려 간다. 끊임없이 밀려오는 이 물결에 아무도 마지막까지 맞서지 못한다. 그리하여 물결은 날마다 우리를 갈기갈기 해어지게 하고, 마구 파여진 강 언덕들에서는 돌들이 침식한다. 그렇게 결국 우리는 무너진다. 가장 어리석은 이는 시간의 흐름과 함께 시간을 파악한다. 시간은 가장 어리석은 이 안에 자신의 침대를 파 내려간다. 그리고 여울물이 빙하에 구멍을 내듯 자신의 둥근 돌로 그를 갈아 없앤다.

그렇게 너는 시간을 느낀다. 그리고 시간은 너를 최고의 신비 속으로 축성하여 끌어들인다. 너는 시간 안에서 밀물과 썰물의 리듬을 느낀다. 그것은 너에게 미래로서 다가오고, 너를 뒤덮고, 끝도 없이 너에게 선물을 준다. 그러나 또한 너를 약탈하고, 너에게 모든 것을 요구한다. 너를 동시에 부요하게도 가난하게도, 점점 더 부요하게도 더 가난하게도 하려 한다. 너를 더욱 사랑스럽게 하려 한다. 그리고 네가 네 존재의 법칙과 요구를 온전히 따르고 온전히 너 자신이라면, 오로지 너는 네게로 흘러드는 이 선물에 의해 살아갈 터인데(이것이 너 자신이다). 네가 네 것으로 그것을 더럽히지 않고 거룩하게 선물로 다시 내어 줌으로써 너는 그렇게 살아갈 수 있다. 허파의 조용하고 무의식적인 이중적 움직임 안에서, 너의 생명은 하나의 숨결이어라. 그리고 너 자신은 공기이리니, 들고나는 물때의 주기 안에서 삼켜지고 뱉어지기를 반복한다. 너는 심장의 박동 안에서 피와 같으니, 심장은 너를 삼키기도 하고 내뱉기도 하며 흐르고 순환하는 핏줄기 안에서 너를 움켜잡고 있다.

너는 시간을 느낀다 — 그런데 너는 이 심장은 느끼지 못할까? 너는 네게로 밀려오는 은총의 강물을 느낀다, 따뜻하고, 붉은 — 그런데도 너는 네가 얼마나 사랑받는지 체감하지 못할까? 너는 증거를 찾는다. 그러나 너 자신이 증거이다. 너는 그 증거를 붙잡으려 한다, 네 인식의 얼개 안에서, 미지의 그것을. 그런데 너 자신은 빠져나올 수 없는 그 힘의 그물 안에 얽매여 있다. 너는 붙잡고 싶어 한다. 그러나 너는 이미 붙잡혀 있다. 너는 이겨 내고 싶어 한다. 그런데 네가 제압당한다. 너는 찾으려고 작정한다. 그러나 너 자신이 이미 오래전에 발견되어 있다. 너는 수천의 옷차림을 샅샅이 더듬어 가며 살아 있는 몸을 찾는다. 그런데도 너는 가림 없이 벌거벗은 네 영혼을 만진 그 손을 느끼지 못한다고 주장하는가?

너는 네 불안한 마음의 초조함 가운데 이리저리 씰룩거리며 그것을 종교라고 부르지만, 실제로 그것은 배 안에서 버둥거리는 물고기의 경련들이다. 수천의 고통이 함께할지라도 너는 하느님을 찾고 싶어 하니, 이 무슨 굴욕인가? 너의 행동은 헛수고였으니, 그분이 너를 이미 손에 붙들고 계시기 때문이다. 존재의 생생한 맥박에 손가락을 대어라. 요동침을 느껴라. 그 요동침은 단 한 번의 창조 행위 안에서 동시에 너를 강압하기도 하고 풀어 주기도 한다. 그 요동침은 현존의 거대한 분출 안에서 동시에 거리 두기의 정확한 척도를 결정짓는다. 곧 네가 얼마나 그분을 네 가장 가까운 곁으로 사랑해야 하는지, 그리고 동시에 가장 높은 지존으로 그 앞에 엎드려야 하는지를. 그분이 동일한 행동 안에서 얼마나 너를 사랑으로 입히시고 또 사랑으로 헐벗게 하시는지를. 그분이 현존을 통해 얼마나 온갖 보물과 지극히 귀한 보배를 네 손에 들이밀며, 당신에게 사랑으로 응답하고 되돌려 선물할 수 있도록 하시는지를, 그러면서 동시에 네게서 (나중에도, 두 번째 동작에서도, 더 나아간 단계에서도 아니고) 선물한 모든 것을 다시 빼앗아 가시는지를.

그분은 네가 선물이 아니라 선물하는 이를 사랑하도록, 네가 선사하는 행위 안에서도 너는 다만 그분의 흐름에서 하나의 물결일 뿐임을 알도록 그 모든 것을 다시 빼앗아 가신다. 현존의 동일한 찰나 안에서 너는 가깝고도 멀다. 그 동일한 찰나 안에서 네게는 한 친구와 한 스승이 주어져 있다. 그 동일한 찰나 안에서 너는 아이이고 종이다. 이 첫째 것을 너는 넘어서지 못한다. 네가 되었던 바로 그것으로 너는 영원히 산다. 너의 덕망, 너의 지혜, 너의 사랑이 헤아릴 수 없이 뛰어나다 해도, 그리고 네가 인간들과 천사들을 뛰어넘어 곧장 모든 하늘을 통과해 우뚝 솟는다 해도, 너는 결코 출구에서 벗어나지 못한다. 아무것도 이 첫째 것보다 더 복되지 않으니, 성장의 가장 긴 포물선 위에서 너는 늘 이 근원의 기적으로 되돌아간다. 알 수 없을 만큼 찬란한 것이 사랑의 존재이기 때문이다.

물론 생명은 자신의 근원에서부터 계속 뻗어 나가, 자기 자신을 찾는다. 그리고 자신의 시초가 위협받지 않는 안전한 곳에서 자신을 발견한다고 믿는다. 새싹은 너무도 불안해 보이고, 단단한 껍질이 필요해 보인다. 그리고 산출의 순간은 무無에 너무도 가까워 보인다. 그러나 굳건한 법칙은 화살같이 곧은 모든 것을 강제로 순환 속으로 되밀어 넣는다. 크고 가느다란 활시위 안에서 생명은 깨어나듯 자기 자신에게로 상승하며, 비좁은 산마루 위에서 자신을 드러내려 한다. 분리된 생명의 좁은 문을 통해 힘차게 피가 끓어오르며, 각 존재마다 심장과 두뇌를 팽창시킨다. 아집과 자기 파견에 사로잡혀, 그 손들이 우쭐거리며 자신이 창조한 것이라도 되는 듯 나누어 주는 게 있으니, 그것은 먼 데서, 선대로부터, 미지의 근원들에서 그에게로 흘러드는 것이다. 그러나 고갯마루에 도달했다. 그리고 다른 이에게는 여전히 태양이 상승한다. 반면에 그의 오솔길은 내려앉기 시작하고, 한층 싸늘한 숲들 속에 오후가 잠긴다. 그리고 또다시 그는 중얼거리는 소리를 듣는다. 먼저 작은 시내가, 가까운 시간의 엎질러지다시피 한 기억이 그에게서 솟구친다. 그리움이 시간에 따라 조용히 솟아나고, 예감이 부풀어 오르고, 사랑이 압도한다. 그리고 부지불식간에, 갑자기 폭포가 바닥 모를 데로, 시초의 밤으로 낙하한다. 분리된 기묘한 모든 존재가 서로 다른 강들의 흐름처럼, 죽음과 삶의 한 바다에서 해체된다. 바다에서 파도가 출렁이고, 몸체가 몸체 주위로 일렁이고, 형상들과 세대들, 세기에서 세기가 산산이 거품으로 부서진다. 경배들 가운데 가장 거대한 경배의 낙하 속, 영원의 나지막한 해변에서.

우리 삶의 의미는, 우리가 하느님이 아님을 인식하며 증명하는 것이다. 그리하여 우리는 하느님 곁에서 죽으니, 하느님은 영원한 생명이시기 때문이다. 그러니 죽음을 통하지 않고서 우리가 어떻게 그 영원한 생명에 접촉할 수 있으랴? 우리 삶 속의 죽음은 삶을 초과하는 것을 우리가 만진다는 보증이다. 죽음은 우리 삶에 경의를 표함이요, 창조주의 옥좌 앞에서 드리는 흠모의 예식이다. 그리고 거기 찬미와 섬김, 존재들이 창조주에 빚진 경외가 존재들의 가장 깊은 내면을 이루니, 그렇게 존재의 모든 순간 속으로 한 방울 죽음이 떨어져 뒤섞여 있다. 그러나 시간과 사랑이 그처럼 서로를 삼키고 있기에, 그들은 그들의 죽음도 사랑한다. 그리고 그들의 현존은 몰락을 거부하지 않는다. 하찮은 삶이 두려움에 떤다 해도, 죽음 앞에서 어두운 고집이 맞버틴다 해도, 현존 자체는, 현존을 출렁이게 하는 깊은 파도는 자신의 스승을 알아보고 기꺼이 허리를 굽힌다. 현존은 예감하듯 알기 때문이다, 봄이 준비하는 까닭에 오직 가을이 있음을. 그리고 하느님 안에서 피어나리라는 약속을 품고, 순순히 이 세상에서 시들어 간다.

그리하여 피조물은 하느님 곁에서 죽고 하느님 곁에서 부활한다. 우리는 빛 속으로 떼지어 몰려가고, 비틀거리며 이끌려 간다. 그러나 아무도 가까이 갈 수 없는 불이 우리를 사로잡는다. 우리는 불꽃 속으로 떨어지고, 남김없이 태워진다. 그러나 불꽃은 (우리를) 죽이지 못하니, 빛으로 바뀌어 우리 안에서 사랑으로 타오른다. 우리 안에 사는 그것, 우리 안에 중심으로 자리 잡은 그것, 우리를 살게 하는 그것, 우리를 채우고 먹이고, 우리를 사로잡고, 우리를 겉옷처럼 입는 그것, 우리 영혼에게 하나의 신체 조직처럼 필요한 그것이 무엇인지를 사랑은 더욱 깊이 안다. 그 모든 것은 우리가 아니니, 그것은 가장 가까이에, 거의 구분되지 않는 가까이에, 우리 안에 계신 주님이시다. 그리고 사랑하는 가운데 우리 안에 경외심이 자란다, 또다시 그리고 더욱 절박하게 우리를 무릎 꿇리며 무無의 먼지 속으로 우리를 강압하는 경외심이. 강력하게, 시간보다 더 굉음을 내며, 사랑의 심장이 고동친다. 둘을 하나로 합치고 하나를 둘로 나누며 약동한다. 그리하여 우리는 하느님에 의해 산다. 그분은 당신의 작열하는 내부 속으로 강력하게 우리를 이끌어 들이시고, 다스리시는 가운데 당신의 중심이 아닌 모든 중심을 우리에게서 강탈하신다. 그러나 우리는 하느님이 아니다. 그리고 그분은 우리에게 당신 중심의 힘을 더욱 강력하게 보여 주시기 위해, 우리를 위압적으로 밀어내신다. 고독하게도 아니고, 무력하게도 아니고, 당신이 보내시는 파견의 힘 안에서 오히려 본래의 중심을 선사해 주신다. 하느님은 질투에 넘쳐 우리에게 요구하신다. 당신의 유일한 영광과 당신 자신을 위하여 우리를 바라신다.

그러나 당신 사랑으로 채워져, 당신 영광으로 살도록, 우리를 세상으로 되돌려 보내신다. 그분 창조의 리듬은, 이탈을 통해 하느님에게서 나오고 귀환을 통해 다시 자신이 온 곳으로 되돌아가는 구조가 아니다. 오히려 그 둘은 하나이고 분리되지 않으니, 나고 듦이 똑같이 절대적이고 파견과 갈망이 다 하느님의 뜻이다. 그리고 어쩌면 하느님에게로의 귀향보다 하느님으로부터의 나옴이 더욱 신성하니, 가장 위대한 것은 깜박이는 거울처럼 반사하며 우리가 하느님을 인식하는 것이 아니라, 타오르는 횃불이 빛을 알리듯 우리가 그분을 선포하는 것이기 때문이다. 나는 세상의 빛이라고 하느님이 말씀하신다. 그리고 너희는 나 없이 아무것도 할 수 없다고 말씀하신다.

또한 나 외에는 그 어떤 빛도 그 어떤 신도 없다. 그러나 너희는 세상의 빛이다. 빌린 빛이나 거짓이 아닌 빛이니, 나의 불꽃으로 타오르며 너희는 세상을 나의 불로 타오르게 해야 한다.

너희는 칠흑 같은 어둠 속으로 나아가라. 이리들 가운데로 어린 양들처럼 나의 사랑을 나르고, 어둠 속 죽음의 그늘 아래 웅크리고 있는 이들에게 내 소식을 전하여라. 밖으로 나가라. 안전한 우리에서 나아가거라. 일찍이 나는 너희를 되찾아 왔다. 너희가 길 잃은 양들처럼 가시덤불 속에서 피 흘리고 있을 때, 너희를 착한 목자의 어깨에 메고 집으로 데려왔다. 그러나 이제 무리는 흩어지고, 울타리의 문은 넓혀진다. 파견의 시간이다! 밖으로, 나에게서 떨어져 나가라. 나는 세상 끝까지 너희와 함께 있기 때문이다. 나 자신이 아버지에게서 나왔고, 그분에게서 파견되어 나오는 가운데 죽기까지 순종

했기 때문이다. 나는 순종하는 가운데 나에 대한 그분 사랑의 완성된 모상이 되었다. 사랑이 출구 자체이고, 돌아감이 출구 자체이다. 아버지께서 나를 보내신 것처럼, 나는 너희를 보낸다. 태양빛 같은 나, 원천에서 흘러나오는 강 같은 나에게서 밖으로 나아가는 가운데, 너희는 내 안에 머물러라. 나 자신이 환히 퍼지는 빛살이요, 아버지에게서 쏟아져 나오는 강물이다. 주는 것이 받는 것보다 더욱 복되다. 내가 아버지를 발산하듯 너희도 나를 발산해야 한다. 참으로 너희 얼굴을 나에게로 돌려라. 그래야 나는 너희 얼굴을 세상 속으로 돌릴 수 있으리라. 정녕 너희는 너희 자신의 길에서 떨어져 나가 있어야 한다. 그래야 나는 너희를 나라는 길 위에 둘 수 있다. 나는 길이다.

하나의 새로운 신비가 있으니, 이는 미천한 피조물에게는 상상조차 못할 일이다. 곧 하느님으로부터의 거리도 경외의 차가움도 하느님과 신적 생명에는 하나의 은유이고 비유이다. 가장 이해할 수 없는 것이야말로 참된 실재이다. 곧 너는 하느님 아닌 존재이니, 바로 이 점에서 너는 하느님과 닮아 있다. 그리고 실로 너는 하느님 밖에 있으니, 바로 이 점에서 너는 하느님 안에 있다. 하느님을 상대로 존재하는 것 자체가 곧 신적이기 때문이다. 네 자아의 비교 불가능성 안에서 너는 하느님의 유일성을 반사한다. 하느님의 일치성 안에도 거리와 반사, 영원한 보냄이 있다. 곧 아버지와 아들은 서로에게 상대이시고, 그럼에도 영 안에서 하나이시고, 셋을 봉인하는 본질 안에 계신다. 하느님은 원형이시기만 한 게 아니다. 모상이시기도 하다. 단일성만이 절대적인 것은 아니다. 둘이기도 한 것 역시 신적이다. 물론 셋째 위격이 그 둘을 연결한다. 그리하여 이 둘째 위격 안에서 세계가 창조되었고, 이 셋째 위격 안에서 세계는 하느님 안에 머무른다.

그러나 영원한 모상 위에 베일이 걸쳐 있는 한, 창조의 의미는 밝혀지지 않은 채로 남는다. 이 삶은 다만 운명이요, 이 시간은 오직 슬픔에 지나지 않고, 모든 사랑은 그저 허무와 같으리라, 존재의 맥박이 삼위일체의 영원한 생명 안에서 뛰지 않는다면. 이제 비로소 생명의 샘이 우리 안에서도 솟구치기 시작한다. 우리 안에서 말씀에 대해 이야기하고, 스스로 말씀과 언어가 된다. 우리가 세상에서 아버지를 선포해야 하는 사명을, 하느님 편의 인사말로서, 우리에게 전해 준다. 이제 비로소 고독의 저주도 풀렸다. 서로에게 상대로 있음이 그 자체로 신적이기 때문이다. 모든 존재가, 남자와 여자와 동물과 돌이 자신들의 분리된 존재 때문에 공통의 삶에서 배제되지 않고, 오히려 서로가 서로를 꾸며 준다. 한계 없는 것 속으로 도망치라고 충고하는 억압된 갈망이 도사린 어두운 감옥에 유폐되지도 않는다. 오히려 그 모든 존재가 하느님의 전령들로서, 찬란히 이루어지는 통합 안에서 한 몸으로 세워진다. 그 몸의 머리는 아버지 품 안에 계신다.

자, 현존의 심장이여, 시간의 맥박이여, 고동쳐라! 영원한 사랑의 도구여! 너는 우리를 부요하게 하고, 너는 우리를 다시 가난하게 한다. 너는 우리를 끌어당기고, 너는 다시 물러난다. 그러나 우리는, 출렁이는 흐름 속에서, 네가 두른 작은 축제 장식이다. 너는 장엄하게 우리 위로 한껏 요동치고, 너는 너의 별들로써 우리를 침묵하게 한다. 너는 테두리 넘치도록 우리를 채우고 바닥까지 모조리 파내며 우리를 비운다. 요동치며, 침묵하며, 채우며, 비우며, 너는 주인이고 우리는 너의 종이다.

2장

발타사르는 2장에서 성자의 강생의 신비에 대해 묘사했다. 이는 무엇보다도 그분이 성부 곁에 선재하셨던 때로부터 시작해서 연대기적인 순서를 따르고 있다. 특히 그는 이러한 성자의 강생과 이에 대한 이 세상의 반응에 대해 다양한 문학적 표현을 사용하여 역동적으로 묘사했다.

우선, 그는 강생 이전에 성부와 성자 간에 누리던 사랑의 친교와 일치, 거기서 발출하신 성령에 대해 언급했다. 이는 내재적 삼위일체를 말한다. 그리고 여기서부터 인류를 향한 하느님의 사랑이 흘러넘치는 가운데 이 세상에 성자와 성령이 파견되신다. 그럼으로써 인류를 향한 원대한 구원 계획이 실현된다. 이는 경륜적 삼위일체를 말한다. 발타사르는 이를 지극히 아름다운 문학적인 표현의 힘을 빌려 설명했다.

이렇게 성자께서 당신이 창조하신 이 세상에 오셨다. 하지만 이 세상 그리고 그분의 백성은 그분을 받아들이지 않았다. 그래서 성자를 통해 드러난 하느님 사랑의 계시는 생명과 죽음을 두고 전쟁을 결심하지 않을 수 없었다. 그리고 그 전쟁에서 성자는 어둠의 세력을 물리치기 위해 가장 깊은 어둠까지 내려가 죽음의 독방 속으로 돌진하기로 하셨다. 그분은 죄로 점철된 사람들이 가야 할 마지막 감옥을 체험하고 당신이 마셔야 할 잔을 남김없이 비우는 가운데 결연히 악의 세력과 폭력에 맞서기로 하셨다.

패배를 통해 승리를 이끌어 낼 수 있는 전사戰士보다 더 신적인 전사는 없다. 그 전사이신 그리스도께서 치명적인 상처를 입는 바로 그 순간, 인류를 사로잡아 지배했던 악의 세력은 결정적으로 패배하고 말 것이다. 그리스도는 이런 성부의 사랑과 간절한 열망을 간직한 성부의 심장이시다. 이 심장으로부터 세상은 참된 신적인 생명을 수혈받게 될 것이다.

이렇게 세상의 중심에서 무방비 상태에 놓인 하느님의 심장, 그리스도는 모래시계의 비좁은 통로처럼, 하늘과 땅 사이에서 흐르고 있다. 인류의 구원을 위해! 하느님의 모든 신비의 광채는 바로 이 심장을 통해 인간에게 계시된다. 발타사르는 이 신적인 심장을 다음과 같이 노래했다.

"나의 심장이여, 세계의 심장이 확장된 그 광활함을 찬양하라!

영원한 생명의 삼위일체 바다가 위로부터 작은 그릇 속으로 천둥치니, 모든 땅들과 시간들의 맞은편 바다가 아래로부터 그분께로 솟구치며 포효한다. 그 비좁은 전쟁터에서 천국과 지옥의 영원한 싸움이 결판나리라. 죽음 자체도 그 심장을 죽일 수 없고, 지옥의 모든 강물도 그 심장을 익사시킬 수 없으리라. 그리하여 이 심장은 빛난다. 아버지께서 당신 자신을 숨기실 때조차도 여전히 사랑을 멈추지 않는 이 심장이야말로 가장 위대한 것이다."

그분이 세상에 오셨다. 아버지의 지혜와 지식을 품고, 심연의 모든 보화를 받아 들고 세상에 오신, 형언할 수 없는 것의 발설이신 분이 세상에 오셨다. 그분은 한처음 말씀이시다. 그리고 세상을 향해 입을 여시고 아버지 앞에 말씀을 올리기 시작하심으로써, 또한 스스로 말씀하기 시작하셨다. 그분은 살아 있는 말씀이시기 때문이니, 그분은 말하는 이요 동시에 말 자체이시다. 당신 자신을 아버지의 계시로 드러내시기 위하여, 그분이 세상에 오셨다. 그리고 이 알림과 드러냄에 당신의 모든 지향과 당신 존재의 의미를 두시는 가운데 아버지의 거울이자 창문이 되는 것 외에는 다른 무엇도 바라지 않으심으로써, 아버지와 아들의 의지와 본질은 일치를 이루었다. 그리고 이 일치가 성령이셨다. 그러니 계시의 행위와 내용이 삼위일체적이었으며, 모든 진리의 본질과 핵심이 삼위일체 안에 내포되어 있었다. 삼위일체 하느님이 모든 것의 근원이요 목적이시다.

이 말씀하심 안에서 하느님의 말씀은 사랑이셨다. 사랑하는 이는 자신을 전해 주기 위해 자기 자신을 열기 때문이다. 하느님은 당신의 말씀으로 그렇게 하셨다. 말씀하심 자체가 하느님의 사랑이었고, 따라서 말씀된 것 역시 하느님의 사랑이었다. 곧 말씀하심과 말씀된 것은 서로 다른 것이 아니었다. 말씀이 하느님과 함께 계셨고 하느님은 말씀이셨기 때문이다. 샘 하나에서 물이 솟기 시작했다. 그리고 샘은 흐르기 시작함으로써 샘이었다. 죽은 우물은 세상에 충분히 많으나, 그 샘에서 물이 솟아 흐르는 것은 전에 없던 것이었다. 하느님의 접시가 흘러 넘쳤다고, 누군가 분노에 차 그렇게 생각할 수도 있을 터였다. 그러나 하느님께서 폭풍우 치실 때면, 분노의 구름은 사랑의 속삭임을 쏟아 붓는다.

아래로 물은 흐르고, 사랑 역시 그것을 바닥 쪽 아래로 끌어당기니, 이것이 사랑의 중력이다. 위에서 오는 것은 높이를 필요로 하지 않고, 깊이를 필요로 하니, 심연을 체험하려 한다. 위에서 오는 것은 이미 순수하고 안전하니, 다만 하강을 통해 자신을 드러낼 수 있을 뿐이다. 아래에서 오는 것은 자연적으로 높이를 추구하니, 욕망은 빛을 향해 돌진하고, 충동은 힘이 되려 한다. 유한한 모든 정신은 자신을 내세우려 하고, 현존의 태양 속에서 기분 좋게 자신의 왕관을 펼치려 한다. 빈약한 것은 부요하려 하고, 지혜와 공감을 통해 풍요로운 힘과 풍요로운 온기를 바란다. 이것이 세상의 법칙이다. 모든 것은 움켜 얽힌 맹아萌芽에서 활짝 핀 생명으로 나아가려 하고, 잠재적 가능성은 득달같이 형태를 향해 돌진한다. 어둠에 잠긴 것은 돌덩이와 흙을 뚫고 빛을 향해 나아가야만 한다. 그리고 존재의 보편적인 돌진 안에서 그들은 서로 부대끼고 서로를 제약한다. 현존을 둘러싼 투쟁 속에서 한계들이 이리저리 작용한다.

그리고 존재들 사이에 가해지는 제약을 일컬어 도덕과 관습과 가족과 국가라 부른다. 이렇게 밀어 대는 이 힘, 이 엔텔레케이아 entelecheia[2]는 창조주의 선한 본질에 대한 증거이고 — 모든 선은 자기를 넘어 피어남을 향해 돌진하기 때문이다 — 또한 하느님을 향한 피조물의 어두운 충동에 대한 증거이다. 이 충동은 초조해하며, 허기로 가득 차 게걸스레, 자신의 공허를 달래기 위해 세계와 사람들과 하느님을 자신 안에 삼켜 버리기 때문이다. 그리하여 예로부

---

[2] 아리스토텔레스의 철학 용어로서, 잠재적인 것(가능태)을 실현하는 내적 완성 원리 또는 끝까지 실현된 완전 현실태를 이르는 말. — 역자 주

터 사람들의 사랑은 빈약하고 부족하다 일컬어지니, 취하고 눈멀어, 그 안에서 사랑스러운 것을 산출하기 위해서는 아름다운 것이 필요하다.

그러나 말씀이 위에서 오셨다. 아버지의 충만함에서 오셨다. 말씀 안에는 밀어 대는 충동이 없었으니, 말씀 자체가 충만함이었기 때문이다. 말씀 안에 빛이 있었고, 생명과 사랑이 있었으니, 갈구함 없는 사랑은 공허를 애틋이 여겨 그 빈속을 채우려 했다. 그러나 스스로 충만함에 도달하려 애쓰는 것이 공허의 본질이었으니, 그것은 을러대는 공허였고, 이빨들로 무장한 목구멍이었다. 빛이 어둠 속으로 왔다. 그러나 어둠은 빛을 볼 눈이 없었고, 그저 벌어진 아가리만을 가지고 있었다. 무덤 속 그늘 아래 앉아 있는 이들을 비추기 위해 빛이 왔다. 그리고 빛을 비추인다는 것은, 쏟아지는 빛살에 눈을 뜨고 흐르는 빛 속에서 자기 자신을 변모시킨다는 의미이리라. 이것이 충동의 죽음이요 사랑 안에서의 자신의 부활이리라.

인간은 위로 오르려 하지만, 말씀은 아래로 향하려 한다. 그리하여 그 둘은 중도에서, 한가운데에서, 중개자의 터전에서 서로 만나리라. 그러나 그 둘은 검들이 교차하듯 서로 엇갈리리라. 그들의 의지는 서로 맞서 있다. 남자와 여자가 크게 다른 것처럼 하느님과 인간이 서로 다른 태도를 취하기 때문이니, 그 둘은 결코 서로에게 스며들어 채우지 못한다. 그리고 마치 인간이 자신의 공허를 채우기 위해 충만함을 필요로 하듯, 하느님은 당신의 충만함을 보여 주기 위해 공허가 필요하시다고 말해서는 안 된다. 또는 인간이 오르도록 하느님이 내려오신다고 말해서도 안 된다. 중재가 그런 것이라면, 인간이 이를테면 하느님의 사랑을 자신 안에 삼켰을지라도, 중독과도 같은 자신의 충동을 먹이고 자라게 하는 권력에의 의지가 결국은 하느님을 압도했으리라. 그리하여 말씀은 목 졸려 죽고 어둠은 말씀을 파악하지 못했으리라. 그리고 인간의 마지막 것들은 첫째 것들보다 더 나쁘리라. 그가 자신과 같은 부류만이 아니라 창조주 자체를 자기 자아ego의 세력권 안에 가두고 격하시켜 그분을 이기적인 자기 갈망의 지렛대로 삼고 말았을 것이기 때문이다.

오히려, 하느님과 인간이 서로 만나야 했다면, 어떤 길을 갔어야만 했을까? 어둠은 걷혀 환해지고 눈먼 충동은 볼 줄 아는 사랑 속으로 해소되어야 했으리라. 그리고 소유와 활짝 피어남에 대한 슬기로운 의지는 자기 유출의 어리석은 지혜 속으로 흘러들어 해명되어야 했으리라. 하느님의 말씀을 지나쳐 아버지에게까지 오르는 주제넘은 상승을 쫓는 것 대신에, 새로운 명령이 공포되었으니, 말씀과 더불어 회개를 하고, 드높아진 계단들을 올라, 세상에 이르는 길

위에서 하느님을 발견하고, 아버지께 이르는 아들의 길 외에는 다른 길을 걷지 않는 것이다. 오직 사랑만이 구원하기 때문이니, 사랑이 무엇인지를 하느님은 아신다. 하느님은 사랑이시기 때문이다. 이중적인 사랑은 없다. 하느님의 사랑 곁에 나란히 또 다른 사랑, 곧 인간적 사랑이 있는 게 아니다. 오히려 사랑이 내려가도록, 사랑이 공허 속으로 흘러넘치도록 하느님께서 결정하시고 그분의 말씀이 이를 알리실 때, 그분은 모든 사랑에 이음새와 표지판을 세우셨다.

그러나 인간이 어찌 그것을 이해해야 한단 말인가? 일찍이 인간 본성의 충동과 돌진과 갈망이 죄 속에 단단히 굳어 있었기 때문이니, 자아에 대한 의지의 질병은 암처럼 인간 영혼의 조직들을 잡아먹은 지 오래였다. 하느님께서 인간에게 선사하시는 부요한 마음은 욕망으로 가득 차 깜박거리며 우울함 속에서 자기 자신을 잡아먹었다. 내면의 감옥에서 탈출하려는 모든 시도는 인간을 더욱 가혹한 종살이 속으로 때려 넣었다. 속박에 순응한 채 인간은 혐오스러운 노역을 칭송하며 자기 자아의 성채를 장벽과 해자垓字로 둘러치기 시작했다. 이 자아에 전쟁을 선포하는 자, 조심하라! 회전에 회전을 거듭할수록 패배하리니, 적은 벌써 다리를 건너 들이치고, 성채는 이미 화염에 휩싸이리라. 그리고 오직 탑 하나만이 절망 속에 저항할 뿐이리라. 그럴수록 인간은 오히려 항복하지 않으리니, 결국은 마침내 마지막 성문이 들이받히고, 마지막 화살이 날아가고, 두 팔의 마지막 힘마저 치명적인 전투에서 소진되고 말리라.

자, 말씀이 세상에 오셨다. 당신 소유의 땅에 오셨다. 그러나 그분 소유의 백성은 말씀을 받아들이지 않았다. 어둠 속을 빛이 비추었다. 그러나 어둠은 등을 돌렸다. 그리하여 사랑의 계시는 생명과 죽음을 두고 전쟁을 결심하지 않을 수 없었다. 하느님께서 세상에 오셨다. 그러나 창과 방패의 벽이 그분의 오심을 노려보며 맞섰다. 그분의 은총이 물방울처럼 떨어지기 시작했다. 그러나 세상은 물방울이 침투하지 못하도록 자신을 유연하게 만들었고, 물방울들은 흘러내리고 말았다. 세상은 밀폐되었다. 뱃속에서 올라왔다 다시 뱃속으로 떨어지듯, 인간 생명의 순환은 봉쇄되었다. 인간들의 공동체는 폐쇄되어, 부족함이 없다는 듯 스스로 만족해한다. 경계들 너머로의 모든 갈망은 늘 다시 한계들 속으로 붙잡힌다. 종교는 폐쇄되어, 관습과 예배, 기도와 희생 제물, 인간의 실행들과 그에 대한 신성의 반대급부들만이 하나의 순환을 이룬다. 그 모든 것이 조상들로부터 내려왔으니, 불경한 자들 외에는 함부로 손대지 않는다. 세상은 하느님을 대적해 사방으로 자신을 걸어 잠그고 중무장을 했고, 밖을 내다볼 눈이란 아예 없었다. 세상의 모든 시선은 내부의 자기 자신에게로만 향해 있었다. 그러나 그 내부는 유리방과 같았으니, 여기서는 유한한 것이 가늠할 수 없는 먼 거리 속으로 굴절되어 보였고, 그 유한한 것이 스스로를 무한하다 여기며 자신을 하느님처럼 여겼다. 오로지 세상의 아가리만이 밖으로 열려 있어, 누구든지 감히 가까이 오는 자는 언제든 집어삼킬 태세를 하고 있었다.

거기 이제 하느님의 말씀이, 당신의 빛은 어둠 속으로 사라지고 당신의 하강은 당신의 죽음과 멸망일 수밖에 없음을 알아보셨으니, 이제 말씀은 싸움과 선전 포고를 예감하셨다. 그리하여 말씀은 심오한 책략을 궁리해 내셨으니, 그것은 요나처럼, 무시무시한 것의 뱃속으로 잠기는 것, 죽음의 가장 깊은 독방 속으로 돌진하는 것이었다.

죄 많은 갈망의 마지막 감옥을 체험하고 마셔야 할 잔을 남김없이 비우는 것, 권력과 폭력을 향한 무한한 충동에 결연히 맞서는 것, 당신 자신의 파견 사명의 무력함을 통해 세상의 헛됨을 증명하는 것, 아버지를 향한 당신 순종의 무능함을 통해 반란의 허무함을 보여 주는 것이었다. 당신 죽음의 약함을 통해 하느님을 거스르는 이 실망스러운 저항의 치명적인 약점을 드러내는 것, 세상 자신의 뜻에 세상을 내버려 두고 그럼으로써 아버지의 뜻을 실행하는 것, 세상의 원의를 세상에 내맡기고 그럼으로써 그 원의를 꺾는 것, 당신 자신의 그릇을 산산조각 나게 하고 그럼으로써 당신 자신을 쏟아붓는 것, 신성한 심장의 피를 단 한 방울 떨어뜨림으로써 한없이 쓰디쓴 바다를 달콤하게 만드는 것이었다.

이는 가장 이해할 수 없는 교환이니, 극도의 대립에서 최고의 일치가 생겨나고, 그분의 최종적 치욕과 패배가 그분의 궁극적 승리의 힘임이 증명되리라. 그분의 약함은 이미 아버지를 향한 그분 사랑의 승리요 아버지의 화해이기 때문이니, 최고로 강력한 행위인 당신의 이 약함은 세상의 가엾은 나약성을 한없이 능가하여 당신 안에 떠받치고 있을 만큼 크고 크도다. 이제로부터 그분 홀로 척도이시요 이로써 또한 모든 약함의 의미이시다. 그리도 깊이 아래로 그분은 잠기기를 바라셨으니, 이제 앞으로 모든 하강은 그분 안으로 떨어짐이리라. 또한 지금부터 괴로움과 좌절의 모든 시냇물은 아래로, 그분의 가장 낮은 심연 속으로 흘러들리라.

패배를 통해 승리를 이끌어 낼 수 있는 전사戰士보다 더 신적인 전사는 없다. 그가 치명적인 상처를 입는 바로 그 순간에, 그의 적이 결정적으로 바닥에 때려눕혀진다. 그 적은 사랑을 명중시키고, 그럼으로써 사랑이 그를 명중시키기 때문이다. 그리고 사랑은 스스로를 명중당하게 함으로써, 증명되어야 했던 바를, 곧 자신이 사랑임을 증명한다. 명중당한 적, 미움 속에 있는 적은 자신의 한계를 인식하고, 언제나처럼 똑같이 행동할 수 있다고 여긴다. 하지만 그는 사방으로 더 큰 사랑에 가로막혀 있다. 적이 사랑에 가하는 모든 것, 혐오, 무관심, 무시, 비웃음, 치명적인 함구, 악마적인 중상은 언제나 다만 사랑의 우월성을 증명할 뿐이다. 밤이 더 어두울수록 거기 사랑이 더욱 빛을 낸다. 모든 세상적 생명은 한번은 또는 꽤 자주 죽음에 경도되어 머리를 숙이고 무력함 속에서 자신의 문턱을 넘어서지 않으면 안 되기 때문이다. 하지만 이 길을 통해 생명은 마침내 아들의 몸짓을 실현하리니, 아들은 모든 무력함에 의미와 형상을 부여하는 분이시다. 우리 주위로 모든 면에서 치명적인 하나의 한계가 우리를 둘러싸고 있고, 우리는 여전히, 우리의 밀폐된 공간에서 하느님을 쫓아낼 수 있다거나 또는 그 안에 유폐시킬 수 있다고 믿었다. 그런 우리가 행동을 통해 그분 사랑의 독점성을 증명했으니, 빠져나올 수 없는 팔로 그 사랑이 우리를 부여잡고 있다. 이미 죽음이 — 우리 죽음이 — 사랑의 의복, 사랑의 화신이 되었기 때문이다.

그러나 아직 하느님의 계획과 책략이 완성되지 않았으니, 여전히 가장 핵심적인 부분이 비어 있다. 세상을 내부로부터 변모시키기 위해 세상의 내부로 파고 들어가는 수단이 여전히 존재하지 않고, 빗장 지른 대문을 격파하기 위한 행운의 부적이 없다. 그리하여 하느님께서 당신의 심장을 창조하시고 이를 세상 한가운데에 두셨다. 인간들의 심장이 가진 돌진과 충동을 잘 아는, 모든 굴곡과 방랑과 풍파와 변덕들, 그리고 일찍이 인간의 심장이 맛보았던 모든 쓰라린 행복과 모든 복된 쓰라림을 몸소 경험한 심장을 세상 한복판에 두셨다. 이 심장이야말로 모든 피조물 가운데 가장 어리석고, 가르칠 방도가 전혀 없고, 가장 변덕스러운 것이리라. 아 심장이야말로 모든 충실과 모든 배반의 자리이고, 실로 꽉 찬 교향악단보다 더 풍요로우며 텅 빈 귀뚜라미 울음소리보다 더 빈약한 악기이고, 그 헤아릴 수 없음 안에서 하느님의 헤아릴 수 없음을 굴절해 보여 주는 모상이다. 곧 세상이 잠든 사이에 하느님께서 세상의 옆구리에서 이를 꺼내어 당신의 신성한 사랑의 기관으로 만드셨다. 이 무기를 들고 — 트로이 목마의 뱃속에 숨은 전사처럼 — 그분이 이미 적국의 한가운데에 서시었다. 세상의 분주함에 이미 온전히 참여하고 계셨고, 안으로부터 모든 것을 알고 계셨다. 마치 꿈속처럼 그분은 조가비 속에서 인류의 피바다를 엿들을 수 있었으니, 인류의 배반이 이미 그분에게 누설되어 있었고, 그분은 하겐Hagen처럼 지그프리트Siegfried의 뒷덜미에 있는 치명적인 약점을 알고 계셨다.[3] 심장의 내부에 모든 비밀이 열린 채로 펼쳐져 있으니, 피의 물결들은 그 비밀을 무방비로 흘려보낸다. 봉인이 벗겨져 이 사람의 심장에서 저 사람의 심장으로 흐른다. 이 순환의 흐름에 그분이 참여하셨다.

---

3 게르만 신화에서, 하겐은 나뭇잎이 떨어져 용의 피가 묻지 않은 지그프리트의 등 부분을 창으로 찔러 죽였다. — 역자 주

그분의 죽음은 이제부터 더 이상 막을 수 없었다. 그 어떤 심장이 자신을 스스로 방어할 수 있으랴! 갑옷과 껍질을 두른 심장은 심장이 아니리라. 밀려오는 강물에 무방비로 무너지며, 자기 자신의 저장고, 마르지 않는 생명의 저장고에서 생명을 꺼내 선사하며, 이 흘러넘치는 탕진의 기쁨 속에서 다른 모든 것은 잊고 마는 심장이 아니라면, 어찌 심장이라 할 수 있으랴. 모든 심장이 그 많은 피로 취해 있고, 굼뜬 것을 새로운 춤으로 도약하게 하는 데만 오롯이 열중한다. 거친 열정이 심장을 먹어 치운다. 심장이 가차 없이 사랑의 박자로 고동친다. 그리하여 그 포악한 채찍질의 울림이, 여전히 잠든 몸을 관통하며 마지막 지체에 이르기까지 진동한다. 심장과 생명, 심장과 원천, 심장과 탄생이 하나이다. 언제 여유롭게 심장이 전투와 방어를 생각할 시간이 있겠는가? 지체들이 모두 졸며 죽음의 유혹에 쓰러지는 동안에, 잠들지 않는 심장은 미지의 것들을 계속 살아 있게 한다. 이들은 마땅히 자신을 방어해도 되고, 외부의 적을 이겨야 하리니, 무방비의 심장이 그들에게 힘을 준다, 불타는 중심으로부터. 모든 전쟁이 심장으로부터 양분을 공급받는다. 그러나 심장 자체는 평화이다. 모든 권능이 심장에서 나온다. 그러나 심장 자체는 무능함이다. 끊임없이 솟아나는 이 심장의 상처에서 모든 강건함이 흘러나온다.

모든 심장이 무방비이다. 모든 심장이 근원이기 때문이다. 그리하여 모든 적이 심장을 노린다. 거기에 생명이 거주하고, 거기가 생명이 명중되어야 할 곳이다. 거기서 생명은 생기 넘치는 알몸으로, 무無의 목구멍으로부터 올라온다. 거기서 너는 현존의 동맥에 손가락을 댈 수 있고, 그 기적 같은 탄생을 눈으로 볼 수 있다. 붉게 또 붉게 생명의 장미가 솟아오르니, 온 눈이 그 안으로, 첫 산출의 신비 속으로 잠긴다. 모든 것은 산출하는 이 중심으로부터 빛난다. 그리고 다시금 근원의 맥박 속으로 잠기기 위해, 혈관들이 잘못 들어선 오랜 길에서 돌아오고, 밖으로 넘친 것이 지치고 희미해져 되돌아 흘러 올 때, 더불어 가져온 생기 잃은 온기는 아직도 여전히 처음의 잔향이어라. 생명의 모든 신비는 그 시작이 심장 안에 있으니, 무겁고도 무겁게 신비의 짐을 싣고 피의 흐름을 따라 선단船團이 항구를 떠난다. 그리고 그 선단이 지극히 먼 섬들에서 귀향하며 싣고 오는 것, 근원의 커다란 귓구멍, 어머니 같은 귓구멍에 대고 속삭이는 것, 그것이 생명보다도 더욱 생생한 어떤 새것일 수 있을까? 불멸하는 망치질의 리듬 속에서 생명은 스스로 자신을 표명한다. 그리고 생명의 느슨함과 팽팽함, 열림과 닫힘, 떠남과 돌아옴이 확장되어 온몸의 생명 법칙이 된다.

정녕 말씀이 세상에 오셨다. 영원한 생명이 한 인간의 심장에 자리를 잡았다. 이 전율하는 장막 안에 말씀이 거주하기로 작정하셨고, 황송하게도 당신을 만나도록 해 주셨다. 따라서 말씀의 죽음은 이미 예정된 일이었다. 생명의 근원은 무방비이기 때문이다. 당신의 영원한 성안에 계신, 범접할 수 없는 당신의 빛 안에 계신 하느님은 공격당할 수 없으셨다. 죄의 화살들은 아이들이 쏘기라도 한 듯 그분의 견고한 영광 앞에서 튕겨져 나갔다. 그러나 하느님이 한 심장 안에 거주하시니, 이제 그분에게 도달하기가 얼마나 손쉬운가. 얼마나 빠르게 그분이 상처를 입으실 수 있었는가. 한 인간보다 더 손쉬웠으니, 인간은 그저 심장에 불과한 게 아니기 때문이다. 인간은 뼈들과 연골들, 강인한 근육과 단련된 피부이기도 하다. 인간에게 해를 입히기 위해서는 악한 의도가 필요하다. 그러나 심장은? 이 무슨 표적, 이 무슨 유혹인가! 거의 무의식적으로 총탄이 그리로 향한다. 하느님께서 스스로 허점을 보이셨으니, 이 무슨 바보짓이었단 말인가! 그분 스스로 당신 사랑의 약한 부분을 누설하고 마셨으니, 그분이 우리 가운데 심장으로 머무르신다는 소문이 돌자마자 누구나 다 이미 화살촉을 갈고 활시위를 당겨 본다. 소나기와 폭풍이 그분을 덮치고, 수백만 화살이 작고 붉은 점을 향해 날아가리라.

무방비의 그분 심장은 그분을 지키지 못하리라. 실로 심장에게는 이해력이 없으니, 왜 자신이 약동하는지를 정말로 알지 못한다. 심장은 그분을 도울 수 없으리라. 심장은 (모든 심장이 불충하니) 그분을 배반하리라. 심장은 결코 멈추지 않고, 가고, 달린다. 사랑은 늘 넘어가기 마련이니, 그리하여 그분의 심장도 넘어가리라, 적에게로. 인간들의 아이들 사이에 머무르는 것이 그분의 즐거움이고, 다른 낯선 심장들의 맛이 어떤지 알고 싶은 것이 그분의 호기심이다. 심장은 그 맛을 보기를 원했고, 그러면서 무엇인가를 맛보았고, 만족해했다. 심장은 그 맛을 지극히 먼 영원들에 이르기까지 잊지 못하리라. 오직 한 심장만이 그러한 모험들에 들뜬 기분일 수 있었으니, 어리석음이여. 아무리 최선을 다해도 지성에게는 결코 납득되지 않는 어리석음, 기껏해야 온전히 함구하는 것이 가장 좋으며, 살과 피로 된 계약 안에서만 꾸며 낼 수 있는 어리석음이여. 이는 가련한 심장의 어리석음이니, 이 심장은 자신의 숨겨진 가난에서 그리고 지상의 밭에 있는 볼품없는 소유에서 마법처럼 보물들을 불러낼 줄 안다. 천상 존재들이 실로 놀라워하는 보물들을.

그리하여 아들이 세상에 오셨다. 그리고 아들의 심장은 하느님만이 아시는 곳으로 그분을 끌고 갔다. 모든 심장이 참을성 없이 목줄을 당겨, 아무도 감지하지 못하는 흔적들을 찾아 냄새를 맡으며, 자신의 본래 길들에서 벗어나기 때문이다. 하지만 마지막에, 주님과 주님의 심장은 서로 합의를 이루었다. 그 심장은 주님의 뜻을 기꺼이 따르고, 주님은 그 심장을 여우 굴 안으로 몰아넣으신다. 그리고 주님은 기꺼이 그 심장의 행로들을 따르시고, 심장은 그분을 치명적인 모험으로 이끈다. 곧 하느님을 대적하는 어두운 세계의 원시림에서 벌어지는 인간 사냥으로 그분을 유인한다.

불가사의한 표징이여! 그것이 하늘과 땅 사이 세상 한가운데에 서 있도다. 켄타우로스Centauros[4]와도 같이 혼합된 몸이여! 영원히 경외심의 거리를 두고 분리되어 있어야 할 것이 그 안에 녹아 있도다. 신성한 바다가 한 인간 심장의 아주 작은 샘 속에 억지로 들어가 있고, 신성의 거대한 참나무가 지상적 심장의 부서지기 쉬운 작은 그릇 속에 심겨 있다. 영광 속에 드높이 좌정하신 하느님과 힘겹게 일하며 경배하는 가운데 먼지 속에 무릎 꿇은 인간, 이 둘이 더 이상 구분될 수 없다. 영원하신 하느님의 임금으로서의 의식이 인간의 비천함의 무의식 속에 결집되어 있다. 하느님의 지혜와 지식의 모든 보물이 인간의 궁핍함의 작은 방에 켜켜이 쌓여 있다. 영원하신 아버지의 직관이 어두워진 믿음의 추측 속에 둘러싸여 있다. 신적인 확신성의 바위가 지상적 희망의 물결들 위에서 표류한다. 뾰족한 삼위일체 삼각이 인간의 심장 위로 솟아 있다.

---

4 그리스 신화에 나오는 상반신은 사람이고 하반신은 말인 상상의 종족. ─ 역자 주

그렇게 이 심장은 모래시계의 비좁은 통로처럼 하늘과 땅 사이에서 유동한다. 멈추지 않고, 은총의 위쪽 유리구에서 지상의 바닥으로 흐른다. 그리고 아래로부터 다시, 좁고 긴 구멍을 통해 미약한 향기가, 하늘들에는 낯선 냄새가 상부의 영역들 속으로 올라간다. 그리하여 무한한 신성의 모든 부분이 하나같이 이 새로운 향기와 접촉한다. 조용히 그리고 끊임없이, 붉은 안개가 천사들의 새하얀 벌판을 물들이고, 아버지와 아들의 범접할 수 없는 사랑이 애정의 색깔, 진심어린 호감의 색깔을 입는다. 하느님의 모든 신비의 광채가 지금껏 여섯 날개 아래 감추어져 있었으니, 이제 그 모든 신비가 열리어 인간들을 내려다보며 가만히 웃는다. 그 모든 신비가 뜻밖에도 인간들을 비춘다. 그리하여 본래의 광채가 거울 속 지상의 영역으로부터 되돌아가며 쌍방향으로 오간다.

모든 하나는 쌍이요 모든 쌍은 하나다. 천상 진리의 흐릿한 모방이 아니라 천상적인 것 자체가 땅위에서 뛰놀고, 지상의 언어로 번역된다. 지상에서 지치고 기진맥진한 종이 하루 동안의 짐 때문에 바닥으로 가라앉으며 하느님을 경배하는 가운데 머리를 땅에 대고 조아릴 때, 이 가련한 몸짓은 창조되지 않은 아들이 아버지의 옥좌 앞에서 드리는 모든 경배를 자신 안에 품는다. 그리고 그 몸짓은 이 영원한 완전성에 영원히 또 다른 완전성을 추가한다, 인간의 비천함이 지닌 초라하고 윤기 없는 완전성, 힘겹고 고달픈 완전성을. 그러나 아버지께서 거기 그 지치고 고단한 무릎 꿇음을 바라보셨을 때, 아버지는 그보다 더 결정적으로 아들을 사랑하신 적이 결코 없었으니, 그때에 하느님은 스스로 맹세하셨다. 이 아이를, 곧 당신의 아들이신 이 인간의 아이를 모든 하늘보다 더 높이 아버지 심장까지 들어 올리시겠다고. 그리고 이 아이 때문에, 가장 사랑받는 이 아이를 닮은 다른 모든 이들도 들어 올리시겠다고. 하느님은 인간들 안에서 일그러지고 숨겨진, 당신 아들의 특성들을 알아보셨다. 그리고 당신 종이 망나니의 노리갯감이 되어 가시관을 쓴 채 피를 쏟으며 참으로 자기 얼굴을 숨겼을 때, 그리하여 아버지 자신도 살인자를 더 인간적으로 여기시고 무죄 판결을 내리실 때, 그 사이에 무리는 고함치며, 더 이상 당신 아들이 아닌 그 아이를 죽이라고 선동하니, 바로 그때에 그 영원한 엄위하심에 이전에는 결코 그처럼 완전한 적이 없었던 영예와 광채가 부여되었다. 저 버림받은 종의 알아볼 수 없는 얼굴에서 흠 없이 찬란하게 아버지의 뜻이 반사되기 때문이다.

누가 여기서, 더 이상 분리되어서는 안 되는 것을 분리할 수 있으랴? 누가 그 한 사람, 종의 모습에서 하느님의 영광을 떼어 내랴? 하느님의 이 지상地上의 행위를 통해, 최종적인 것이 인간적인 도구에서 산출되었으니, 이 인간적인 도구에서 나오는 것과, 바이올린에서 이전에는 결코 없던 음들을 자아내게 하는 은총의 사안을 두고 누가 이 둘을 구분하랴? 한 인간 심장이 드높이 자신을 넘어 신성의 표현이 되고, 바로 그렇게 자신의 가장 인간적인 것을 드러내 보여 줄 수 있고 또 포기할 수 있다면, 그 누가 한 인간 심장이 무엇을 얼마만큼 할 수 있는지를 결정할 수 있으랴? 지상적 심장을 품고 있는 인간성과 또 다른 인간성, 곧 천상적 사랑이 심장을 그 인간성까지 확장할 줄 아는 인간성 사이에 누가 경계를 지을 수 있으랴? 또 누가, 두 번째 천상적 무한성 안에서는 인간 심장이 뛰는 것이 그칠 수밖에 없다고, 숨이 다하고 이제는 세계의 경계들까지, 실로 하느님 자신의 경계들까지 확장될 수 없기 때문에 그렇게 그칠 수밖에 없다고 말할 수 있으랴? 또는 신적인 자아에게는 그처럼 널리 확장된 심장이 거주할 만한 충분한 공간이 없으며, 따라서 세계가 손쉽게 전혀 무리 없이 저절로 차지할 자리가 그 안에 없다고 말할 수 있으랴? 누가 주제넘게도, 우리는 유한한 것으로 충분하고, 땅 위 외딴 구석의 숨겨진 행복, 몇 년 동안이나마, 시들은 행복, 겸손한 행복, 그런 행복으로 마음이 족하다고 주장할 수 있으랴? 또 누가 감히, 인간적인 것이 신적인 것에서 깔끔하게 분리되어 자신의 소멸성을 맛보며, 스스로에게 기울어져 자기 자신의 눈물을 기꺼이 찬란한 포도주로 마실 때, 이것이 더 순수한 인간성이라고 주장할 수 있으랴? 한가운데 커다란 심장을 올려다보며 모든 장벽이 파괴되고 무너지는 것을 찬양하는 대신에, 지존께서 당신 피조물의 비천함을 사랑으로 눈여겨보시어 그 사랑으로 피조물을 당신에게로 끌어당기시고 살과 피를 초인간적인 은총의 고향과 거처로 선택하셨음을 찬양하는 대신에 누가 대체 그럴 수 있으랴?

나의 심장이여, 세계의 심장이 확장된 그 광활함을 찬양하라! 영원한 생명의 삼위일체 바다가 위로부터 작은 그릇 속으로 천둥 치니, 모든 땅들과 시간들의 맞은편 바다가 아래로부터 그분께로 솟구치며 포효한다. 세상의 혼탁한 격류가, 죄의 검은 물거품이, 모든 것이, 배반, 비굴, 반항, 두려움, 치욕이 출렁이며 세계의 심장 속으로 응축된다. 그리고 두 바다가 그 안에서 불과 물처럼 부딪힌다. 그 비좁은 전쟁터에서 천국과 지옥의 영원한 싸움이 결판나리라. 밀려드는 공격에 심장은 이미 수천 번 쪼개지고 말았으리라. 그러나 시련 속에서도 버티고 견디고 이기어 낸다. 한 번의 타격으로 천국과 지옥의 그릇은 온통 비워지고, 최악의 참담함과 더불어 최상의 환희를 맛본다. 그리고 여기서 환호하고 통곡하는 그것은 그럼에도 전에 자신이었던 바로 그것으로, 곧 인간의 단순한 심장으로 존재함을 한순간도 멈추지 않는다. 이중의 공격을, 사랑과 미움의 겹 폭풍우, 심판과 은총의 쌍 번개를 견디어 내며, 그 작은 심장은 쪼개지지 않으리라. 아버지께서 언젠가 당신을 감추시고, 배반자들과 한 패가 되시어, 심장을 저버리시고, 세상 한가운데 홀로 버려져, 그 둘레로는 얼음 같은 모든 어둠이 미친 듯 날뛰고, 지옥 불이 활활 타오르고, 죄의 모든 낯짝들이 히죽거리며 웃고, 상상할 수 없을 만큼 겁에 질려, 산 채로 묻히고, 바닥 모를 심연 속으로 삼켜질지라도 그 심장은 파열하지 않으리라. 죽음 자체도 그 심장을 죽일 수 없고, 지옥의 모든 강물도 그 심장을 익사시킬 수 없으리라. 그리하여 이 심장은 빛난다. 아버지께서 당신 자신을 숨기실 때조차도 여전히 사랑을 멈추지 않는 이 심장이야말로 가장 위대한 것이다. 하느님의 기적들보다 인간 심장의 기적들이 더 위대하도다 ― 물론 그것은 진실로 하느님의 인간 심장이도다.

자, 이것을 알아야 하리니, 곧 인간의 한계들이 하느님의 충만함을 자신 안에 받아들일 수 있게 되었다면, 이는 하느님의 선물이었음이요, 피조물의 장악력이 아니었다. 하느님만이 유한한 것의 유한성을 깨뜨리지 않으시면서 유한한 것의 속을 넓힐 수 있으시다. 그리고 한 심장이 하느님의 척도까지 확장될 수 있는 기적보다 더욱 위대한 것이 있으니, 그것은 하느님께서 당신을 인간의 척도까지 제한할 수 있으셨던 것이다. 주인의 마음이 종의 마음속에 자리를 잡았던 것이다. 아버지의 영원한 직관이, 단념하지 않고 끝까지,

짓밟힌 벌레의 눈멀음이 되기까지 희미해졌던 것이다. 죽도록 고뇌하는 어린양의 본능 안, 도망가라고 부추기는 충동의 소용돌이 한가운데서 아버지의 뜻에 온전한 '예'가 말해질 수 있었던 것이다. 지옥의 밑바닥에서 아들이 "목마르다"고 신음하시고, 성령은 건널 수 없는 거대한, 갈라놓는 혼돈 외에 더 이상 다른 무엇이 아니실 때, 아버지를 향한 아들의 영원한 사랑의 간격이 — 물론 이 간격은 성령 안에서 아버지와 아들의 포옹 속에 영원히 감싸여 있다 — 천국과 지옥 사이의 간격으로 쩍 벌어질 수 있었던 것이다. 수난의 일그러진 모습 안에서 삼위일체가 심판관과 죄인의 관계로 왜곡될 수 있었던 것이다. 영원한 사랑이 거룩한 분노의 가면을 쓸 수 있었던 것이다. 존재의 심연이 무無의 심연으로 끝날 수 있었던 것이다.

그러나 이 신비 역시 한 심장의 공간 안에 내포되어 있고 간직되어 있다. 이 심장 한가운데서 존재와 비존재가 서로 만난다. 오로지 이 심장만이 비밀을 묶고 푸는 법을 안다. 그 축 안에서 대들보가 교차한다. 모든 심연 위로 그 사랑의 아치가 둥글게 천장을 이루고 있다. 모든 항변은 그 헌신의 말씀 앞에서 말을 잃는다. 이 개별 심장으로서 이 심장은 사람이 되신 하느님 사랑이요 동시에 하느님이 된 인간 사랑이다. 하느님 안 삼위일체 생명의 완전한 표현이요 동시에 하느님 앞 단일한 신념의 완전한 구현이다. 멀리와 가까이가 서로 겹친다. 종은 종으로서 친구이고, 친구는 친구로서 종이다. 그리고 아무것도 녹아내리거나 지워지지 않고, 무한성들의 황홀 안에서 그 어떤 한계도 폭행당하지 않는다. 정확하고 분명하게 그리고 굳건하게, 수정처럼, 형태와 윤곽이 유지되고, 죄가 어지러이 뒤섞어 놓았던 것은 순종과 경외 안에서 정갈하게 분리된다. 이 사랑의 도취는 말짱하고, 하늘과 땅의 신혼 방 잠자리는 순결하다.

구원하는 것은 도취가 아니라 순종이기 때문이다. 그리고 넓히는 것은 자유가 아니라 속박이기 때문이다. 참으로, 사랑의 속박에 묶여 하느님의 말씀이 세상에 오셨다. 아버지의 종으로서, 진정한 아틀라스Atlas[5]로서, 세계를 그 어깨 위에 짊어지셨다. 당신 자신의 행동으로써 서로 적대적인 두 의지를 통합하셨고, 그 둘을 묶으심으로써 풀리지 않는 매듭을 푸셨다. 당신 심장에 과감히 모든 것을 요구하셨고, 짓눌린 채로, 전혀 불가능한 과업을 통해 당신 심장을 열어젖히셨다. 그처럼 과도하게 짐을 지시니, 이를 통해 심장은 자신의 거룩한 주님을 알아보았고, 행복과 사랑(사랑은 늘 과도하게 요구한다)을 인식했으며, 명령에 자신을 열었다.

세계를 향해 자신을 열었다. 세계를 자신 안에 받아들였다. 세계

---

5 그리스 신화에 나오는 하늘을 떠받치고 있는 거대한 신. — 역자 주

의 심장이 되었다. 세계의 심장이 되기 위해 자신을 버렸다. 침묵의 방은 군사용 도로가 되었으니, 그 위에서 은총의 대상隊商들이 내려가고 우는 이들과 구걸하는 이들의 긴 행렬들이 올라간다. 그것은 마치 거대한 유통 단지와 거래소들에서 벌어지는 끝없는 행렬이요 떠들썩한 분주함과도 같다. 올라가는 모든 것은 여기서 신분증과 허가증을 받는다. 그리고 오직 한 심장이 수십만 관료들의 업무를 혼자서 해낸다. 내려가는 모든 것은 여기서 공지되고 분배된다. 아무도 그냥 지나쳐 갈 수 없으니, 누구나 심장의 도움을 필요로 한다. 그에 의해 보내지고, 계속 가야 할 길에 대한 분명한 설명을 그에게 듣고, 그의 위로를 받고, 그에게서 여행 식량을 받는다. 끝도 없이 청원자들이 밀려들고, 모든 사안은 개별적으로 다루어지지 않으면 안 된다. 그 어떤 운명도 다른 운명과 비슷하지 않고, 그 어떤 은총도 비인간적이지 않다. 실타래는 풀리고, 세계의 베틀은 자신의 무한한 견본을 자아내고 체액은 인류의 핏줄 속을 순환한다. 그러나 엄청난 바퀴가 모든 것을 작동시키고, 보이지 않는 맥박의 약동이 모든 것을 추동한다. 사랑의 순환이 시작된다. 하느님의 삽들이 아래로 깊이 가라앉아, 영혼들의 밑바닥 세상들에서 거기 넘쳐 나는 진흙탕을 퍼 올려 가운데 심장 안에 쌓아 올린다. 중독된 피는 흡수하여 거른 다음, 젊어진 붉은 피로 다시 내보낸다. 고생하며 무거운 짐을 진 모든 것은 긴장을 풀어 주는 자비의 목욕물에 잠기고, 피로

와 절망은 이를 흡수한 심장 속으로 씻기어 사라진다.

　심장은 봉사함으로 산다. 자기 자신을 영광스럽게 하기를 바라지 않고 오직 아버지만을 영광스럽게 하기를 바란다. 심장은 자신의 사랑에 대해 이야기하지 않는다. 자신의 봉사를 은밀히 행하여, 마치 우리가 분주함의 소용돌이 속에 우리 심장을 잊어버리듯, 모두가 그 심장을 망각하다시피 한다. 우리는 삶이 저절로 살아진다고 생각한다. 심장이 매시간 선물을 주지만, 아무도 단 일초만이라도, 자신의 심장에 귀를 기울이지 않는다. 모두가 자기 존재의 조용한 진동에 익숙해 있다. 안으로부터 자기의식의 물가로 밀려드는 영원한 파도의 맥박에 익숙해져 있다. 그것을 운명인 양, 자연스레 모든 것의 과정으로 받아들인다. 모두가 사랑에 익숙해져 있다. 그리고 두드리는 손을 듣지 않는다. 밤이고 낮이고 우리 영혼의 대문을 두드리는 그 손의 물음을, 들여보내 달라는 그 간청을!

3장

3장은 세계의 심장이신 성자 그리스도께서 이 세상에 오신 이후, 그분을 대하는 세상의 모습에 대해 적나라하게 전하고 있다.

"먼지와 연기가 소용돌이쳐 올라왔고, 모든 것이 쓰레기와 부패의 냄새를 달콤하게 풍기고 있었다. 아무도 아버지의 이름을 알지 못했다. 그분은 빛이셨다. 그리고 모두가 눈멀어 있었다. 그분은 말씀이셨다. 그리고 모두가 귀먹어 있었다. 그분은 사랑이셨다. 그러나 아무도 사랑이 있었음을 알지 못했다."

그분을 외면한 세상 사람들은 처참한 나병 상태에 있었으며 끊어 낼 수 없는 무거운 사슬에 매여 있었다. 그들은 마귀들에 의해 내몰리며 고달프게 살아갔다. 그들은 정처 없는 절망 속에서 하루하루를 연명했다. 그들은 죽어 있었다. 그들은 하느님을 등지고 서 있었고, 하느님의 진리에서 멀어져 있었다. 그처럼 타락해 살아갔지만, 스스로가 선택받은 이라는 착각 속에서 거짓 행복에 취해 살았다.

주님은 이렇게 온갖 거짓과 타락 그리고 절망으로 점철된 이 세상의 변방에 서 계셨다. 그분은 어떻게 그 사람들에게 다가서실까? 그분은 볼품없는 인간의 모습으로 변장하고 사람들 가운데 나타나 인류를 위한 위대한 모험을 감행하셨다. 그러나 그분 심장의 광채가 세상 사람들에게 부딪히자, 그들은 경악하며 "신성모독이다!" 하고 소리치며 돌을 던지려 들었다. 그들은 그분에게 접근해서 자기들 무리에 끼우려 시도하고, 권력과 완전성에 대한 자신들의 욕심을 채우기 위해 그분을 이용하려 들었다.

그럼에도 그분은 포기하지 않으셨다. 그분은 당신 심장에게 조언을 구하시니, 심장은 그분에게 그들 이상의 작은 기쁨과 슬픔들을 발설한다. 이 기쁨과 슬픔들이 그분이 이야기하시려는 바다. 그분은 이렇게 속삭이신다.

"너희 인간들이여, 나의 이 드라마를 감상하라! 하느님의 깊은 심연을 살살이 살피고, 샛별에 앞서 태어나, 모든 세계와 그 길들, 존재들의 모든 운명과 행로들을 기획하는 영원한 지혜를!"

마침내 그분은 세계의 심장이 되어 세상에 영원한 생명과 사랑을 선사하려 하신다. 그러나 그분은 혹여 사람들이 당신의 사랑에 걸려 넘어지지 않도록, 그들이 당신의 사랑을 오해하지 않도록, 조심스레 발을 내딛으셨다. 마침내 그분의 심장은 사랑의 고독 속에서 상처받고 칼로 꿰뚫리셔야 했다. 그러나 그분의 고독을 통해 세상에 구원이 도래하게 될 것이다. 하느님의 백성은 우둔한 동물과 같고 사제들은 굼뜨고 당신을 따르던 제자들은 완고한 채 윗자리를 두고 다투기만 했다. 심지어 그들 가운데 하나가 그분을 배반하게 될 것이다. 그분의 과업은 무겁기 그지없다. 마침내 그분은 밑바닥 없는 데로, 세상의 진창, 죄의 수렁 속으로 발을 내딛으신다.

그리하여 세상으로 그분의 하강이 시작되었다. "가라, 가서 세상의 질서를 바로잡으라." 하고 아버지께서 말씀하셨다. 그러자 그분이 오셨다. 그리고 이제 그분은 이방인으로, 시장의 분주함 속에 자신을 섞으셨다. 그분은 똑똑한 이들과 재치 있는 이들이 갖가지 상품을 파는 가게들을 지나치며, 양탄자와 장신구들을 이리저리 살피는 구매자들의 달아오른 손들을 보셨다. 미래의 현자들이 자신들이 새로 발견한 것들, 곧 국가와 사회를 위한 견본들, 축복받은 삶을 위한 길잡이들, 절대적인 것을 향해 날아가는 기계들, 복된 무無 속으로 들어가는 여닫이문들과 승강기들을 칭송하는 말들을 들으셨다.[6]

---

6 인류의 사회 체계들과 기술적 발명이 지닌 양면성, 곧 인간의 삶을 향상시킨다는 긍

알려진, 또는 알려지지 않은 신들의 조각상들을 지나며, 정신의 저장고들을 들여다보시니, 거기에는 꾸러미와 통들이 한껏 높이 쌓여 있다(동물 때부터 인간에게는 안전을 강구하고 비축하는 본능이 핏속에 흐르기 때문이다).

주막의 커튼을 올리시니, 거기서는 더욱 은밀한 지식의 압생트 absinthe 술이 인위적인 지옥들과 천국들로 들어가는 입구를 열어 준다. 산에 올라 멀리까지 나라들을 조망하시고, 웃음과 울음을 들으시고, 여러 방에서 남녀가 뜨겁게 뒤엉키는데 옆방에서는 분만하는 여인이 신음하는 것을 보셨다. 사람들이 죽은 이들을 밖으로 내갔다, 학교로 가는 아이들을 지나쳐. 도시들은 가라앉은 정착지들의 폐허 위에 건설되어 있고, 여기서는 전쟁이 폭등하고 저기서는 평화가 넉넉히 지속되었다. 미움에서 사랑이 터져 나와 웃고, 잔혹한 사랑에서 미움이 터져 나와 웃었다. 꽃들과 곰팡이들, 무죄와 악습이 아무 희망 없이 뒤엉켜 자라났고, 저마다의 냄새가 종잡을 수 없이 뒤섞였다. 수천의 소리가 혼재된 엄청난 소음이 군중으로부터 나왔다. 먼지와 연기가 소용돌이쳐 올라왔고, 모든 것이 쓰레기와 부패의 냄새를 달콤하게 풍기고 있었다. 아무도 아버지의 이름을 알지 못했다.

정적인 차원과 인간성의 상실을 초래한다는 부정적인 차원을 대비하여 풍자하고 있는 것으로 보인다. — 역자 주

그분은 빛이셨다. 그리고 모두가 눈멀어 있었다. 그분은 말씀이셨다. 그리고 모두가 귀먹어 있었다. 그분은 사랑이셨다. 그러나 아무도 사랑이 있었음을 알지 못했다. 그리고 그분이 군중 속을 걸으셨고, 군중에 눌려 압사하다시피 했지만, 아무도 그분에게 시선을 주지 않았다. 그분이 당신의 신성한 눈길을 돌려 이 소년을, 또 저 소녀를 응시하셨지만, 그들은 그것을 느끼지 못했고, 그들의 시선은 산만하게 비켜 갔다. 세상의 밤이 깜박거리는 가운데 그분의 불꽃은 풍등보다도 더 가냘픈 빛을 냈고, 그 목소리는 폭포의 굉음 속 한 마리 작은 새의 소리처럼 사그라들었다. 그분의 영혼에서 두 세계가 교차했다. 그리고 단 한 번 바라보고 자신의 반대편을 포옹한다는 것은 참을 수 없는 일이었다.

이 일상, 여기, 자신의 일에 전념하는 사람들로 가득 찬 이 거리, 누구나 각자 자기만의 일에 빠져 있는 사람들. 구두장이, 빵 굽는 이, 어떤 이는 우유를 조달하고, 또는 어떤 이는 편지를 보내고, 그들의 옷차림에서 그들 사이에 서로 할당된 직책들이 드러난다. 그들은 정부 당국과 질서 유지를 위한 관공서를 세웠다. 많은 이가 자신을 시인이라 부르고, 시인들은 자신들의 사업이나 또는 현존의 기분까지도 시구들에 담아 묘사한다. 몇몇 사람이 최고 존재와의 통교 규칙을 정한다. 수많은 이가 서로 알고 인사한다. 그리고 인류라 불리는 것을 서로가 함께 이루고 있다는 사실을 모두가 안다. 자신들이 원형의 닫힌 영역이고, 이 영역 안에 그 자체의 의미와 법칙이 담겨 있다는 생각에 감격이, 자랑스러운 흥분이 그들을 전율케 한다. 그들 가운데 아무도 이 밀폐된 공원의 표지판들을 넘어가지 못한다는 합의가 존재한다. 그들은 자신들의 체계가 지닌 여러 부족함에 전적으로 관대하다. 그러나 그들은 그 체계를 통째로 의문에 부치는 이들에 대해서는 그가 누구든 전적으로 의심을 품기도 한다. 각자 안에서 많은 것이 더 나을 수도 있다면, 전체 안에서는 모든 것이 본래 그래야만 할 모습 그대로이기 때문이다.

그분은 그러나 다른 시선을 가지고 계셨다. 그분은 그들을 아버지의 눈길로 바라보셨다. 곧 그들이 결핍이라고 말했던 것들이 그분에게는 얼굴과 온몸에 난 처참한 나병이었다. 그들의 영혼을 먹어 치우고 불구로 만드는 옴이요 궤양이었다. 그리고 그들이 자신들의 결속이라고 불렀던 것들은 끊어 낼 수 없는 무거운 사슬이었다. 그들은 마귀들에 의해 내몰리며 고달프게 그 사슬을 끌었다. 그리고 그들이 자신들의 한계들 내에서 즐거운 절제라고 칭송했던 것은 내부에서 보면 정처 없는 절망이었다. 허무가 곰팡내 나는 허기처럼 그들의 영혼 안에서 하품을 했다. 그러나 그것은 확장하는 허무가 아니라 제한을 가하는 비좁은 허무였으니, 허무가 그들에게서 머리와 감각들을 탈취했다. 그들은 흉측한 알몸으로 이리저리 걸었지만, 서로가 서로에게 가려져 있다고 믿었다. 추위에 대한 감각을 이미 상실했던 것이다. 그들의 전염병은 아주 악질이어서, 자신들도 모르는 사이에 그들의 모든 감각이 죽었기 때문이다. 그들은 죽어 있었다. 아예 근본적으로 죽어, 그들 자신이 살아 있다고 믿었다. 그들은 하느님을 등지고 서 있었고, 그분의 진리에서 멀어져, 모든 것이 질서 안에 있다고 착각했다. 그렇게 아주 죄에 떨어져, 죄가 무엇인지도 알지 못했다. 그처럼 타락해, 스스로를 선택받은 이들이라 여겼다. 실로 그렇게 심연과 불꽃에 빠져 심연을 하느님이라, 불꽃을 사랑이라 생각했다.

거기 그분이 이제 그들 나라의 변방에 서 계셨다. 어떻게 해야 그분은 그 경계를 넘어설 수 있단 말인가? 어떤 언어라야 그들이 그분의 통보를 이해할 수 있을까? 어떻게 번역하고 꾸며야 그 언어가 그들 귀에 가 닿을 수 있을까? 그들을 놀라게 하지 않고 그들과 만나기 위해서는, 빛나는 영원의 광채를 그분 얼굴에서 어떻게 가려야 한단 말인가? 그러나 그분이 변장을 하고 그들 가운데 하나처럼 그들 사이에 나타나시자, 모든 것이 더 어렵게 되었다. 그러면 그분을 어떻게 구별할 수 있단 말인가? 그분은 그들과는 다르시다는 사실을 그들에게 어떻게 이해시킬 수 있단 말인가? 몸을 입으시고 그분이 어떻게 그들에게 신적인 믿음을 요구하실 수 있단 말인가?

오, 위험천만한 모험, 불가능한 감행이여! 그들은 그분을 두고 분통을 터트릴 수밖에 없으리라. 그들은 모든 것을 혼동하리라. 그분의 언명과 말씀을 그들은 하나의 새로운 도덕과 세계 발전의 계획으로 이해하리라. 그분의 모범을 종교 선생의 모범으로 이해하리라. 그리고 그분이 겉옷을 걷어 올리시고, 그분 심장의 광채가 그들에게 가 부딪히자, 그들은 경악하며 "신성모독이다!" 하고 소리치는 가운데 돌들을 집어 드니, 끝내 그분은 다시 당신 가면 뒤로 숨으신다. 그리고 최종적으로 그들은 세계 질서와 하느님 경외의 이름으로 그분을 (백성을 오도하는) 치욕이라며 송두리째 제거하고 모든 미래 세대를 위한 본보기로 세운다.

그들에게 그분은 그들과 같은 한 인간이거나 아니면 하나의 신으로 머물러야 한다! 그들은 모든 것을 뒤바꾼다. 그들은 그분에게 접근하여, 그분을 자기들 무리에 끼우려 시도하고, 권력과 완전성에 대한 자신들의 의지와 첫 자리들을 향한 자신들의 열망을 위해 그분을 이용하려 든다. 그리고 그분이 경외심을 간청하시는 자리에서 그들은 뻔뻔해지리라. 그리고 그분이 그들의 사랑을 요구하시고, 협조적인 친밀함과 따뜻함을 요청하시는 바로 그곳에서, 그들은 그분 앞에서 냉담하게 뒤로 물러서며 신적이고도 지옥과도 같은 고독 속으로 그분을 내쫓아 버리리라.

그럼에도 그분은 포기하려 하지 않으신다. 그분은 당신 심장에게 조언을 구하시니, 심장은 그분에게 그들 일상의 작은 기쁨과 슬픔들을 발설한다. 이 기쁨과 슬픔들이 그분이 이야기하시려는 바이다. 그것들 속으로 그분은 숨으려 하신다. 그리고 이제 너희 인간들이여, 너희 방랑자들이여, 길을 멈추고 여기를 보라! 나의 이 드라마를 감상하라! 하느님의 깊은 심연을 샅샅이 살피고, 샛별에 앞서 태어나, 모든 세계와 그 길들, 존재들의 모든 운명과 행로들을 기획하는 영원한 지혜를! 보아라, 이 지혜가 순식간에 어떻게 말을 더듬거리기 시작하고 유모와도 같이 중얼거리기 시작하는지를. 어떻게 소소한 이야기들을 들려주는지를(어쩌면 이미 일어났을지도 모르는 "진짜" 이야기들을).

"옛날에 한 남자가 있었는데, 그에게는 두 아들이 있었단다…." 그리고 아이들은 귀를 기울이고 손뼉을 치고, "이야기를 '또 하나' 더!" 하며 소리친다. "옛날에 한 농부가 있었는데, 그가 씨를 뿌리러 밭에 나갔단다…." 이런 이야기가 수백 개 이어지고, 아이들은 눈과 입을 바짝 열고 재미나고 흥미진진하다고 생각한다. 인간적인 모든 것이 비유로 전환된다. 그리고 일찍이 지혜가 별들의 높이에서 창조했던 것은, 지혜가 변장을 하고 인간들 사이에서 순례하고 있는 오늘날에는 지혜에게 발판이 된다. 지혜는 자신의 목소리를 모두가 알아듣도록 그 발판 위로 자신을 들어 올려야 한다.

그리하여 그 낯선 이는 여러 시도를 해 본다. 자신의 동화들에 귀를 기울이도록, 아무도 모르는 낯선 음률을 그 동화들에 섞어 넣는다. 고향 세계의 향기와 맛을 첨가한다. 모든 것을 관통하여 휘도는 바람을. 누구나 그 바람 소리를 듣지만, 아무도 그 바람이 어디서 와서 어디로 가는지 설명하지 못한다. 무엇인가가 그들을 건드리고, 오래전에 잊은 것들을 기억하게 해야 한다. 모르는 사이에, 보이지 않는 부드러운 화살이 생각지도 못한 그들의 부위 어딘가에 상처를 내야 한다. 인간 언어의 빈약한 달각거림을 뚫고 낙원에서 흘러오는 먼 음악처럼 무엇인가가 울려야 한다. 무언가에 대한 예감으로 영혼들이 돛을 올려야 한다.

그러나 그들은 귀가 있지만 듣지 못한다. 이해력이 있지만 이해하지 못한다. 그들의 모든 감각은 실제 세계에 함몰되어 있다. 그분의 말씀만이 아니라 그분의 행동과 몸짓도 그들은 읽어 낼 능력이 없다. 자신들의 영역들 안에서만 그들은 일어나는 일을 정리할 수 있다. 그들은 그 일을 자신들의 밑바닥으로 끌어내림으로써, 그것을 해석한다. 그들은 새것을 그들 자신의 옛것 가운데 일부로 인식할 때만, 그것을 파악한다. 그들은 자신들의 위장이 소화할 수 있는 풀들만을 보고 그것만을 먹어 치우는 가축과 같다. 이 세상의 군주가 여전히 그들의 목줄을 잡고, 그들 눈에 가리개를 덮씌웠다. 여기 그 군주가 광야에서 그들에게 빵을 나누어 주면, 그들은 희미하나마 냄새로 자기 주인을 찾았다고 믿는다. 그들은 소금과 땀 냄새를 맡는 산중의 염소 무리처럼 주인을 따라 종종거리며 걷는다. 그리고 그 주인은 도망치듯 그들에게서 자취를 감추어야 하리니, 그들의 충동적 탐욕에서 벗어나기 위함이다. 그러나 그들의 목자들이 이미 깨어났으니, 그들은 의심에 가득 차 귀를 바짝 세운다. 그들은 불구대천 원수의 냄새를 맡았으니, 원수가 그들의 공격에 쓰러질 때까지 그들은 쉬지 못하리라.

그렇다, 말과 행동들로써는 아무것도 할 수 없다. 그분은 먼저, 그들에게 당신을 볼 수 있는 눈을 만들어야 하시고, 들을 수 있도록, 이제껏 없던 귀를 그들에게 심어야 하신다. 하느님을 만져 알도록 미지의 촉각을, 하느님의 향기들을 맡고 그분의 음식들을 맛보도록 새로운 냄새와 맛을 먼저 조성해야 하신다. 그들의 영을 온통 새롭게, 근본에서부터 새롭게 세워야 하신다. 그러나 그에 대한 대가는 지극히 혹독하리라. 그분은 그들의 무디어진 죽은 감각들을 짊어져야 하시고, 당신의 아버지와 하늘의 온 세계를 잃으시고야 말리라. 죽음 속에서, 지옥에서, 그분의 수태한 심장은 용해될 수밖에 없으니, 온전히 파괴된 심장, 형체 없는 바다 속으로 녹아든 심장이 되어 그분은 당신을 그들에게 마시라고 주어야만 하시리라. 그들의 냉철한 심장들을 기어이 호리고야 마는 사랑의 묘약으로!

세계의 심장은 자신의 세상을 비로소 창안하지 않으면 안 된다. 세계의 머리는 자신의 몸을 스스로 형성하지 않으면 안 된다. 이제껏 세상에서 통했던 법칙은 이것이다. 곧 사랑은 아름다운 것과 우리 마음에 드는 것과 우리 사랑에 무가치하지 않은 것들을 깨어나게 한다. 고귀한 연민의 불은 사랑받는 이의 그 모든 우선권에서 불이 붙어 계속 연명한다. 인간적 애정은 타고난 가치들의 다리를 건너 계속 나아간다. 그리고 오래 지나면, 서로 사이의 선물에 의해 연명되지 않는 사랑은 죽으리라. 이처럼 이것이 자연이 바라는 바이니, 하느님께서는 당신 자녀들이 서로에게 호감을 가지도록 천부적인 능력을 주셨기 때문이다.

그러나 하느님과 죄 사이에 무슨 유대가 있으랴? 무슨 연민이 있어 빛과 어둠 사이를 중개하려고 들랴? 일찍이 그분 말씀이 무無에서 세상을 창조하셨다. 무無보다 더 적은 것, 미움에서 그분은 두 번째로 은총의 세계를 산출해야만 하신다. 바위에서 물이 터져 나오게 해야 하신다. 친절하게도 당신 사랑에 합당한 것을 당신 스스로 찾아내야 하신다. 사랑만이 아니라 사랑의 보답도 일궈 내야 하신다. 말씀의 힘으로 응답의 힘도 선사해야 하신다. 그분에게는 당신을 그 안에서 잃어버리는 '너'가 없다. 그분은 당신의 고독 속에서 사랑의 상대방을 낳으신다. 그분은 어둠을 당신의 불꽃 속으로 받아들이신다. 당신을 알지 못하고 알려고도 하지 않는 세상을 당신의 몸이 되게 하신다. 그리고 그 한 몸의 고독으로부터 그분은 당신의 신부를 산출하신다.

그것은 마치 태양이 혼돈 위로 떠올라, 오로지 사막과 얼음과 바위로만 된 세상을 밝히는 것과도 같다. 그 세상에는 동물도, 생명체도, 숲도, 줄기도, 씨앗도, 흔적도 하나 없으며, 생명의 가능성마저도 없다. 그리고 이 죽음 위로 세계의 빛이 빛난다. 빛나고 또 빛나고, 그 빛이 자신의 곳간에서 하루에 이어 또 하루를 선사하고, 느긋한 여유로움 속에 뜨고 진다. 자신의 생명을 발산한다 — 그 생명이 사람들의 빛이었다 — 그리고 드디어 어느 날 기적이 일어나니, 새싹의 연약한 첫 끝머리가 바닥에서 하늘을 올려다본다. 그런 다음 두 번째 끝머리에 이어, 열둘, 일흔 둘이 올라온다. 계속하여, 첫 씨앗의 은총 충만한 죽음에서 곡식밭의 가느다란 덮개가 준비되고, 첫 덤불, 첫 그늘이 드리운다. 바람이 싹을 틔우며 활기차게 일고, 강들이 그 주위를 돌아 푸르름이 짙어진다. 그리고 마침내, 거기 아름다운 양탄자가 빈틈없이 펼쳐지니, 이제 임금다운 사람도 나타나, 감사하듯 눈길을 들어 어머니와도 같은 빛을 올려다본다. 그를 낮은 빛을!

그러나 이 태양은 누구인가? 사랑의 이 노역을 자처한 이, 누구인가? 누가 이 세상에서 태어나는 모든 이를 비추는 빛인가? 그것은 심장이다, 우리의 것과 같은 인간 심장이다. 자신도 상대방의 사랑을 목말라 하는 심장이다. 과연 심장들이 그러하듯, 따뜻한 어리석음으로, 분별없는 희망으로 꽉 찬 심장이다. 옹골찬 고집이여. 사랑받지 않으면 야위는 심장이여. 일생을 오로지 적들 사이에서만 사는 이, 누구인가? 우리 가운데 누군가 로빈슨 크루소처럼 빈 섬에 떨어진다면, 그는 청춘을 추억하며, 아득히 사라진 우정의 심상들로 자신의 고독을 먹이리라. 인간 심장은 하느님과 같지 않다. 자기 자신 안에서만 순환하지 않는다. 아무것도 필요 없는 게 아니다. 살기 위해서는 고동치고, 약동하고, 낯선 피를 찾고 필요로 한다. 인간 심장은, 하느님처럼 전능하지 않다. 지배하듯 한 말씀으로 무엇인가를 창조할 수 없다. 하느님께서 "되어라!" 하고 말씀하시자, 모든 것이 그대로 되었다. 상대방의 사랑을 찾지 못한다면, 심장은 무엇을 할 수 있을까? 우리가 사랑하려 하지 않는다면, 심장은 어떻게 할 것인가?

모든 것이 하늘에서 살피고 예상했던 것보다 더 어려우리라. 하늘에서 보았을 때, 사랑은 거역할 수 없는 것이었다. 늘 승리에 익숙한 것이었다. 그저 가득 담긴 접시를 들고 사람들에게 다가가기만 하면 되었다. 그러면 죽을 만큼 목마른 이들이 벌써 무릎을 꿇고 한 모금만 달라고 구걸하리라. 틀림없이, 구원이 가까이 있음을 느끼리니, 그들에게는 다른 방도가 없으리라. 이런 확신을 가지고 그분이 오셨다. 그리하여 이제, 그분이 둔탁한 살을 입고 거기 서 계시니, 그분의 가슴에서 살로 된 심장이 고동치니, 아, 모든 것이 생각했던 것보다 이 얼마나 낯설고, 이 얼마나 다른가! 그 겉옷이 천상 광채를 이 얼마나 어둡게 가리는가!

그리고 얼마나 조심하지 않으면 안 되는가! 얼마나 조용히, 망설이며 발을 디뎌야만 하는가! 그들이 그분의 사랑에 걸려 넘어지지 않도록, 그 사랑을 오해하지 않도록! 그들은 그분 심장의 커다란 온기를 느끼고, 그분을 껴안으려 팔을 뻗으리라. 그러나 그런 사랑은 그분이 의도하시는 사랑이 아니니, 그분은 그들에게서 물러서야만 하시리라, 사랑 때문에. 짐짓 냉정해져, 당신 자신의 심장을 폭행해야만 하시리라.[7] 그리고 여전히 더욱 힘들어지시리니, 그분은 당신이 사랑하시는 이들에게 당신 자신의 사랑을 선사해야 할 뿐만 아

---

7 타협하거나 포기하는 일 없이 오롯이 모든 것을 걸고 끝내 사랑의 길을 가야 하는 단호함에 대한 표현이라고 볼 수 있다. — 역자 주

니라 가르치기도 해야만 하시리라. 무자비하게, 그들이 똑같은 자비를 지니도록 교육하고, 비슷하게, 치명적인 고독 속으로 그들을 던져 넣어야만 하시리라. 가장 사랑받는 이의 심장을 그분은 당신 손으로 일곱 칼로 꿰뚫어야 하시고, 당신 친구를 고심 가운데 의도적으로 그냥 죽게 내버려 두어야 하시리라(이는 그분에게 충분히 쓰리고 아프리라). 그리고 그분이 수고로이 당신의 울타리 안에 불러 모으신 이들, 바로 그들을 그분은 밖으로 내보내시리라. 이리들 한가운데 어린양들처럼 무방비로. 그분은 당신이 사랑하시는 이는 누구나 엄하게 훈육하시기 위해 벌주는 데서 그치지 않으시고, 새로운 사랑의 신비 속으로 끌어들이시기 위해 그를 성가시게 해야만 하시리라.

한 심장의 고독을 통해 세상이 구원되었다. 삶의 상처 자국들 주위로 방어하듯 울타리를 친 은밀한 방의 아름다운 고독이 아니라, 우리를 무방비로 시끄러운 소란에 내어 주는 저 고독을 통해 세상이 구원되었다. 고독 가운데 심장은 불가능들의 얼음물 속에서 나지막이 맴돌며, 차가운 칼날과도 같은 사랑, 늘 깨어 있는 상처와도 같은 사랑을 느껴야 하리니, 그런 고독을 통해 세상이 구원되었다. 백성은 우둔하고 동물과도 같고, 사제들은 굼뜨고, 제자들은 완고하고 윗자리를 두고 다투고, 열둘 가운데 하나가 그분을 배반하리라. 예언자는 아버지의 나라에서, 아버지의 도시에서, 심지어 아버지 집에서 다만 불신을 접한다. 사촌들은 그를 미쳤다고 여긴다. 그분을 치기 위해, 아이들이 살해된다. 그분은 이리저리 찢기시리니, 딱딱한 침대 위 그 어디에도 견딜 수 있는 자리가 없기 때문이다. 이제 그분은 앞으로 돌진하시고, 그들을 강제로 사랑 쪽으로 이끌려 하시고, 그들이 당신 몸을 먹지 않는다면 영원한 죽음으로 위협하시며, 타고난 영광의 황홀한 광채 속에서, 사랑받는 세 제자 앞에 당신을 드러내신다.

그러나 이미 그분은 곧바로 되돌아오시니, 그들이 그분을 억지로 사랑하지 않도록 하기 위함이다. 아무도 그분의 하늘 광채 아래 초막을 지어서는 안 된다. 그분이 돌아보실 때마다, 그들은 화가 나리라. 돌아가는 물레 위, 옹기를 빚는 도공처럼, 그분은 당신 심장의 모습을 바꾸시어, 사람들에게 그 심장을 새롭게, 다르게 내주려 하신다, 헛되이. 그들은 신경 쓰지 않는다. 그들은 이미 모든 것을 안다. 그들은 그분을 저울에 달아 보았고, 너무 무겁다는 것을 알아챘다. 그들의 사랑, 이 얼마나 가벼운가? 잽싸게 간파되고, 무게도 없이 행해지며, 잠이나 음식처럼 단순하다. 무엇을 위한 이 전대미문의 과도한 요구인가? 높은 밧줄 위, 현기증 나는 춤인가? 거기 정신은 탈구되고 올바른 척도는 혼란스럽다. 그들은 그분을 거부한다. 그분은 이방인처럼 그들 사이에서 길을 잃으신다. 당신의 세상 한가운데서 하느님은, 영원으로부터 그러하셨던 분으로 존재하는 것을 배우셨다, 고독하고 하나이신 분으로. 고독을 통해 그분은 세상을 구원하셨다.

하지만 고독은 아직은 버림받음이 아니다. 태양 역시 하늘에 외로이 떠 있기 때문이다. 그러나 태양이 어둠 속으로 가라앉으면, 어찌하랴? 스스로 가라앉으면? 모든 심장은 희망으로 산다. 희망만이 공기로 엮은 시간의 현수교 위 현기증을 막아 낸다. 시간의 현수교가 매초마다 비존재의 심연 위에서 흔들거린다.

심장이 뛴다 — 무엇을 위하여? 내일을 위하여, 더욱 아름다운 아침을 위하여. 그리고 평탄한 길이 언제나 시야 앞에서 오르막처럼 보인다. "당신 나라가 우리에게 오소서." 하늘 나라가 아주 가까이 다가왔다. 아직은 잠시 동안이다, 아이들아 … 충실한 이들은 이제껏 적었다. 그러나 희망하라, 단행하라, 나의 심장이여. 다른 이들이 언제까지나 영원히 너에게 맞서지 못하리라. "시몬아, 너는 저 여인을 보느냐?" 하는 소리가 승리의 환호처럼 울린다. 이번에 성취된 것은 무엇인가? 쓰디쓴 접시가 깨어지고, 향료가 부어지고, 눈물이 쏟아진 것이었다. 오, 너 바리사이여, 언젠가 너에게도, 어쩌면 뒤늦게일지라도, 그 일이 닥치리라. 하느님 심장의 희망이여! 하느님 나라는 겨자씨와 같다. 이는 (아주 신비스러운 미소 가운데 말씀하셨으니) 정원의 그 어떤 씨앗보다도 작다…. 그러나 그분은 마음속으로 거기 이미 큰 나무를 보신다. 이 나무는 그분의 심장에서 자라났으니, 그 가지들에 하늘의 천사들이 깃들이고, 그 꼭대기는 드높이 태양 아래 살랑거린다. 아버지의 바람 속에서.

그러나 이제 그분의 눈길이 땅으로 내리 향한다. 그리고 아득한 꿈에서 깨듯 그분이 깨어나신다. 나라는 어디에 있는가? 그리고 누가 거기에 속하는가? 이 열둘 가운데, 이 일흔 둘 가운데 누가 문지방을 넘기에 합당한가? 그리고 그들, 다른 이들, 아버지께서 그분에게 맡기셨던 수많은 이들은 어디에 있는가? 요르단 강, 세례의 날들 이후로 그 나라는 성장했는가? 커다란 약속의 시간에, 무리가 그분에게서 떨어져 나가지 않았던가? 열둘 역시 그분을 배반할 리 없겠는가? 나라가 그분의 손가락들 사이로 한순간의 꿈처럼 사라지지 않겠는가? 나라가 오려면 대체 그 어떤 마법을 써야 한단 말인가? 어떻게 해야 내가 그것을 이루어 낼 수 있단 말인가? 유일한 한 심장만으로 지옥을 천국으로 변모시키기에 어찌 충분하단 말인가?

나는 "아버지, 당신이 직접 나라를 이루소서!" 하고 말할 수 없다. 그분이 나에게 그 사명을 맡기셨고, 내 어깨에 세상을 지우셨기 때문이다. 희망 — 어디에? 사람들에게는 아니다. 시간에도 아니다. 그리고 역시 하느님에게도 아니다 … 희망 — 어디에? 나 자신에게?

내 사랑의 힘에? 그러나 그 사랑이 마지막까지 충분할까? 사랑이 실패했을 때는, 어떻게? 그리고 내가 십자가 위에서, 모든 것이 헛되었음을 깨닫지 않을 수 없게 된다면? 한밤중에, 나라가 침몰한다. 그리고 커다란 부르짖음과 함께 내 심장이 두 동강 난다, 더 이상 어찌할 수 없기에? 나의 심장은 하느님의 힘에 의해 뛰었는데 ― 희망으로 뛰었는데 ― 그 힘이 거두어졌기 때문에? 그리고 거기 물과 피가 마지막 한 방울까지 그 심장에서 쏟아진 다음, 텅 벌어진 허무 속, 심장이 하늘을 응시하는 그곳에서, 끔찍한 위협 가운데 격노한 심판관의 엄중한 요구가 나에게 불을 붙일까?

과업은 무겁다. 그러나 여전히 더 무거운 것은 실패이다. 무능함의 체험과 최후에 대한 확신이 더 무겁다. 은총의 꽃은 그다지 개연성이 없으니, 그리하여 그 꽃은 다만 불가능의 가장 단단한 돌에서 돋아난다. 헛되이 은총은 선사되고, 이 헛됨은 끝까지 남김없이 고통을 겪어야 한다. 모든 것은 결국 헛되고, 세상은 은총만큼이나 또한 매우 헛되기 때문이다. 하느님께서 용서하실 때면, 그분의 용서는 쓸데없다. 낭비가 아닌 사랑이 어디 있으랴?

그러니 태양은 사그라질 수밖에 없고, 하느님의 심장은 실패할 수밖에 없다. 참으로 심장은 강해야 한다. 그리하여 최후의 약함을 회피하지 않아야 한다. 구멍 난 배처럼 심장은 물속으로 빨려 들기 시작하고, 그 어떤 구조 요청도 가라앉는 심장을 구하지 못하리라. 하느님의 지혜가 침몰 속에서 승리하기로 작정했기 때문이니, 그리하여 하느님의 지혜는 순전한 어리석음 안으로 자신을 쏟아 냈다. 어리석어라, 잃어버린 것을 위해 죽는 것. 어리석어라, 모든 것을 이미 탕진했음에도 희망하는 것. 하느님의 사랑이 한낱 품위도 없이 바보같이 되었다.

이제 그분은 밑바닥 없는 데로, 세상의 진창, 죄의 수렁 속으로 발을 내디디신다. "아직도 나라를 구할 수 있으랴!" 하며 유혹의 물결이 그분 주위로 솟구친다. "네 권능을 믿어라. 현자들의 별을 신뢰하라. 천사들의 군대들로 하여금 너를 허무 밖으로 옮기게 하라. 기적을 일으켜 그들의 심장을 너에게 묶어라. 그들에게 놀이와 빵을 주어라. 너의 주제넘은 심장의 무릎을 꿇고 (그것이 좋다!) 나에게 경배하라." "아버지!" 아찔한 추락 가운데 심장이 소리친다. "당신 손에 저를 맡기나이다. 저는 당신 손을 느낄 수 없나이다. 당신은 손을 놓으시고, 저를 추락하게 하시니, 허무의 밑바닥에서 저를 붙잡으실 당신 손에 제 영을 넘기나이다. 당신 손안으로 제 영을 내쉬나이다. 저의 거룩한 영을!"

심장은 영이 되었다. 그리고 영이 불어, 거기서 새 세상이 탄생했다. 한 번의 큰바람이 집을 가득 채웠고, 창들과 문들을 날렸다, 눈들과 귀들을. 육중한 갑옷이 내부로부터 박살 났다. 얼굴에서 덮개가 벗겨졌다. 괴멸에 이르기까지 심장의 사랑은 사랑했다. 그리고 이제 심장은 그 자신 안에서 보이지 않게 되었고, 구원된 이들의 심장들 안에서 다시 나타났다. 일찍이 심장은 세상의 차가운 밤 한가운데 외로이 하나의 태양이었다. 이제 심장은 별들의 창공에서 흩어져 빛난다. 심장은 어둠과 씨름을 벌이고 혼돈에 제압당해 늪 속으로 가라앉은 듯 보였다. 그러나 그 어떤 적도 이보다 더 강할 수 없고, 그 어떤 밤도 이보다 더 칠흑 같지 않다, 사랑의 찬연한 어둠보다.

4장

4장의 주된 내용은 성자께서 붙잡혀 수난하기 전, 제자들에게 하신 당부와 성부께 드리는 기도로 구성되어 있다. 예수께서는 제자들에게 당신 안에 머무는 가운데 복음을 전하도록 부탁하셨다. 그래서 포도나무와 가지의 비유를 들어 이렇게 말씀하셨다.

"나는 포도나무다. 그리고 너희는 가지들이다. 너희는 나의 꽃들이고 나의 결실이다. 긴 겨울밤 동안 나는 내 힘을 그러모아 가지에 가지들을 틔우고 나의 귀중한 피, 황금 같은 포도주를 땀처럼 흘린다. 이 피, 이 포도주. 너희가 바로 이 피요 포도주이다. 나는 포도나무요 너희는 내가 흘린 나의 포도주이다."

또한 주님은 제자들을 '당신의 포도알들'이라고 부르며 인내를 갖도록 당부하셨다.

"나의 포도알들이여. 나다. 내가 너희를 끝까지 감당한다. 너희는 아직 나를 믿지 않았다. 근심에 싸여, 부족한 비와 가물거리는 햇빛 아래 어떻게 연명할지 고민했다. 나 없이 너희는 아무것도 할 수 없다."

하지만 주님은, 당신 안에 머무르는 이들은 많은 열매를 맺으며 열매를 맺는 이는 당신 자신이라고 위로하셨다. 그렇게 많은 열매를 맺기 위해 제자들은 그분의 수액이 자신들에게 침투하게 해야 한다. 그렇게 될 때, 포도나무의 가지인 제자들은 튼실하게 자라, 금빛 찬란한 포도송이들을 열매 맺게 될 것이다.

더 나아가서, 주님은 제자들에게 당신과 함께 위대한 세상의 변화를 이루고 하느님 아버지의 나라를 건설하려는 마음이 있는지 떠보셨다.

"너희는 나의 신념에 따라 살겠는가? 너희 안에서 내 사명은 완성되어야만 하리니, 내 심장이 너희 심장들 안에서 뛰고, 모든 심장이 순종하며 유순하게 내 심장 안에서 다 함께 아버지를 향해 뛸 때, 비로소 그 사명이 완성된다. 너희는 원하는가?"

발타사르의 이 글을 읽는 여러분은 그분의 사명을 이어받아 완수하길 원하는가?

4장은 성부께 대한 일련의 주님의 기도로 끝난다. 주님은 성부의 뜻에 순명하며 그분의 도우심을 청했다. 그리고 무엇보다 당신을 거부하고 성부의 사랑을 외면한 이 세상 사람들이 처벌받지 않도록 끝까지 그들을 위해 변호하셨다. 그리고 그들을 위해 당신의 생명을 내어 주며 그들을 성부께 맡기셨다. 또한 주님은 당신의 사명을 위임받아 파견될 이들을 위해 다음과 같이 성부께 기도하셨다.

"이들을 진리를 위하여 거룩하게 해 주십시오! 당신이 저를 세상에 보내신 것처럼, 저도 이들을 세상에 보냈습니다. 그리하여 이들이 빛의 광채로서, 빛나는 가운데 어둠 속으로 떨어지고, 사그라지는 가운데 어둠을 밝히게 해 주십시오."

그리고 마지막으로 주님은 당신 자신을 위해 기도하셨다.

"제가 더 이상 아무것도 알지 못하는 깊은 밤이 오기 전에 제가 당신의 가장 큰 사랑을 알게 하소서."

나는 포도나무다. 그리고 너희는 가지들이다. 나는 뿌리요 줄기이며 큰 가지이다. 보이지 않고, 가지치기를 했고, 발육이 멈추었고, 절반은 흙으로 덮여 눈과 퇴적암 아래에 있다. 그러나 너희는 나의 꽃들이고 나의 결실이다. 긴 겨울밤 동안 나는 내 힘을 그러모아, 척박한 토양 메마른 돌들 사이에서 양분을 섭취하고, 한 방울 한 방울씩 맛없는 물을 흡수하며, 해마다 이어지는 태풍과 태양의 폭풍우들 속에서도 가지에 가지들을 틔우고, 나의 귀중한 피, 황금 같은 포도주를 땀처럼 흘린다. 이 피, 이 포도주. 너희가 바로 이 피요 이 포도주이다. 나는 포도나무요 너희는 내가 흘린 나의 포도주이다. 처음에는 물기가 오르고 뱀처럼 휘어지며 너희는 넝쿨로 돋아난다. 생명과 자유를 갈구하며, 딱딱한 잿빛 줄기에서 계속 뻗어 나가려는 욕망 가운데, 너희는 자기 자신의 현존을 추구한다. 태양 아래 생명의 즐거움을 앞두고 기지개를 편다. 기다란 촉수들을 뻗어, 붙잡고, 움켜쥐고, 감싸고, 살아 움직이는 것은 무엇이나 너희에게 동여매려 한다. 너희는 그것을 인식이요 사랑이라 부른다. 꿈틀거리는 넝쿨들은 휘감기며 하늘로 오른다. 빛과 별들을 향해, 갈구하듯 하느님을 붙잡으려. 그러나 움켜쥔 손가락들 안에 그들이 그러담는 것은 공기와 무無이다.

나는 포도나무다. 갈구하는 싹 역시 나 자신이 틔웠다. 여름이 봄 위에 서 있고, 지혜는 실망을 통해 성숙하기 때문이다. 나의 아버지는 포도밭 주인이시다. 나에게 붙어 있으면서 열매를 맺지 않는 가지는 모두 그분이 잘라 내신다. 쳐내는 칼날 아래, 넝쿨들의 거친 욕망이 바닥으로 떨어진다. 또다시 나는 벌거숭이로 서 있고, 너희 가운데 대부분은 말라 버리고, 불속에 던져질 운명이다. 불이 타오르는 가운데, 세상과 하느님을 향한 너희의 욕망을 관통하며 칼날이 이어진다. 뿌리를 내리쳐, 힘없이 깜박이며 무너져 내린다. 아직 살아 있는 욕구처럼 보이는 것은, 죽음의 남은 열기일 뿐, 죽음이 그을음을 내며 마디에 마디를 잡아먹는다. 이 불이 너희의 마디마다에서 타오르게 하라. 너희는 내 안에서 나를 위하여 타오르기 때문이다. 나에게 모든 심판이 위임되었고, 불을 통하지 않고서는 아무도 나에게 오지 못한다. 탐욕스러운 자는 하늘 나라에 들어가지 못하리라.

잎사귀들도 줄기에서 자라난다. 물이 올라 윤기를 낸다. 수액을 통해, 정해진 크기까지 부풀어 오르고, 한여름에 한껏 자신을 펼치며 단단해지고 짙은 색을 띤다. 잎사귀들을 통해 나무는 숨을 쉰다. 잎새들은 아름답게 꼴을 이루어, 뾰족하고 정확하게 테두리를 치며 자신의 본성을 펼친다, 서로 비슷하게, 하지만 하나도 똑같지 않게. 잎새들은 태양을 향해 돌아서며 빛을 마시고, 생생한 온기를 줄기로 가져온다. 모든 잎이 밝은 쪽을 향한다. 아무리 어둠이 짙게 드리워도, 잎새들은 자신을 펼치어 저마다 한 모금 빛을 머금는다. 당연히 줄기는 잎 전체를 필요로 한다. 여름이 가는 동안, 잎은 열매처럼 보인다. 세상에는 수많은 존재가 있고, 기분 좋은 펼침과 살랑거림이 너희의 자연에 두루 스며든다. 그리고 자연 없이는 그 어떤 열매도 결코 하늘 곳간에 들지 못하리라.

그러나 보라, 하느님의 태양은 혹독하니, 달아오른 화덕처럼 8월은 작열하고, 이미 수주 전부터 비는 떨어지지 않는다. 줄기는 푸르름을 유지하기 위한 수분을 더 이상 받지 못한다. 이제 거기 소스라치는 전율이 잎새마다 두루 퍼진다. 그들은 안다, 자신들이 희생되었음을. 이번에는 칼이 필요 없으리라. 현명한 자연이 스스로, 큰 줄기와 꼭지 사이에 관통할 수 없는 작은 막을 형성한다. 그리하여 느릿한 가을이 서늘하게, 곧이어 시리고 스산하게 고개를 쳐든다. 그리고 잃어버린 사랑의 빛나는 초상과도 같이, 지나간 여름의 이상理想과도 같이, 잎새들 위로 붉은빛, 노란빛의 유희가 펼쳐진다. 추억이여 — 더 이상 존재하지 않는 것의 내향적 거울이여 — 삶의 내부 지향적 눈이여. 나부끼게 두라, 잎이여. 가지에 매달리지 마라. 너는 그저 겉옷이다. 몸통이 아니다. 그리고 모든 수확은 다 죽음의 향연이다. 보라, 나는 포도나무다. 나 자신이 군더더기 짐을 내게서 털어낸다. 이제 너의 본질이 이어지게 하라. 열매를 생각하라.

나 역시 꽃들을 피워 냈다. 보이지 않지만, 지상의 커다란 꽃들과는 비교할 수 없는 꽃들을. 잎새들 아래 숨어 있어도, 벌들이 그 꽃들을 찾아낸다. 수정된 채로 조용히 꽃들은 자신들의 시간을 기다린다. 그 사이에 주위로, 풀을 베어 낸 초원은 누렇게 되고, 포도알들이 부풀고 영근다. 하지만 여전히 오랫동안 여물지 않아 시고 질기다. 인내를 가져라, 나의 포도알들이여. 나다, 내가 너희를 끝까지 감당한다. 처음에 너희는 아무것도 아닌 듯 보였다. 시큼한 껍질로, 너희는 잎새들 그늘 아래 부족한 빛을 받으며, 겁먹은 무리처럼 매달려 있었다. 너희는 아직 나를 믿지 않았다. 근심에 싸여, 부족한 비와 가물거리는 햇빛 아래 어떻게 연명할지 고민했다. 그리고 너희는, 모든 힘은 안에서, 내게서 솟아난다는 것을 알지 못했다. 나 없이 너희는 아무것도 할 수 없다. 나는 말한다, '거의 대부분'이 아니라 '아무것도'라고. 그러나 내 안에 머무르고 내가 그 안에 머무르는 사람은 많은 열매를 맺는다. 내가 그 안에서 직접 열매를 낸다. 그가 열매다. 그렇게 하여 내 아버지는 영광을 받으시고, 너희는 많은 열매를 맺으리라.

 어찌하여 너희는 행동하려고, 무엇을 이루려고 서두르느냐? 내가 포도나무고, 내가 이루는 이다. 너희가 여물게 한 것이 아니라면, 무엇이 너희의 업적이란 말이냐? 나의 수액이 너희 안에 오르게 하라. 그리하여 너희가 튼실하게, 금빛 찬란히 달려 있게 하라. 그러면 봄날 새싹들의 혼란스럽던 꿈틀거림의 꿈도, 여름날 잎새들의 의기양양했던 살랑거림도, 땅의 모든 업적도 너희의 부푼 알맹이들 안에서 익어 가리라. 너희는 땅의 의미를 너희 안에 간직할 수 있으리라. 그러나 그것은 나를 통해서이다. 그리고 언젠가 천상의 주랑柱廊에서 어린양의 혼인잔치 때, 이 포도주를 내놓으면, 그 안에 온 세상이 그대로 담겨 있으리라, 영으로. 그리하여 어느 산비탈에서, 어느 구원의 해에 자라났는지 맛볼 수 있으리라. 수확한 지방의 풍미를 온전히 음미할 수 있으리라. 아주 작은 행복까지도 너희는 놓치지 않으리라. 그러나 그 포도주 안의 모든 것은 보이지 않게 안으로 향해 있고, 존재들 사이를 분할하는 경계들은 하나로 모으는 포도주 범람 속에 흩어져 녹아 있다. 끓어오르는 모든 욕심은 한껏 발효되었고, 혼탁한 모든 것은 투명하게 부활했다.

나는 부활이요 생명이다. 그러나 그것은 세상이 알고 있는, 봄날과 가을날들의 허술한 쳇바퀴도, 우울한 마음의 저 맷돌도, 영원한 생명의 저 흉내 내기도 아니다. 세상의 모든 생生과 사死는 다 함께 하나의 거대한 죽음이다. 그리고 이 죽음을 내가 생명 안으로 다시 일으킨다. 내가 세상에 발을 디딘 이래로, 미지의 참신한 수액이 자연의 맥과 줄기들 안에서 돌기 시작했다. 운명의 힘들, 행성들의 잠재력, 피의 악마들, 땅의 영과 공기의 지배자들, 창조의 은밀한 틈새들 사이 어둠의 가장자리에 여전히 자신을 감추고 있는 것, 이 모든 것이 이제 모조리 제압당해 휘돌리며, 상위 법칙에 복종해야 한다. 세계의 모든 형태는 나에게 그저 하나의 재료일 뿐, 내가 그 모든 것에 영을 불어 넣는다. 옛 삶에, 판Pan[8]의 옛 정원에 밖으로부터 접붙

---

8 그리스 신화에서 상반신은 사람, 하반신은 염소의 모습을 하고 숲, 사냥 목축을 맡아 보는 목신牧神. — 역자 주

여진 게 아니다. 안으로부터 내가, 생명의 생명인 내가 고갱이를 변모시킨다. 죽어 가는 모든 것은 내 생명에 귀속된다. 가을이 되는 모든 것은 나의 봄으로 떠밀려 와 쌓인다. 썩어 가는 모든 것은 나의 개화에 거름이 된다. 부인하는 모든 것은 이미 입증되었다. 탐내는 모든 것은 이미 몰수당했다. 뻣뻣한 모든 것은 이미 부러졌다.

나는 부활한 이들 가운데 하나가 아니다. 내가 부활이다. 내 안에 사는 이, 내 안에 깃들어 있는 이는 누구나 이미 부활하고 있는 중이다. 나는 변모이다. 빵과 포도주가 변모하듯, 세상은 내 안에서 변모한다. 겨자씨는 아주 작다. 하지만 세상의 모든 초목 위로 그늘을 드리울 때까지, 겨자씨는 자신의 내적 힘을 멈추지 않는다. 이처럼 나의 부활하고 있음은, 마지막 영혼의 무덤이 폭파되고 내 힘들이 피조물의 가장 바깥 가지에 도달하기까지 멈추지 않는다. 너희는 죽음을 본다. 최후 속으로의 하강을 실감한다. 그러나 죽음은 그 자체로 생명이다. 어쩌면 그것은 가장 생생한 생명이니, 죽음은 내 생명의 깊이이다. 어둠을 드리우는 깊이, 바로 그것이다. 끝남은 그 자체로 시작이고, 하강은 그 자체로 도약이다.

아직도 죽음이 무엇이란 말인가? 내가 이미 죽음을 죽었는데도. 그 이후로 이제 모든 죽어 감은 내 죽음의 의미를, 내 죽음의 인장을 지니고 있지 않은가? 팔을 벌리고 내 아버지의 품속으로 바쳐지는 완전한 제물이 모든 죽음의 의미가 아니던가? 죽음에서 경계들이 허물어진다. 죽음에서, 끝까지 저항하던 성은 무너진다. 수문은 터지고, 물들이 막힘없이 쏟아진다. 죽음 주위에서 폭풍우 치는 모든 공포는 새벽안개이니, 푸른 빛깔 속으로 물러난다. 영혼들의 느릿한 죽음도 마찬가지이니, 영혼들이 하느님 앞에서 쓸쓸하게 자신을 닫고, 참호를 파고, 성벽을 두른다 해도, 또 세상이 영혼들 주위로 무덤구덩이처럼 탑을 쌓아 올리고, 모든 사랑은 썩은 냄새가 되고, 희망은 시들고, 얼음 같은 고집이 버티고 서서 독사뱀처럼 저 깊이에서 혀를 날름거린다 해도. 내가 이 모든 죽음을 모조리 다 겪어 내지 않았더냐? 그 모든 죽음의 독이 내 사랑의 치명적인 해독제에 맞서 무엇을 할 수 있단 말이냐? 모든 공포가 나의 사랑에는 둘러 입는 의복이 되었다. 나의 사랑이 통과하는 내벽이 되었다.

너희는 죽음을 두려워하지 마라. 죽음은 해방의 불꽃, 희생 제물의 불꽃이고, 희생 제물은 변모이다. 변모는 내 영원한 생명 속에서의 영성체이다. 나는 생명이다. 나를 믿는 이, 나를 먹고 마시는 이는 자기 안에 생명을 갖는다. 영원한 생명을, 이미 여기서, 이미 지금. 나는 그를 마지막 날에 다시 살리리라. 너희는 이 신비를 알아듣는가? 너희는 살고, 행하고, 고통을 겪는다. 하지만 그것은 너희가 아니니, 다른 이가 너희 안에서 살고, 행하고, 고통을 겪는다. 너희는 익어 가는 열매이다. 그러나 익게 하고, 스스로 익어 가는 것은 나다. 내가 너희의 공허에 물을 뿌리고 그 공허를 채우는 힘이요 충만함이다. 그렇게 충만하게 하며 공허 안에서 충만이 가득 채워진다. 그러니 실로 너희 역시 나의 충만함이다. 너희는 나를 필요로 한다. 너희가 나 없이 아무것도 할 수 없기 때문이다. 그리고 나는 너희를 필요로 한다(나는 그 어떤 피조물도 필요로 하지 않음에도 그렇다). 그것은 나의 충만함을 부어 주며 드러내기 위함이다. 그리하여 나는 너희 안에 살고, 너희는 내 안에 산다.

　나는 너희 밭에 떨어져 죽는 씨앗이다. 내가 너희 대지에서 다시 일어서면, 그것이 바로 너희가 싹을 틔우는 너희 씨앗이다. 그리고 다시금 너희는 밀알이다. 하느님의 밭에 떨어져 세례와 십자가 처형에서 죽는 밀알이다. 너희가 다시 일어서면, 너희는 나의 수확이다. 두 생명이 이제 보이게 드러난다. 하지만 그것은 다만 하나의 유일한 생명이다. 이삭을 보고, 무엇이 토양이 낸 것인지, 무엇이 식물의 힘이 일군 것인지 구분할 수 없기 때문이다. 원재료는 늘 동일하다. 그러나 새롭게 합쳐져 유기체적 생명의 조합을 이루었고, 존재의 몸체 속에 이르기까지 더욱 고귀한 재료가 되었다. 이것이 당연히 너희의 삶이다. 그러나 더 이상 너희가 아니라 내가 너희 안에 산다. 그러니 너희는 나의 소유이고, 나의 열매이며, 나의 가지들이다.

그러나 나 역시 너희의 소유이다. 내가 너희에게 나를 붙잡아 가지라고 주었기 때문이다. 그리하여 너희는 나를 너희의 가장 내적인 존재처럼 마음대로 한다. 너희는 더 이상 너희에게 속하지 않는다. 너희는 하느님의 성전이 되었다. 나 역시 더 이상 나에게 속하지 않는다. 나는 인류 성전을 위한 채석장이 되었다.

나는 포도나무요 너희는 가지이다. 너희는 나에게서 꽃피어 났다. 내 심장의 피 한 방울이 너희의 모든 생각과 노력에 스며드는 게 놀랍지 않은가? 내 심장의 생각들이 너희의 세상적 심장 속으로 조용히 배어드는 게 너희는 놀랍지도 않은가? 너희 안에서 한 속삭임이 날아올라, 너희가 낮이고 밤이고 콧노래와 꾀는 소리를 체감하는데도? 사랑으로 오라고, 기꺼이 고통받으려는 사랑으로, 나의 사랑과 함께, 구원하는 사랑으로 오라고 꾀는데도? 과감히 너희의 생명과 모든 힘을 모아 너희 형제들을 위해 남김없이 다 걸고자 하는 열의가 너희 안에 벅차 오는데도? 너희 자신의 몸으로 나의 남은 고난을 채워야 하는데도? 내가 나의 모든 가지와 지체들 안에서 나의 수난을 다 겪어 내기까지 내 고난은 여전히 남아 있을 수밖에 없다. 당연히 너희는 모두 내가 아닌 다른 그 어떤 누구를 통해 구원받은 게 아니기 때문이니, 내가 오롯한 구원자이며, 오로지 너희 각자와 결합되어 있다.

너희는 나와 함께 위대한 변화를 이루고 아버지의 나라를 건설할 마음이 있는가? 너희는 나의 신념에 따라 살겠는가? 나는 발악하듯 움켜쥐며 나 자신의 하느님 형상을 고집하지 않고, 그것을 깨부수고 비우고, 봉사의 용기와 낮춤 속으로 흘러 내려가, 십자가에 죽기까지 순종하였다. 너희는 원하는가? 너희 안에서 내 사명은 완성되어야만 하리니, 내 심장이 너희 심장들 안에서 뛰고, 모든 심장이 순종하며 유순하게 내 심장 안에서 다 함께 아버지를 향해 뛸 때, 비로소 그 사명이 완성된다. 너희는 원하는가? 하지만 정녕 너희는 아직 원하지 않는다. 여전히 너희는 거부한다. 너희는 여전히 나를 거듭 곤경에 빠뜨린다. 여전히 너희는 계속, "그분이 구원자시다. 우리가 아니다!"라고 생각한다. 참으로 그렇다. 내가 구원자이다. 나는 너희가 이해할 때까지 피를 흘리고 속죄하리라. 그리고 너희가 발꿈치를 치켜세우고 버틸지라도, 너희는 너희의 저항 한가운데서 이미 나에게 함락되어 있으리라. 너희의 고독은 나를 향해 울고 너희의 썩어 가는 고집은 나를 고백하리라.

참으로 내가 너희를 통해 죽지 않는다는 말인가, 나의 가지들이여? 나는 너희를 강하게 하기 위해 약해지지 않았던가? 너희가 스스로 쌓아 올리는 텅 빈 고독을 이미 내가 겪지 않았던가? 그리고 너희가 불에 타 회색빛 재가 되고, 헛되이 꺼져 가며 더 이상 구할 수 없이 되고 말 때, 나는 승리하지 않겠는가? 이미 내가 승리하지 않았는가? 너희가 내 옆구리를 찔러 꿰뚫는 그 칼은, 내 입에서 나가는 칼이요, 혼과 영, 관절과 골수 사이로 맹렬히 들이치는 불처럼, 가르고 나누는 그 칼이 아니던가? 나는 모든 것을 끌어당기는 지남철이 아니던가? 심지어 나는 선체의 대못들이니, 배들이 내 안에서 침몰하게 하지 않는가? 이미 너무도 오래전부터 내 은총은 너희의 속 빈 그릇 안으로 흘러든다.

그러나 여전히 너희는 늘 그 그릇을 너희 안에 빈 채로 두고, 너희의 뱃속이 내 씨앗을 회피하도록 한다. 그리고 여전히 너, 나의 신부 예루살렘아, 너는 창녀처럼 행동한다. 그러나 보라, 네가 나를 약하게 만드는 그 약함은 더 이상 아무것도 막지 못한다. 내가 약할 때, 나는 강하다. 나의 약함으로 너를 약하게 하여라. 너, 나의 신부여, 네 안에서 네 몸의 열매, 우리 사랑의 아기가 자라게 하여라. 얼마나 더 아직도 너는, 내가 수난을 통해 너의 거절을 보완하기를 바라느냐? 아직도 얼마나 더 오래, 무거운 짐을 나에게 전가하려 하느냐? 함께 짊어지면, 하늘 나라의 즐거움이 될 그 짐을! 그 어떤 가지가 수액을 거부하느냐? 수고로이 뿌리에 모으고, 기다란 관들을 통해 위로 운반하여 드디어 제공되는 그 수액을! 아니면 내가 고무나무와 같아서, 흠집을 내어 나의 피를 밖으로, 매달아 놓은 용기容器들 안으로 흘러내리게 해야 한단 말이냐? 얼마나 더 오래 너는 여전히 나의 고독을 너의 고독에서 갈라놓으려 하느냐? 그 고독들이 하나의 유일한 사랑의 일치 안으로 한데 모이게 하는 대신에! 그 고독이 고통을 겪을지라도 사랑하는 고독은 열매를 맺고, 거절하는 고독은 결실을 거부한다.

너희 줄기의 기이한 형체에 대하여, 너희 가지들이여, 화를 내지 마라. 너희를 강하게 하는 약함을 무시하지 마라. 내 안에는 죽음이 약동하고, 너희 안에는 생명이 약동하기 때문이다. 너희는 충족하게 되었고, 이미 부요하게 되었고, 나 없이 너희가 통치권을 얻었단 말인가! 그것이 다만 참된 통치권이라면, 내가 너희 안에서 다스릴 수 있을 터인데! 그러나 너희가 강한 동안에, 나는 여전히 약하다. 너희가 영광 가운데 우쭐해하고 있는 그때에 나는 무시당한다. 때가 이르기까지 나는 배고픔과 목마름, 헐벗음과 매 맞음을 겪는다. 때가 이르기까지 나는 고향 잃은 자가 되어 내 손으로 벌어먹으며 혹사당한다. 저주받은 자로 축복을 준다. 박해받은 자로 박해를 참고 견딘다. 나는 중상모략당한 위로자요 세상의 쓰레기이다. 여전히 오늘도, 여전히 계속. 나는 흘러내리는 씻는 물이요, 그 안에서 너희는 모두 너희 자신을 씻는다. 그리고 너희가 나를 업신여기듯, 너희는 또한 나의 제자들과 파견된 이들을 업신여긴다. 그들 안에도 똑같이 약함의 법이 약동하기 때문이다. 모든 생명의 원천은 무력함에, 심지어 치욕에 있으니, 나는 그들에게, 사형을 선고받는 악당들에게 하듯, 마지막 자리를 배정했다. 그러나 힘없이 십자가에 못 박힌 내가 하느님의 힘으로 사는 것처럼, 그들 역시 내 안에서 하느님의 힘으로 살아 있음을 너희에게 증명하리라. 보라, 그들 안에서 내 생명이 순환하고 그들은 나의 첫 열매들로 익어 가기 시작했기 때문이다. 딸기 묘목이 기다란 어린 가지들을 내고 밑동치에서 뿌리들을 이루고 곧이어 새 초목이 되듯, 나는 내 중심을 몇 배로 늘려, 그렇게 파생된 심장들 안에 새 중심들을 세웠다. 나의 자녀들은 아버지들이 되고, 내 사도들의 심장의 피에서 새 공동체들이 피어난다. 언제나 나의 은총은 열매를 맺기 때문이니, 나의 선물은 은총이고, 이 은총은 계속 넘겨져 선사되어야 한다. 아낌없는 낭비에 나의 보물이 있고, 나를 나누어 주는 이만이 나를 소유한다. 나는 참으로 말씀이다. 말씀을 발설하지 않고서 달리 어떻게 말씀을 소유할 수 있겠는가?

나는 머리이고, 너희는 지체들이다. 내가 생각하고 느끼는 것을 너희는 표현하고 행해야 한다. 나의 손이요 발인 너희를 통해 나는 세상을 두루 다니며 세상을 변모시키고자 한다. 이 계획은 보이지 않게 머릿속에 있지만, 몸에서 단계별로 그 모습이 이루어진다. 내가 수많은 이들 가운데 한 사람으로 유다의 고을들을 드러나지 않게 걸었을 때, 누가 알았는가, 내가 누구였는지? 그 한 사람은 아직 태어나지도 않은 나 자신의 배아였을 따름이다. 십자가가 비로소 내 탄생의 진통이었고, 부활하면서, 세상의 빛인 내가 세상의 빛 속으로 발을 들여놓았다.

승천과 함께 보이지 않게 된 나는 혼과 영으로 세상 속으로 들어갔고, 젊음과 지혜가 자라는 가운데 영혼들과 정신들 안에서 나의 충만함을 드러내기 시작했다. 그리고 나는 너희에게 내 영광의 풍요로움을 선사해 주리라. 그리하여 너희는 내 영을 통해 내적인 인간에 걸맞도록 엄청나게 강해지고, 나는 믿음을 통해 너희의 심장에 거주하고, 너희는 사랑 안에 뿌리를 내리고 잠기어, 모든 성인들과 더불어 내 넓이와 길이, 내 높이와 깊이를 측량할 수 있으리라. 모든 개념을 뛰어넘는 나의 사랑은 이제 그 모든 것을 다 조망할 수 있게 되었다. 그리고 마침내 남김없이 온통 하느님의 충만함이 넘치도록 너희를 채우리라. 그러면 내 몸은 지체들이 서로 봉사하는 가운데 완성되고, 드디어 우리는 모두 함께 자라나 나의 완성된 남자다움을 이루리라, 남성적인 내 몸의 성숙한 형상을.

그리고 이제, 내가 너희는 따라올 수 없는 곳(너희 영혼들의 내면)으로 가는 한 사람으로서 너희를 떠나기에 앞서, 내가 너희 안에서 수천 배의 내 목소리로 부활하기에 앞서, 그 목소리는 너희의 목소리,

교회 합창의 목소리이리니, 나는 이제 이 한 개인으로서는 마지막으로 나만의 한 목소리를 높여, 아버지께 기도한다.

아버지, 때가 왔습니다. 아들이 당신을 영광스럽게 하도록, 당신 아들을 영광스럽게 해 주십시오. 저를 죽음 속으로 내려가게 하시고 제 핏줄에서 피가 쏟아지게 해 주십시오. 제 심장이 초생명적인 죽음 속에서 세상의 극한들에 이르기까지 확장되게 해 주시고, 제가 지상적 수난의 몸짓들을 통해 우리 사랑의 영광이 무엇인지를 보여 줄 수 있게 허락해 주십시오. 그 사랑은 세상의 시간이 시작되기도 전에, 당신에게서 저의 존재가 난 이래로, 당신께서 저에게 선사해 주셨습니다. 지옥의 공포들 속에서, 죄의 형상을 띠기까지 감히 당신을 계시하려는 저의 이 간청을 거절하지 마십시오. 그렇게 하여 당신도 저를 통해 저의 이 지체들과 가지들 안에서 영광을 받으시게 하려는 것입니다. 이제부터 그들과 저는 구분할 수 없는 일치를 이루기 때문입니다.

아버지, 예전에 아버지와 저는 하나였고, 그들은 우리에게 적으로 맞서 있었습니다. 그리고 우리는 멀리서부터, 그들을 돕기 위하여 어떻게 하는 것이 좋을지 상의하였습니다. 오늘 저는 적들 한가운데에 서 있고, 당신 정의를 배반하는 이가 되기까지 이르렀습니다. 당신께서 그들을 치려 하신다면, 저를 먼저 치십시오. 암탉이 제

병아리들을 감싸듯, 저는 그들을 감쌉니다. 저는 그들 편입니다. 저는 그들을 위하여 저를 바치며, 그들을 겨냥해 이미 폭풍우를 잉태한 당신의 고요 속에서 당신이 준비하시는 번갯불일랑 제가 잡아챕니다. 당신께서 저를 죽이시는 그 불일랑 제가 당신의 올림포스 Olympos에서 훔쳐 내어, 그 불로 교회의 보배를 담금질합니다. 당신 정의의 화살을 담금질하여 당신 자비의 왕홀王笏로 만듭니다.

아, 저의 아버지, 당신 정의는 저에 대한 당신의 사랑이 아니고 무엇입니까? 당신 눈, 그 분노의 눈길은 저에 대한 당신 사랑의 가장 찬란한 계시가 아니고 무엇입니까? 사랑하는 이는 제가 아닙니다. 당신이십니다. 그리고 저의 모든 것은 당신 것입니다! 그러니 보십시오, 여기 저의 친구들인 당신의 적들도 당신 것입니다. 그리고 저는 당신의 분노에서 이들을 감싸기 위하여, 그들 앞에 보호 장벽처럼 서지 않습니다. 저는 사제가 성반과 성작을 쥐듯 그들을 손으로 움켜잡고 당신을 향해 들어 올리며 말합니다. 보십시오, 당신 것입니다. 이들이 저의 것이기 때문입니다. 저에게 속한 모든 것은 당신 것입니다. 이들은 당신 것입니다. 당신이 이들을 저에게 주셨습니다. 그리고 이들은 당신 말씀을 지켰습니다. 당신이 저에게 주신 말씀들을 제가 이들에게 주었기 때문입니다. 이들은 그 말씀들을 받아들였습니다. 그리고 이들은 제가 당신에게서 나왔다는 것을 믿었고 이해하였습니다. 제 말이 이들 안에 있고, 저 자신이 이들 안에 있기 때문입니다. 아버지, 당신과 제가 유일무이한 하나이듯, 저는 이들과 하나입니다.

저는 이제 갑니다. 이들을 위하여 저를 바칩니다. 아버지, 당신이 아닌 누구에게 이들을 맡기겠습니까? 저의 귀중한 유산, 제 강생의 아픈 결실, 제 포도나무의 열매들인 이들을! 언젠가 제가 죽음과 지옥을 제압하고 나면, 그때에 나라의 완성된 접시에 이들을 담아 당신의 영원한 식탁에 올리려 이들을 익게 하였는데, 당신이 아니라면 누구를 위하여 그리했겠습니까? 이들은 당신 것입니다. 이들을 악에서 지켜 주십시오. 이제 이들은 저 자신의 일부이고, 제 운명이 이들에게도 낯설지 않게 그대로 남아 있습니다. 저는 대리 속죄의 신비 가운데 세상을 위하여 저를 축성하고 봉헌합니다. 그러니 저는 여전히 이렇게 간구합니다. 이들을 진리를 위하여 거룩하게 해 주십시오! 당신이 저를 세상에 보내신 것처럼, 저도 이들을 세상에 보냈습니다. 파견을 통해 이들도 희생하게 해 주십시오. 그리하여 이들이 빛의 광채로서, 빛나는 가운데 어둠 속으로 떨어지고, 사그라지는 가운데 어둠을 밝히게 해 주십시오. 당신에게서 받은 저의 파견 사명에 이들도 참여하게 하시고, 저에게서 나가 여기저기 떠돌며 빛을 내고 널리 흐르는 가운데 저와 그들의 일치를, 당신과 저의 일치를 깨닫게 해 주십시오. 이들이 우리의 사랑이 무엇인지 경험하게 해 주십시오.

이 사랑은 자신을 보전하지 않고, 최종적 상실의 유희에 이르기까지 단절을 감행합니다. 아버지, 당신은 이제 저를 끝까지 가도록 내버려 두실 것이기 때문입니다. 제가 더 이상 아무것도 알지 못하는 깊은 밤이 오기 전에, 그 밤이 제게 곧 닥치기 전에, 저는 마지막으로 당신께 간청하려 합니다. 그 밤에 제가 당신의 가장 큰 사랑을 알게 하시고, 달리 그 사랑을 바라지 않게 해 주십시오(당신 뜻이 이루지소서). 이제 당신께서 저를 버리시는 그 자유 안에서, 저는 당신의 지극히 신성한 권한을 경배하고, 저를 내쫓으시는 당신 손가락에 입을 맞춥니다. 영혼의 밤에 이들도 믿음 가운데, 무감각 가운데, 바람처럼 부는 우리의 영을 깨닫게 해 주십시오. 우리가 하나이듯 이들이 하나가 되게 해 주십시오. 달리 마시고, 당신이 제 안에 계시듯 제가 이들 안에 있게 해 주십시오. 달리 마소서. 오로지 당신의 십자가에만 구원이 있고, 당신에게서 떨어져 나간 버림받음 안에 위로가 있습니다. 꿰뚫린 심장의 열린 옆구리에서 은총이 흘러내립니다.

이처럼 저는, 아버지, 당신 앞에서 피어나고, 당신을 위하여 세상의 포도 덩굴들을 부여안고 있습니다. 저의 가지들 안에서 순환하는 생명, 그것은 저와 이루는 당신 자신의 생명임을 당신은 알아보십니다. 당신의 샘에서 제게로, 위에서 아래로 흘러내리는 모든 것을 저는 옆으로, 세상 끝까지 퍼뜨렸습니다. 그리고 저 위, 영원의 순환 안에서 우리 둘 사이에서 옆으로 흐르는 그것, 우리의 영원한 생명이었던 그것을 저는 땅속 깊이에 이르기까지 아래로 끌어내렸습니다. 그러므로 저는 중개자로서 십자가의 형상을 지니고 있습니다. 십자가는 깊이 제 안에 있고, 저는 그것을 짊어질 것입니다. 저는 당신이 맡기신 사명의 힘으로 바로 저인 저 자신이기 때문입니다. 저는 십자가입니다. 그리고 제 안에 있는 이는 십자가를 피할 수 없습니다. 사랑 자체가 십자가의 형상을 가지고 있습니다. 모든 길은 사랑 안에서 서로 교차하기 때문입니다. 그러므로 아버지, 당신은 인간이 사랑 안에서 팔을 벌릴 때, 거기 십자가의 형상을 갖게 하셨습니다. 그럼으로써 사람의 아들, 그 표징 안에서 세상이 (당신을 향해) 이미 심판받도록, 이미 구원받도록 하셨습니다.

제2부

수난

5장

5장은 수난에 앞서 착잡한 예수님의 심정을 독백 형식을 빌려 표현한 장이다. 여기서 발타사르는 마치 예수님의 마음속을 꿰뚫어 보듯이, 가장 치욕적인 수난과 죽음을 미리 예견한 주님의 인간적인 고뇌를 적나라하게 파헤쳤다.

"나는 싫다. 나는 안다, 해야 함을. 그러나 나는 싫다. 나는 두 눈을 내리깔고, 시선을 옆으로 피한다. 나는 저 눈들과는 상관하고 싶지 않다. 그 얼굴에 대고 '아니'라고 말하고 싶다."

그리고 마침내 이렇게 되뇌이는 고뇌하는 인간 예수님의 모습을 대면하게 된다.

"나는 은총의 짐을 지고 싶지 않다. 그리하여 나는 양해를 구한다."

이에 더해, 발타사르는 예수님의 입을 빌려, 그분의 부르심 앞에서, 그분의 사랑과 희생 앞에서 갖은 핑계를 대는 인간 군상을 적나라하게 묘사했다. 여기서 묘사되는 일련의 사람들은 겉으로 보기에 그 누구보다 착실하고 훌륭한 사람들이다. 그러나 발타사르는 그들의 내면 심리를 파헤치는 가운데, 주님의 부르심과 사랑을 외면한 채 스스로의 힘으로 자신의 아성牙城을 쌓고 헛된 행복을 추구하는 그들의 어리석음을 질타했다.

우선, 주님은 자신의 율법주의적 신앙생활로 하느님의 부르심에 귀를 막고 사는 바리사이적 신앙을 지닌 사람들을 꾸짖으셨다. 그리고 무엇보다 주님의 부르심, 사랑에 대한 요청 앞에서 끊임없이 '내일'로 미루는 사람들의 핑계를 나열하면서 그들의 속마음을 들춰내셨다.

"내일 저는 당신을 사랑하렵니다. 내일이면 당신은 제가 당신을 위해 행동할 수 있다는 것을 알게 되실 것입니다. 당신이 저에게 다만 오늘의 이 시간을 그대로 두신다면, 내일 저는 당신에게 두 배로 갚으렵니다."

그리고 하느님께 모든 것을 봉헌하지 않은 채, 자신의 몫을 몰래 숨기며 사는 사람들의 위선적인 신앙을 다음과 같이 지적하며 오히려 당신을 가르치려 드는 그들의 모습을 질타하셨다.

"당신은 한꺼번에 전부를 원하십니다. 온 심장을, 온 영혼을, 온 마음을. 그러나 삶의 법칙은 단계별 성장입니다. 좋은 교육자라면 당신도 이 법칙을 지키십시오. 4분의 1은 당신에게 양도하려 합니다. 그리고 제가 서른이 되면, 반절을 드릴 테니, 그러면 당신은 차츰, 틀림없이 전부를 얻으실 것입니다."

"오늘은 그냥 지나가시고 다음번에 다시 문을 두드리십시오. 그러면 저는 조금은 더 앞으로 나아가 있을 것입니다."

"제가 어쩔 수 없이 분리의 아픔을 느껴야 한다면, 이것만은 양보해 주십시오. 그저 오늘만큼은 저에게 허락해 주신다면 당신은 내일 저를 데려가셔도 됩니다. 조건은 단 하나, 오늘이 아니라 내일에!"

"다른 이들은 더 놀아도 되는데, 왜 저만 집으로 가야 합니까?"

발타사르가 지적하듯이, 우리는 얼마나 많이 주님의 부르심 앞에서 핑계를 대며 그분을 외면하고 있는가?

나는 싫다. 나는 안다, 해야 함을. 그러나 나는 싫다. 나는 귀를 막고, 몸을 웅크린다. 나는 털을 곤추세운다. 아무도 감히 나를 건드려서는 안 된다. 부르는 소리의 화살이 날카롭게 날아와, 나에게 부딪혀 튕겨 나간다. 내 피부는 두껍다. 기름진 피부이다. 오리 깃털에서 물방울이 미끄러지듯 요청은 내 피부에서 미끄러져 나간다. 나는 나의 권리들을 요구한다. 최고의 차원에서 나에게 보장된 이 권리들을 나는, 내가 부여받았으며 바로 나 자신인 그 본성의 힘으로, 내 안에 심어져 생명과 번영을 갈망하는 욕구와 습성들의 힘으로 요구한다. 아무도 나의 이 권리들을 반박하지 못한다. 최고의 지위에 있다 해도 그렇다. 그럼에도 누군가 그러려고 든다면, 그는 알아야 한다, 내가 싫어한다는 것을.

조용히, 거의 들리지 않게, 그러나 전혀 들을 수 없지도 않게, 다가온다, 빛에서 나오는 광채가, 힘의 공급이, 그 이상의 명령이, 명령보다는 약한 원의, 간청, 초대, 꾐이. 한순간처럼 짧게, 두 눈의 응시처럼 파악하기 쉽게. 그 안에 한 약속이 담겨 있으니, 그것은 사랑, 즐거움 그리고 아득하고 어지러이 저 먼 데까지 이르는 조망이다. 내 자아의 견딜 수 없는 감옥으로부터의 해방이다. 일찍이 내가 소망하던 모험이다. 내 확신하건대, 모든 것을 잃고 모든 것을 비로소 획득하는 완전한 도전이다. 무한대로 나에게 열렸으되 나는 목말라 죽는 생명의 샘이다. 그 시선은 온전히 고요하다. 마술적인 힘도 최면의 강제성도 전혀 없다. 묻는 듯하고, 나에게 자유를 준다. 시선 깊숙이 걱정과 희망의 그늘이 교차한다.

나는 두 눈을 내리깔고, 시선을 옆으로 피한다. 나는 저 눈들과는 상관하고 싶지 않다. 그 얼굴에 대고 '아니'라고 말하고 싶다. 나는 시간을 두고, 저 눈들이 시선을 돌려 다시 영원의 자기 동굴 속으로 물러나기를 기다린다. 서서히 어두워지고 희미해지기를 기다린다. 나는 집에 없다며, 주인은, 지금 이 순간 자신을 만날 수 없다는 전갈을 보낸다. 나는 저 눈들이 영원의 무거운 눈꺼풀, 그 커튼 뒤로 다시 가라앉도록 시간을 둔다. 일초도 안 되어, 바로 한순간에 나는 안다, 너무 늦었다는 것을. 이름 모를 아픔이 불현듯 나에게 엄습한다. 행운은 놓쳐 버리고, 사랑은 경멸당하고, 아무도 그것들을 나에게 되돌려 주지 않는다! 감옥의 문이 굉음을 내며 잠긴다. 또다시 갇혔다. 나에게는 너무나 소중한 것, 너무나 미운 것 안에, 나 자신 안에.

떠밀렸다. 또다시 떠밀리고 말았다. 그냥 미적거리며, 제풀에 떨어져 나가도록 해야 했을 것을. 행복하게도, 다시 혼자이다. 아니, 혼자가 아니다. 무거운 짐과 함께, 점점 상승하여 견딜 수 없이 가중되는 압력, 가능한 한 재빨리 밀쳐 내야 하는 압력과 함께 혼자이다. 전광석화처럼 나 자신을 둘러본다. 이 짐을 어디로 떨쳐 낸단 말인가? 아주 잽싸게, 한꺼번에 나를 내리누르니, 내가 아는 것은 그저 하나일 뿐, 당장 치워라! 그리고 나는 그것을 우선적으로 먼저 만나는 이에게 지운다. 두 번이나 거절당한다. 두 번이나 떠밀린다. 하지만 이제 오직 단 한번뿐이다. 떠밀린 이는 내가 그것을 떠넘긴 사람이다. 그가 그것을 그대로 떠맡고 있다. 한 동작으로 나는 은총과 죄, 둘 다를 떠넘긴다. 나는 은총의 짐을 지고 싶지 않다. 그리하여 나는 양해를 구한다.

아담아, 너 어디 있느냐? 아담아, 네가 무슨 일을 저질렀느냐? 저는 잘못이 없습니다. 여자가 저를 꾀었습니다. 여자야, 네가 무슨 일을 저질렀느냐? 뱀이 저를 꾀었습니다. 인간아, 너는 무슨 일을 저질렀느냐? 당신의 피조물이, 주님, 당신의 아름다운 자연이, 꽃잎의 독이, 장미의 가시가, 꽃 속의 짐승이… 카인아, 네가 무슨 일을 저질렀느냐? 제가 아우를 지키는 사람입니까? 제가 제 핏줄을 지키는 사람입니까?

보통의 일. 세상의 흐름. 관습. 누구나 다 그렇게 한다. 나 역시 그저 하나의 인간일 따름이다. 보라, 이 사람을 Ecce Homo! 그 '사람'에게 나는 그것을 떠넘긴다.

삶은 현실적이다. 냉철한 이에게 늘 정당성이 주어진다. 틀림없이, 혼魂들의 시간이다. 이 시간에, 낯선 무엇인가가 너를 만지며, 어둠 속, 밤새들의 솜털처럼 너의 얼굴을 쓰다듬는다. 너는 기겁하며 소스라치고, 네 영혼의 머리칼이 이 갑작스러운 접촉의 불가사의에

곤두선다. 그럼에도 가능하겠지. 출구가 있겠지. 이 상상의 문, 이 마법의 길이 있겠지. 깊은 심연 위로 보이지 않는 다리가 있겠지. 어릴 적, 그리고 청년이 되어서도 꿈꾸었고, 믿었고, 그처럼 미치도록 희망했던 다리가. 그래, 가능할 거야. 여전히 지금, 여전히 오늘! 나는 아직 버림받지 않았다. 사람들이 여전히 나를 포기하지 않았다. 나에 대해 물어보고, 나를 가지고 싶어 하고, 심지어 내가 필요한 듯 보인다. 어딘가에 나에 대한 빛나는 모상이 있다. 어쩌면 나는 그 모상이 말하는 그런 존재일 수도 있으리라. 그리고 나는 늘 그런 존재가 되고 싶다. 하지만 어떻게? 그러나 이 혼魂의 시간들은 계속하여 점점 줄었다. 그리고 일상의 껍질들이 자라나 계속 더욱 두텁게 내 둘레를 에워싼다. 그리하여 차츰 껍질은 살이 되고, 살은 껍질이 되고, 하느님을 향한 촘촘한 방어는 나의 습관, 나의 둘째 본성이 된다. 어쩌면 이는 죄의 습성, 곧 악한 습성이니, 점점 오물이 모든 것을 질식시키며 나를 뒤덮을 때면, 그 악한 습성은 구토를 자극하리라. 그러면 은총어린 본성은 죄 많은 내 영혼을 하느님 앞에서 토해 내고 싶은 욕구와 가능성을 나에게 선사한다. 그러나 어쩌면 그것은 무해한 삶의 습성이요 질서 있는 현존의 동동대는 소란이기도 하니, 한 방울 절망도 양념처럼 그 현존에 속한다. 또는 누그러진 양심의 읊조림 역시 그 현존에 속하니, 여기에 깊이와 무게를 주기 위해서는 나머지 악한 양심도 그 일부를 이룬다.

하느님은 정녕 관용이시다. 하느님은 정녕 은총이시다. 하느님은 다른 이들에게 요구하시는 것과 다른 무엇을 나에게 요구하지 않으실 것이다. 나는 윤리적으로 생각하는 사람이다. 나는 아무도 죽이지 않았고, 금고를 부수어 턴 적도 없고, 집에 불을 지른 적도 없다. 전과가 있는 것도 아니다. 나는 다른 이들과 마찬가지로, 하나의 인간이다. 어쩌면 다른 많은 이들보다 조금은 더 나은 인간이기까지 하다. 이는 심판에서 증명되리라. 나에게 심히 부담을 주는 무엇을 전혀 제시할 수 없으리라.

하느님은 아시니, 나는 선한 의지를 가졌다. 나는 나 자신과 가족을 영예롭게 부양하고 일으키기 위해 착실히 노력했다. 나는 나의 수족들이 궁핍하지 않도록 밤낮으로 애를 썼다. 씻기고, 요리하고, 장을 보고, 바느질하고, 다림질하고, 아끼고, 살림살이를 비축하고, 미래를 궁리했다. 전반적으로 우리는 위로부터 축복받았다. 언제나 여전히 먹을 게 있었고, 휴일에는 마땅한 위안을 누렸으며, 지난 몇 해 동안 연금을 받았다. 정말로 그렇다, 그리고 또 뭐가 있을까… 그래, 잊어서는 안 되는 게 또 있다. 나는 또한 종교적 인간으로서 나의 의무들을 충실히 이행했다. 나는 신앙생활을 하는 그리스도인이다. 나는 좋은 가톨릭 신자이다. 나는 주일마다 교회에 있었다. 나의 부활절 의무를 지켰고, 종교세를 냈다. 자선을 베풀었다. 아침 기도와 저녁 기도를 바쳤다. 나는 자주, 유효하게 고해성사를 보았다. 나는 아홉 번의 첫 금요일들을 지켰다(이는 나에게 교회의 인정을 받았다는, 하느님 앞에서의 확신을 준다). 나는 주일마다 영성체를 했다. 날마다 영성체를 했다.

나는 했다, 나는 했다. 하느님을 대적하여 나의 종교로써 벽들을 쌓았다. 나의 신앙생활로써 하느님의 부르심에 귀를 막았다. 조용히, 모르는 사이에, 생명일 수도 있었을 모든 것이 기계적 자동주의 Mechanism가 되었고, 그 안으로 피해 나의 영혼은 안식을 누렸다. 삶은 너무 길다. 똑같은 것의 끊임없는 반복은 졸음을 불러 온다. 폭포 곁에 사는 이는 일주일이 지나면 더 이상 물소리를 듣지 못한다. 이처럼 우리 역시 귀를 기울이는 법을 잊었다. 천체들이 노래를 하지만, 우리가 듣는 것은 그저 자기 자신이요 자기가 가진 관심들의 울림뿐이다. 늘 더 많이 틈새들이 메워진다. 늘 더 당연한 듯 하느님의 부르심은 막히고, 벽으로 둘러싸이고, 우리 삶이 자체 개발한 체계 속으로 편입된다. 밤마다 암막 천을 덮어 주는 새장 속의 새가 온종일 소리 내는 것을 낮 동안은 내버려 두듯, 나는 하느님의 말씀에서 나오는 선율 역시 가끔씩 그대로 허용하는 것에 마음이 기운다. 그 선율은 설교나 성경 공부 시간의 형태로, 아니면 마태 수난곡의 상연이나 릴케의 시, 또는 어떤 경치 앞에서의 알 수 없는 거룩한 느낌의 형태로 다가온다. 이 장엄한 순간들은 삶의 안락함에 속하고(이 안락함을 위해 충분히 비싼 값을 지불했다), 이는 내 종교적 욕구를 만족시킨다. 어쨌든 욕구는 완화되어, 더 이상 나는 새장을 가릴 필요가 거의 없다. 내 선한 양심의 무게 아래, 내 선한 심장의 넓은 엉덩이 아래 진리의 목소리는 질식당했다. 아주 오래 전에 말을 잃었다.

또는 나는 잘못을 내일로 미룰 수도 있다. 꼼짝 않고 나를 응시하는 눈은 늘 오늘이라고 말한다. "지금이다, 나는 지금 사랑받기를 원한다." 그러나 나는 눈을 내리깔고 말한다.

내일 저는 당신을 사랑하렵니다. 내일이면 당신은 제가 당신을 위해 행동할 수 있다는 것을 알게 되실 것입니다. 제가 당신에게 바칠 제물을 보게 되실 것입니다. 당신이 저에게 다만 오늘의 이 시간을 그대로 두신다면, 내일 저는 당신에게 두 배로 갚으렵니다. 장미가 시들기 전에 저는 그 꽃을 꺾어야 합니다. 들장미를 당신에게 드리고 싶습니다. 저에게 봄을 주신다면, 저는 당신이 가을을 가지시게 하겠습니다, 어쩌면 늦은 여름에 벌써. 그저 오늘만은 당신 눈길을 돌리십시오. 내일부터는 늘 저를 쳐다보셔도 됩니다.

"금방 갈게, 벌써 가고 있어!" 아이는 올려다보며, 재촉하는 어머니에게 소리칩니다. 그리고 마저 끝까지 놀이를 합니다. 순종하기까지 분명 적당한 시간을 이미 계산해 두었기 때문입니다. 인간적 여지가 있습니다. 자기 자신을 자신의 삶에서 완전히 분리할 수 있는 사람이 누가 있겠습니까? 어찌하여 하느님, 당신은 제가 단계들을 뛰어넘기를 바라십니까? 당신은 한꺼번에 전부를 원하십니다. 온 심장을, 온 영혼을, 온 마음을, 나의 모든 힘을. 그러나 삶의 법칙은 단계별 성장입니다. 좋은 교육자라면 당신도 이 법칙을 지키십시오. 4분의 1은 당신에게 양도하려 합니다. 그리고 제가 서른이 되면, 반절을 드릴 테니, 그러면 당신은 차츰, 틀림없이 전부를 얻으실 것입니다. 제 심장 속에 이르기까지 저를 뒤덮은 그것을 제가 끌어당겨 저에게서 찢어 낸다면, 저는 피를 흘릴 것입니다. 아니, 피를 다 쏟고 죽을 것입니다. 그러면 당신은 죽은 사람을 당신 팔에 떠안고 말겠지요. 아니면 저는 제가 그저 겉으로만 이겨 냈던 것을 되돌아보며 눈을 흘길 것입니다. 그러니 기다리십시오, 제가 다 맛볼 때까지. 그런 다음 저는 이빨 사이에 밍밍해진 과심果心을 물고, 그것을 뱉어 내렵니다. 인내하십시오, 지금 저를 들뜨게 하는 물결이 계곡이 되고 빈 공간이 될 때까지. 지금 제 주위를 부드럽게 감싸는 너울이 찢기고 아래로부터 현존의 침전물이 훤히 드러날 때까지.

 실로 사람들이 말하길, 당신은 주로 실망 가운데, 삶의 어두운 측면인 환멸 가운데 계시다고 합니다. 오늘은 그냥 지나가시고 다음 번에 다시 문을 두드리십시오. 그러면 저는 조금은 더 앞으로 나아가 있을 것입니다. 저를 포기하시라는 말씀은 드리고 싶지 않습니다. 절대로 그러지 마십시오. 언제나 저를 붙드십시오. 그러나 부드럽게. 필요하다면 저를 낚아채십시오. 저도 모르게, 마치 시간이 우리를 알지도 못하는 사이에 어린아이에서 늙은이로 변모시키듯 말입니다. 당신 팔로 저를 안으십시오, 마치 엄마가 잠든 아기를 요람에서 들어 올리듯 말입니다. 그러나 그럼에도 제가 어쩔 수 없이 분리의 아픔을 느껴야 한다면, 이것만은 양보해 주십시오. 곧 당신께 고백하건대, 그저 오늘만큼은 저에게 허락해 주신다면 당신은 내일 저를 데려가셔도 됩니다. 심지어 저는 기꺼이 당신의 십자가를 지고 당신이 가신 십자가의 길을 하나하나 걸을 준비가 되어 있습니다. 온전한 희생 제물이 되기까지, 최종적인 죽음에 이르기까지. 조건은 단 하나, 오늘이 아니라 내일에! 아울러 기꺼이 제 귀를 닫겠습니다. 이미 오늘, 제 즐거움의 한가운데서, 깊이 숙고하며 선명하게 눈앞에 그려 보겠습니다, 제가 내일은 당신을 따른다는 것을. 사형수가 끼니때마다 매번 음식을 씹으며 내일을 생각하듯, 저는 당신을 생각하며 저를 당신께 바칠 것을 결심하겠습니다. 그러나 오늘이 아니라 내일, 내일.

그밖에도, 저는 당신에게 많은 것을 드릴 수 있습니다. 그런데도 당신은 왜 이처럼 적게 요구하십니까? 어찌하여 이 작고 볼품없고 아무 쓸모도 없는 심장을 바라십니까? 제가 당신께 드릴 수 있는 이 모든 것을 보지 못하십니까? "제 왕국의 절반을 당신께 드리겠습니다." 아니면 당신은 그 대신에 제 재산을 원하십니까? 아니면 제 건강을? 또는 제가 맹세를 하면 당신을 만족시켜 드릴 수 있을까요? 날마다 이 기도를? 이 9일 기도를 좋아하십니까? 이 보석이 또는 저 수정이 당신 마음에 드실까요? 저처럼 하나 지니신다면, 얼마나 반짝거리는지 보실 수 있습니다. 귀한 천들을 당신께 보여 드릴 수 있습니다, 자수를 놓은 천, 금박을 한 비단을, 희생 제물의 향기와 수많은 단념과 엄선된 고행을 보여 드릴 수 있습니다. 보십시오, 제 진열대에 얼마나 많은 물건이 쌓여 있는지. 이 모든 것이 당신 것입니다. 제가 인색해 보이지 않도록, 저는 당신께 더 다른 많은 것을 드리겠습니다. 저는 당신 심장의 특별한 경배자이고 싶습니다. "우리를 위하여 그처럼 많은 고난을 당하신" 당신 심장의 경배자가! 죄인들과 뻣뻣한 심장들의 회개를 위해 기도하고 보속하겠습니다. 당신은 참으로 힘드셨지요, 아닌가요? 고달픈 시간들이었지요! 군중의 타락! 심지어 당신의 교회마저도…! 아무튼 좋습니다. 저는 제가 당신을 위해 무엇을 할 수 있는지 보겠습니다. 그러나 지금은, 용서하십시오, 저는 가야 합니다. 그리고 정말이지, 제가 끄집어내어 펼쳐 놓은 이 모든 잡동사니 아래 파묻혀 있는 심장일랑, 우리 둘 다 잊고, 다음번까지 그냥 저에게 맡겨 두지 않으시겠습니까?

그리고 다른 다급한 일들이 훨씬 더 많습니다. 곧 무거운 짐을 조금은 나누어 질 수도 있지 않을까요? 모두 다 함께 진다면, 아마도 그리 많다고 느끼지는 않을 테지요. 다른 이들은 더 놀아도 되는데, 왜 저만 집으로 가야 합니까? 다른 이들은 손해나 후회 없이 삶의 기쁨들을 만끽해도 되는데, 왜 정녕 저는 악한 양심의 이 씁쓸함에 짓눌려야 합니까? 다른 이들은 부드러운 여명 속에 한껏 꿈을 꿉니다. 그들은 자신들이 무엇을 하는지도 모릅니다. 오, 행복한 이들이여. 그런데 어찌하여 당신은 바로 저를 당신 눈길의 날카로운 빛 아래 세우십니까? 사람은 그런 빛 속에서는 잘 되기가 어렵습니다. 행여 다른 이들은, 저 아닌 다른 이들은 어쩌면 괜찮겠지요. 당신께는 이 소명에 온전히 맞갖게 만드시고 준비하신, 선택된 특별한 영혼들이 없으십니까? '종교적 재능이 있는' 영혼들이? 그런 영혼들에게는 당신과 함께하는 것이 하나의 즐거움입니다. 그들은 무엇을 어떻게 해야 하는지 압니다. 그들은 사랑의 전문가들입니다. 당신은 저보다는 그들에게서 더 많은 것을 얻을 수 있으십니다. 그들은 당신께서 요구하시는 것은 무엇이라도 거절하지 않을 것입니다. 수도원에 있는 이들이 바로 그렇습니다. 사제들이 바로 그렇습니다. 이를 위해 교회가 있습니다. 교회가 보충합니다supplet ecclesia.[9] 물론, 저 앞에 한 사제가 멍하니 지친 채로 제단 앞에 서 있습니다. 그는 자신의 뒤로

---

9 구성원 각자의 부족함은 은총의 근본 성사인 교회가 채워 준다는 의미. — 역자 주

정신없이 산만한 무리를 느낍니다. 그들의 신뢰는 무디어져 있습니다. 바로 거기 저 앞에서, 우리와도 상관있는 일이 (어떻게 상관있는지는 제대로 알지 못하지만) 벌어지고 있습니다. 저 앞에서, 자신이 하는 일이 무엇인지를 이미 알게 될 한 사람이 애를 쓰고 있습니다. 그는 직무를 맡고 있습니다. 그에게는 책임이 있습니다. 그러나 어찌 한 사람이, 그가 사제일지라도, 온 공동체의 짐을 짊어져야 한단 말입니까? 그 역시 (다행스럽게도) 그저 한 인간, 그저 한 죄인일 따름입니다. 물론 언젠가 그는 자신을 다 내어 주고 자신에게는 아무것도 남겨 두지 않으려 했던 적이 있습니다. 그러나 모든 것이 그가 믿었던 것과는 아주 딴판으로 흘렀습니다. 나이 든 사람은 쉽게 속아 넘어가지 않습니다. 일단 일이 잘 되어야, 내일을 기대합니다. 어쨌든 그 사제는 자신의 신학을 숙지하고 있습니다. 한 사람이 모든 이를 위해 속죄하고 수난했음을 압니다. 그 한 사람이 그렇게 할 것입니다. 그 한 사람에게 이 사제 역시 자신의 짐을 떠넘길 수 있습니다. "고생하며 무거운 짐을 진 너희는 모두 나에게 오너라." 사제인 그 자신은 사람들에게 다만 그리로 가는 길을 가리켜 주어야 할 뿐입니다. 그의 역할은 그저 직무의 역할입니다. 그는 다만 통로일 뿐이고, 매개자일 뿐입니다. 은총은 사효적으로 ex operato[10] 작용합니다. 이루어진 일

---

10 성사가 거행되는 그 자체로 효과를 내며 은총이 전달된다는 의미. 이에 비해 인효성 ex operantis은 성사 집전자와 참여자의 개인적 덕성과 태도에 따라 성사의 효과가 좌우된다는 것을 가리킨다. — 역자 주

은 그의 업적이 아니라 당신의 업적입니다. 오, 주님. 저는 당신께 제 짐을 넘겨 드립니다. 그것은 당신이 짊어지신 채로 남을 것입니다, 끝까지.

아무도 원하지 않습니다. 모두가 당신을 밀쳐 냅니다. 그런 표징으로 당신은 세상에 나타나셨습니다. "그분이 당신 소유의 땅에 오셨다. 그러나 그분 소유의 백성은 그분을 맞아들이지 않았다." 분명 그들은 임금이 이스라엘에 태어나리라는 것을 압니다. 그들은 그 장소도 압니다. 베들레헴입니다. 그들은 그곳이 어디인지 묻는 모든 이에게 그곳을 설명해 줍니다. 그러나 그들은 그곳에 가지 않습니다. 베들레헴, 그곳에서 당신은 그들에게 너무 가까이 계십니다. 그들은 당신을 밖으로 쫓아냅니다. 추방합니다. 그리고 오로지 당신이 당신 자신을 알아보지 못하게 하시는 한에서만 그들은 나자렛에서 당신을 참아 줍니다. 그저 당신이 빵을 많게 하시고 멋진 이야기들을 들려주시는 한에서만 백성은 당신께 환호합니다. 제자들은 지상 왕국에 대한 희망으로 흐려져, 당신의 십자가 수난 예고를 흘려듣는 한에서만 당신을 따라 함께 다닙니다. 그러나 이제 내기가 걸린 떠넘기기 놀이가 시작됩니다.

그들은 당신의 은총을 밀쳐 냄으로써, 서로에게 당신을 떠넘깁니다. 당신은 노리개 공이 되었고, 놀이는 계속됩니다. 모두가 서로 지켜봅니다. 각자 얼마나 빨리 그 공을 처리하는지. 당신 곁에 가까이 있는 이들에게 대부분 당신은 무거운 짐입니다. 새 계약에서, 당신 교회에서 출발해 돌이 구르기 시작합니다. 한 사람의 형상에서 우리 모두가 당신을 배반합니다. 당신이 바위로 선택하신 두 번째 사람의 형상에서 우리 모두가 당신을 부인합니다. 나머지 사람들의 형상에서 우리 모두가 당신을 버립니다. 당신 교회에서 쫓겨나 당신은 옛 백성, 유다인들 손안에 떨어지십니다. 당신이 일찍이 이스라엘 둘레에 세우셨던 계약의 울타리 안으로 떨어지십니다. 하지만 여기서도 당신은 환영받지 못하는 건 매한가지입니다. "이 계약은 어제 세워졌고, 내일, 메시아가 온다면, 그 계약은 다시 세워질 것이다. 그러나 오늘 우리에게는 황제 외에 다른 임금은 없다." 그리고 공은 계속 굴러, 계약의 울타리를 벗어나, 밖에 있는 민족, 이방 민족의 수중으로 떨어집니다. 잠시 동안, 당신은 거기서 거처를 찾으신 듯 보입니다. "나는 이 사람에게서 아무런 죄목도 찾지 못하겠소." 그러나 늘 그렇듯 여기서도 당신 자리는 없습니다. 당신이 정치 집단을 성가시게 하시기 때문입니다. 당신이 안정을 찾으시는 것은 다만, 헤로데에게 보내져, 권력 놀이의 장기판에서 쓰러진 졸이 되시는 것뿐입니다. 그러나 기적을 행하는 이로서 아무 소득도 없이, 당신은 출구 쪽으로 되돌아 구르시고, 이제 땅의 예민한 밑바닥은 당신을 더 이상 참아 내지 못합니다. 밖으로, 위로! 자신들이 무슨 짓을 하는지도 모르는 이들에 의해 괴롭힘 당하시고 죽기까지 고통을 받으시며, 자신들이 무슨 짓을 하는지 알 수도 있고 알아야 할 이들에 의해 조롱과 비방을 당하시고, 그것이 무슨 짓인지 알 수밖에 없는 이들에 의해 배반당하고 버림을 받으시며, 당신은 이제 온전히 위로, 모든 바깥의 바깥으로 축출되십니다. 마치 성체Host가 당신을 거절한 땅 위로, 무심한 하늘 속으로 들어 높여지듯이.

아버지마저도 당신을 더 이상 원하지 않으시기 때문입니다. 아버지께서는 세상을 너무나 사랑하시어, 세상의 구원을 위해 당신을 내어 주셨습니다. 그분은 세상을 위해 당신을 넘겨주셨습니다. 이제 그분에게 당신은, 맹세하건대! 쓸모 있을 리 없습니다. 당신은 세상과 어떻게 끝장내야 할지를 당신 스스로 아셔야 합니다. 당신과는 끝장난 이 세상과. 세상은 둥글고 닫혀 있습니다. 당신은 외부에서 세상에 매달려 있습니다. 세상에 당신 몫은 없습니다. 그리고 그렇게 당신은 세상의 임금이십니다. 우리 모두가 무릎을 꿇고 외칩니다. 유다인들의 임금님, 만세! 우리가 말하고 싶은 것은 이것입니다. 십자가에 못 박으라, 십자가에 못 박으라! 당신이라면 우리는 진절머리가 나고, 당신은 우리 모두에게 너무 힘겨운 짐이기 때문입니다. 썩 없어져 당신이 하려던 구원 작업에나 열중하십시오. 그를 십자가에 못 박으라, 우리가 그에게서 해방되도록! 그를 십자가에 못 박으라, 우리가 그를 통해 구원되도록! 썩 꺼지시오. 치워라, 십자가에 못 박으라tolle, crucifige!

6장

발타사르는 6장에서 붙잡혀서 수난받으신 예수님의 모습을 상상하는 가운데 그분이 처해 있는 처참한 상황, 특히 그분의 내면을 헤아리고 있다. 그분이 이 세상의 구원을 위해 선택하신 것은 사람들이 쌓아 올린 악의 배설물들이다. 이는 계속 쌓여서 더 높은 쓰레기 더미를 이룬다. 악은 스스로 해소되지 못하기 때문이다. 예수님은 당신의 수난을 통해 이런 치명적인 독으로 가득한 바다를 모두 마시려 한다. 그분의 고귀한 심장은 세상을 맑게 하는 정화 장치이다.

주님은 단순히 인류가 쏟아 버린 죄의 더미를 외부에서 살펴보는 게 아니라 그 내부에서 죄의 본질과 악의를 남김없이 맛보셔야 한다. 그분은 이 죄의 더미를 자신과는 아무 상관이 없는 사람들의 죄가 아니라 당신 자신의 죄로 여기셔야 했다. 그 죄들은 이제 당신께 속한다. 그분은 이 죄와 더불어 온 세상 앞에서 치욕을 당하실 것이다.

발타사르는 수난 중에 있는 주님의 심리를 추정해서 그분이 겪었을 고뇌의 깊이를 헤아려 보았다. 주님이 겪었을 두려움은 기슭 없는 두려움의 바다이며, 두려움 그 자체다. 그리고 죄의 알맹이인 두려움, 지옥의 두려움이다. 그것은 또한 하느님 아버지의 얼굴을 영원히 볼 수 없다는 두려움이며, 사랑에서 그리고 모든 피조물에서 최종적으로 떨어져 나가는 두려움이다. 결국, 주님은 밑바닥 없는 곳으로 추락하시고 실종되셨다. 그곳은 가장 희미한 한 가닥 희망조차 가질 수 없는 절대적인 절망의 상태였다.

발타사르는 이 절망의 상태를 피조물 전체의 나병이 주님을 집어삼킨 상태에 비유했다. 이는 심지어 하느님 아버지마저 그분을 외면한 상태를 말한다. 이 상태에서 아버지마저 적대자들의 편이 되신다. 그들과 함께 당신에 맞서 전쟁 계획을 꾸미셨다는 것이다. 발타사르의 묵상에 따르면, 성부께서는 당신을 죽인 이들을 너무나 사랑하시어 외아들마저 배반하셨다. 그러나 이 절체절명의 상황에서도 성자는 이렇게 생각한다.

"그분이 오로지 사람들만을 사랑하신다면, 나를 몰락하게 두신다 한들 무슨 상관이 있으랴."

그래서 마침내 이렇게 청원한다.

"아버지, 당신 뜻이 이루어지소서. 당신 사랑의 뜻이 그들에게서, 그리고 당신 분노의 뜻이 저에게서…."

발타사르는 '사랑'이야말로 주님의 심장의 심장이며, 그분 영혼의 빵이고 그분 인격의 영원한 숨이라고 말한다. 그분은 사랑으로 사셨다. 그분에게는 사랑 이외에 다른 생각이 없었다. 이제 수난과 죽음을 통해 그분에게서 사랑이 송두리째 뽑혔다. 그분은 질식하고 굶주리며 죽어 가신다. 그러나 사람들은 그분의 처절한 사랑을 알지 못했다. 그리고 이내 그분을 배반하고 죄를 범할 수백 가지의 이유를 찾아내고 만다.

아십니까, 주님, 당신이 무엇을 선택하셨는지? 당신 순종의 결과들에 대해 당신은 분명히 아십니까? 동물과 인간들의 유독한 잔여물과 배설물들은 자연의 살림살이 안에서 해체됩니다. 땀이 증발하고, 비와 강물이 오물을 쓸어 가고, 시체들이 부패하고, 거대한 도시들의 유독한 호흡조차도 청정한 하늘을 흐리게 할 수 없습니다. 원재료 자체는 깨끗하기 때문입니다. 그것은 다만 자신의 상태를 바꿀 따름입니다. 그러나 심장의 살림살이에서는 전혀 다릅니다. 여기서는 악이 지배합니다. 악은 본성이 없습니다. 본성에 반합니다. 그리고 계속 쌓여 늘 더 높은 쓰레기 더미를 이룹니다. 악은 스스로 해소되지 못하기 때문입니다. 세상의 그 어떤 힘도 (당신은 아십니다. 물론 인간들은 알지 못합니다) 그것을 근절할 수 없습니다. 프랑스 북부에 공장들이 있습니다. 그리고 거기 검은 매연들이 도시의 지붕들 위로 수십 배는 더 높이 산처럼 탑을 이룹니다. 저주가 깃들인 섬뜩한 그 구릉들이 헛되이 한 조각 풍광을 이루려고 합니다. 그리고 당신은 죄의 탑들과 산들을 허물어뜨리려 하십니까? 한 치의 실수도 없이 치명적인 독들의 이 바다를 당신은 죄다 마시려 하십니까? 당신의 고귀한 심장을 세상의 정화 장치가 되게 하시렵니까?

그저 단 한번의 죄일지라도 그 죄와의 접촉을 당신은 대체 어떻게 견디려 하십니까? 온전히 깨끗하신 당신께서 말입니다! 조심하십시오, 길거리에서 우연히 우리 가운데 하나와 스친다 해도, 당신은 이미 속 깊이 간담이 서늘해지실 게 뻔합니다. 그리고 당신이 그의 영혼을 들여다보시고, 그 밑바닥에 이 버러지 같은 인간의 혼잡스러움을 보신다면, 심지어 그의 지난날들을 되돌아보신다면, 그 안, 속 좁고 겁 많은 악한 마음에 켜켜이 쌓인 것이 곧바로, 말씀드리건대, 당신에게 구토를 일으킬 것입니다. 하지만 그런 죄인을 스치고, 그와의 접촉을 잠시 견디고, 당신 얼굴 위로 악취가 진동하는 그의 숨결을 느끼는 것으로 충분하지 않습니다. 당신이 시도하지 않으시면 안 되는 것들이 있습니다. 곧 그의 죄들을 당신 안으로 받아들이시고, 그 죄들과 당신이 하나임을 해명하시고, 단순히 외부에서 그 죄들을 살피시는 게 아니라 내부에서 그 본질과 악의를 남김없이 맛보셔야 합니다. 당신은, 그것들이 기본적으로 당신과는 아무 관련이 없는 인간들, 이 전혀 낯선 인간들의 죄가 아니라 바로 당신 자신의 죄라고 여기셔야 할 것입니다. 그 죄들은 이제 당신께 속합니다. 당신이 직접 저질렀든 그렇지 않든 전혀 상관없습니다. 한 영혼 안에 감추어진 그 모든 것을 저는 당신께 하나하나 셈해 드릴 수 없습니다. 명백한 것, 잘 알려져 있어 영혼이 어쩌면 의식하고 있고 때때로 조금은 짓눌리는 것, 절반만 의식하고 있는 것, 오래전에 이미 잊어버린 것을 — 인간은 자신의 수치를 오래 견디지 못합니다. 기꺼이 잊어버립니다 — 그리고 마지막으로 무의식적인 것을(당신께 설명해 드릴 수 없습니다). 인간이 저지를 수 있는 이 모든 가능한 죄들을. 이런 죄들을 짓는 데는 인간 편에서 외적인 자극, 기회, 관계, 유혹, 나쁜 환경 외에 더 다른 무엇이 필요하지 않습니다. 저는 당신께 그 모든 것을 하나하나 설명해 드릴 수 없습니다. 우리 인간은 정녕 자기 잘못의 수나 무게를 조금도 의식하지 못합니다. 아니면 우리는 그것들의 무게를 완전히 거꾸로 잽니다. 그리고 우리가 늘 간과하는 작은 것들이 어쩌면 영원의 저울에서는 더 무거울지도 모릅니다. 이처럼 인간은 대체로 자신이 저지른 악한 행동들만을 생각합니다. 가슴에 품었던 나쁜 생각들은, 아무도 그것을 보는 사람이 없기 때문에, 자신에게 중요하지 않아 보입니다. 그러나 당신은, 인간 자신이 보지 못하는 다른 무엇인가에 부딪히실 것입니다. 바로 공허입니다. 사랑 결핍입니다. 가늠할 수 없고 되돌릴 수 없는 선의 부재입니다. 이 선은 하느님께서 인간을 위해 마련하신 것입니다. 당신은 인간이 더 이상 괘념하지 않는 허공, 자기 자신이 비어 있기 때문에 더 이상 신경 쓰지 않는 허공을 만나게 되실 것입니다. 그러나 당신은, 사랑과 행위의 충만이신 당신께서는, 그 공허 속에서 절규하실 것입니다. 사랑의 그 거울 앞에서 얼어붙고 마실 것입니다.

당신께 가장 큰 아픔이 되는 것은 대죄들이 아닙니다. 대죄들은 쉽고 분명하게 알아볼 수 있습니다. 그리고 당신은 두꺼비처럼 그 대죄들을 단박에 담대히 집어삼킬 수 있으십니다. 그러나 위대하신 분이시여, 작은 해충들은 어찌하시겠습니까? 죄는 대부분 작기 때문입니다. 죄는 대개 사소하고, 크기도 없고 품위도 없습니다. 죄는 작은 것 그 자체입니다. 구토가 날 정도로 끈적거립니다. 당신은 이 환전상 짓거리를, 이 끝없는 계산속을 정녕 아십니다. 얼마나 더 멀리 가야 고해성사를 볼 필요가 없겠습니까? 제 즐거움을 위해 무엇을 더 허용할 수 있겠습니까? 용서받을 죄와 죽을죄 사이의 경계는 어디에 놓여 있습니까? (용서받을 죄 정도는 제가 짊어지겠습니다.) 하느님과 거래 협상이라니! 이처럼 대부분의 것이 우리 안에 있습니다. 사랑의 아드님이시여, 당신은 우리의 이 마음속 생각을 어떻게 여기십니까? 일찍이 당신은 끈으로 채찍을 만들어 휘두르시며 당신 아버지의 성전을 위해 이 환전상들의 영혼들을 밖으로 쫓아내셨습니다. 지금 당신은 묶여 계시고, 그들 모두가 들이치며 자신들의 역겨운 오물을 당신 목구멍에 밀어 넣습니다. 주의하십시오, 이 '작은' 죄들 가운데 하나라도 무시하거나 간과하지 않으시도록. 당신은 그 모든 죄를 따로따로 다 맛보아야 하시기 때문입니다. 그렇지 않으면 당신 업적은 완성된 게 아닙니다. 이미 단 한 사람의 단 하루 일상이 사소한 배반들의 끊임없는 사슬이요, 사랑을 거슬러 순진하게 바늘로 쿡쿡 찔러 대는 상처의 연속입니다. 아, 당신의 일은 거창합니다. 그러나 그런 일이 아주 많습니다. 당신 아버지께서는 그런 일들을 바닷가의 모래 알처럼 수도 없이 만들어 내셨습니다. 수백만, 수십억, 그 일들이 메뚜기 떼처럼 당신 위로 덮쳐 당신께는 푸른 잎이 하나도 남아나지 않을 것입니다.

당신은 그들의 치욕을 짊어지기로 작정하셨습니다. 그리고 실제로, 누군가는 정녕 그 짐을 떠맡아야 합니다. 그들 자신은 그러지 않습니다. 그들은 굴욕적인 것을 행한다는 것이 무엇인지 잘 이해합니다. 그러나 그들은 자신들이 행한 치욕이 자취도 없이 증발하고 시간의 망각 속으로 가라앉는다고 생각합니다. 그들은 생명의 책에 대해서도, 영원의 기억에 대해서도 전혀 알지 못합니다. 그들은 자신들에게서 수치를 털어 낸 다음, 홀가분하게 제 갈 길을 갑니다. 그러나 그것은 당신 위로 비처럼 떨어집니다. 수천 년의 이 치욕, 끝이 보이지 않는 그 강물이 말입니다. 수백만 겹 나병이 당신을 뒤덮고, 당신은 이름 없는 하수구로 가라앉으십니다. 대체 치욕이 무엇이란 말입니까? 조롱거리가 된다는 것은 별문제가 아닙니다. 결국 거기 아래에서 위를 올려다보며 그 대상을 조롱하는 이들[11] 모두가 죄인이기 때문입니다. 어쩌면 그 가운데 이 사람 또는 저 사람은 그것을 느끼고 있겠지요. 어느 우아한 저녁 모임에서 아무 옷도 걸쳐서는 안 된다는 규정도 큰 문제가 아닙니다. 누구나 자신의 의복 아래 벌거벗은 몸을 가지고 있기는 매한가지이기 때문입니다. 자신의 은밀한 악습들을 온 세상에 공개해야만 한다 해도, 이 또한 그리 큰 문제가 아닙니다. 매일 뉴스를 보고 우리는 인간이 저지르는 온갖 범죄들을 잘 알고 있기 때문입니다.

그러나 그야말로 본질적으로 치욕이란 무엇이란 말입니까? 우리 가운데 어느 누구도 맛보기를 바라지 않고 또 맛보지도 않은 그 치욕 자체는 어떤 것입니까? 당신은 그것을 알게 되실 것입니다. 당신은 온 세상 앞에서 치욕을 당하실 것입니다. 올리브 동산의 죽은 돌들 앞에서, 모든 피조물 앞에서, 그리고 무엇보다 당신 아버지 앞에서. 당신은 모든 심연 속으로 숨어들고 싶고, 구멍이라면 어디든 기

---

11 십자가 아래에서 예수를 조롱하는 이들. — 역자 주

어들고 싶으실 것입니다. 그러나 당신 자신이 심연이시고 구멍이십니다. 사람들이 당신을 주목하지 않는다고 착각하지 마십시오. 우리 모두가 당신을 바라보고 있습니다. 우리 모두가 당신에게서 우리의 치욕을 보고, 당신 안에서 우리의 치욕을 경멸합니다.

당신은 당신이 느끼는 구토에서 벗어날 수 없으십니다. 지금 당신 자신이 그 구토이시기 때문입니다. 비열한 모든 것이 당신 안으로 들어갔고, 당신 자신에게만이 아니라 우리 모두에게도 당신은 혐오스러운 것이 되었습니다. 우리는 점잖은 사람들의 사회이고, 당신은 그 밖에 계십니다. 우리는 작은 약점들 따윈 서로 용서해 줄 수 있고, 다시 모자를 벗어 서로에게 존경을 표할 수 있습니다. 하지만 당신 앞에서는 그저 업신여기며 발길을 돌릴 수 있습니다. 우리는 공동체를 일굽니다. 우리끼리 집단을 형성합니다. 그러나 당신 같은 존재가 우리 모임에 속한다는 것은 생각만 해도 참을 수가 없습니다.

이제 드디어 당신에게 두려움이 엄습합니까? 사람들은 전혀 알지 못하는 두려움이. 그것은 닥쳐오는 불행이나 특정한 재난에 대한 두려움이 아닙니다. 그런 두려움에는 한계가 있고, 그 대상이 있으며, 인간의 의식은 그 쪽으로는 통제되어 있습니다. 그리고 언제나 우리 인간에게는, 두려움의 뗄 수 없는 동반자처럼, 희망이 남아 있습니다. 집이 불타더라도 나는 살아남을 수 있겠지. 무너진 갱도 속에 파묻힌 이들에게 어쩌면 제시간에 도달할 수 있겠지. 어쩌면 마지막 순간에 나는 사면을 받을 수 있겠지. 그러나 당신이 겪는 두려움은 형태가 없습니다. 기슭 없는 두려움의 바다이고, 두려움 그 자체입니다. 죄의 알맹이로서의 두려움입니다. 하느님 앞에서의 두려움, 피할 수 없는 심판 앞에서의 두려움입니다. 지옥의 두려움입니다. 아버지의 얼굴을 영원히 볼 수 없다는 두려움입니다. 사랑에서, 모든 피조물에서 최종적으로 떨어져 나가는 두려움입니다. 당신은 밑바닥 없는 곳으로 추락하시고, 실종되십니다.

가장 희미한 한 가닥 희망조차도 이 두려움을 좁힐 수 없습니다. 어디에도 당신이 희망을 둘 수 있는 곳은 없기 때문입니다. 아버지께서 당신에게 은총을 베푸시겠습니까? 그분은 그러지 않으실 것입니다. 그럴 수도 없으시고, 그러려고도 하지 않으실 것입니다. 오직 당신의 희생이라는 대가를 통해서만 그분은 세상을 사면하려 하십니다. 당신이 아니라 세상을. 당신의 두려움 너머에 대해서는 결코 아무 말씀이 없으십니다. 자비는 어떻게 되느냐고요? 당신이 바로 하느님의 자비이십니다. 그리고 그 자비는 당신이 몰락하는 데서 성립합니다. 누구 하나가 속죄양이 되어야 하고, 그게 바로 당신이십니다. 실로 당신 자신이 바라신 바가 아니었습니까? 하느님의 번갯불을 인간들에게서 다른 데로 돌리는 것이야말로 당신이 원하시는 바가 아닙니까? 그리하여 그 번갯불이 정녕 당신에게로 들이칩니다.

당신은 부르짖으십니다. "아버지, 하실 수만 있으면…!" 그러나 이제 가능하지 않습니다. 가능성의 그 어떤 토막도, 그 어떤 지푸라기도 남아 있지 않습니다. "아버지!" 당신의 절규는 허공 속으로 사라집니다. 메아리만 되돌아옵니다. 아버지는 아무것도 듣지 않으셨습니다. 당신은 너무 깊이 가라앉으셨습니다. 그러니 어떻게 저 위 하늘에서 당신의 소리를 들을 수 있겠습니까? 아버지, 당신의 아들입니다! 당신의 사랑하는 아들, 모든 시간에 앞서 당신에게서 난 아들입니다! 그러나 아버지는 당신을 더 이상 알지 못하십니다. 피조물 전체의 나병이 당신을 집어삼켰습니다. 그러니 아버지께서 어찌 당신의 얼굴을 알아볼 수 있으시겠습니까? 아버지는 당신의 적대자들 편으로 넘어가셨습니다. 그들과 함께 당신에 맞서 전쟁 계획을 꾸미셨습니다. 그분은 당신을 죽인 이들을 너무나 사랑하시어, 당신을, 외아들을, 배반하셨습니다. 그분은 당신을 분실된 초소처럼 포기하셨고, 잃어버린 아들처럼 버려두셨습니다. 당신은 하느님이 여전히 정말로 계신다고 확신하십니까? 그 어떤 하느님이 계십니까? 그 어떤 하느님이 계신다면, 그분은 사랑이시겠지요. 청동 벽보다 더 완강한 순전히 준엄함 그 자체일 리는 없겠지요. 그 어떤 하느님이 계신다면, 그분은 적어도 위엄을 떨치며 틀림없이 자기 자신을 드러내실 것입니다. 당신은 적어도 그분 영원의 한 조각 숨결이라도 느껴야만 하실 것입니다. 그분이 초연히 당신을 넘어가시며 어쩌면 부주의하게 당신을 밟으신다면, 당신은 그분 외투의 끝자락만이라도 입 맞출 수 있지 않으실까요. 아, 당신은 얼마나 기꺼이 그 숭배받는 발이 당신을 짓밟길 바라시는지! 그러나 당신이 뚫어져라 응시하는 것은 하느님의 눈동자 대신에 검은 눈구멍의 공허입니다. 이제 당신은 비틀거리며 사람들에게로 발길을 옮기십니다. 영원한 사랑은 죽었고, 우주 공간의 추위가 매섭게 당신에게 휘몰아치는데, 당신은 그들의 짐승 같은 온기로라도 생기를 찾으려 하십니다. 그러나 그들은 잠들어 있습니다. 그들을 자게 두십시오. 당신의 사랑받는 제자 역시 자게 두십시오. 그들은 하느님께서 더 이상 사랑하지 않으신다는 것을 결코 이해하지 못할 것입니다.

섬광처럼 당신 영혼 속으로 생각이 스칩니다. 그분이 오로지 사람들만을 사랑하신다면, 나를 몰락하게 두신다 한들 무슨 상관이 있으랴. 내가 몸값이라면, 영원한 어둠은 영원한 빛에 대한 과도한 대가가 아니리라 — '나의' 영원한 빛이여! — 그들이 나 대신에 이제 그 빛을 상속받으리라. "아버지, 당신 뜻이 이루어지소서!" 그들에게서 그리고 저에게서도. 당신 사랑의 뜻이 그들에게서, 당신 분노의 뜻이 저에게서…. 그러나 힘을 북돋아 주는 천사가 다시 당신을 떠나가고, 왼쪽으로부터 사탄이 당신에게 접근합니다. 사탄은 당신에게 세상을 보여 줍니다. 구원받은 뒤의 인류를. 당신이 그 광경을 견딜 수 있으실까요? 당신이 보고 계신 게 무엇인지 아십니까? 그게 무엇인지 제가 간단히 말씀드리겠습니다.

곧 당신이 행하신 업적은 헛되었습니다. 그리스도의 탄생 이전이나 탄생 이후나, 온통 모든 것이 다 그대로입니다. 우리는 은총의 강을 기대했습니다. 하느님께서는 약속하신 대로 당신의 영을 부어 주시리라 생각했습니다. 종말에 거룩한 나라가 서리라 생각했습니다. 그러나 결코 아무것도 바뀌지 않을 것입니다. 몇몇 당신 제자들이 당신의 현존에 대해 이야기할 것입니다. 한순간 사람들은 깜짝 놀라 이 새로운 소문에 귀를 기울일 것입니다. 그리고 얼마 동안은, 당신 교회가 새로운 영적 생명력과 세상을 변모시키기 위한, 위에서 오는 힘을 지닌 듯 보일 것입니다. 그러나 이미 이 세상이 당신 교회를 물들이기 시작합니다. 당신 교회는 그때그때마다 세상의 온갖 색깔로 자기 뺨에 분칠을 할 것입니다. 곧이어 사람들은 교회가 가져다 준 새것이 대체 무엇인지를 물을 것입니다. 이는 정당한 질문이 될 것입니다. 사람들은 교회에 증명을 요구할 것입니다. 책들 안에서의 논증이나 교회의 선교 사명의 적법성에 대한 입증이 아니라, 그 힘에 대해 증명할 것을 요구할 것입니다. 교회 자신이 보편적인 죄에 연루되어 있기 때문에, 그리고 그리스도인들의 죄가 유다인들과 이방인들의 죄보다 더 무거울 것이기 때문에, 교회의 목소리는 잠겨 있을 것입니다. 말을 더듬거리며 기껏해야 어리석고 쓸모없고 번지르르한 말이나 내놓을 것입니다. 그리고 교회는 박해를 받을 것입니다. 교회가 세상을 위선적인 약속들로 속였기 때문입니다. 그리하여 그 박해는 정당한 것이 될 것입니다.

그러나 속임수는 당신 위로 떨어질 것입니다. 교회를 설립하시고 파견하신 당신에게로. 사람들이 신들에 대한 천진난만한 믿음을 잃고, 이제 당신에 대한 좌절과 실망으로 결연히 하느님을 부정하는 쪽으로 넘어가는 것은 당신 탓이 될 것입니다. 아시겠습니까? 당신의 구원 업적으로 어떤 일이 벌어졌는지를? 당신은 눈먼 이들에게 시력을 되찾아 주려 하셨습니다. 그러나 지금 그들은, 다시 보게 된 그들은, 두 배로 죄가 있습니다. 예전에 그들은 당신을 십자가에 못 박으며 자신들이 무슨 짓을 하는지 몰랐습니다. 그들의 죄는 맹수의 타고난 포악성과 비슷했습니다. 그것은 본성이었습니다. 이제 그들은 자신들이 무엇을 하는지 압니다. 당신은 영원한 사랑의 신비에서 너울을 벗기셨습니다. 그리고 그들을 하느님의 삼위일체 심연 앞에 곧바로, 하느님 구원 경륜의 축성된 전달자들로 세우셨습니다. 이제 그들의 죄는 사랑을 거스르는 반란이 됩니다. 가볍고 용서받을 수 있었던 것이 당신을 통해 치명적이고 용서받을 수 없는 것이 되었습니다. 예전에 그들은 아이들의 장난감 화살을 하늘을 향해 쏘았습니다. 그러나 당신은 날카로운 독화살을 그들 손에 쥐어 주셨습니다. 그들은 그것으로 하느님 심장의 정중앙을 맞춥니다. 당신의 계산은 오판이었습니다. 당신은 당신이 구원을 가져다주었다고 믿으셨지요. 하지만 실제로는 죄를 열 배로 늘리셨습니다. 그들은 죄를 지을 이유를 수백 가지도 넘게 당신에게서 찾아낼 것입니다. 당신은 그들에게 당신의 가르침 때문에 분통의 대상이 되실 것입니다. 당신의 모든 말씀이 그들에게 걸림돌이 될 것입니다. 당신도 인정하시겠지만, 당연합니다. 그 말씀들은 오해의 여지가 있고, 대부분의 사람들에게는 위험하기 때문입니다. 그들은 모든 오류와 모든 어리석음을 당신 탓으로 돌리고 당신 말씀들로 꾸며 댈 것입니다. 복수의 세 여신들Furies처럼 당신 복음을 찢고 피투성이 조각들을 서로에게 흔들어 댈 것입니다. 그리고 더 나아가 당신의 충실한 이들은 당신의 구원을 거슬러 죄를 지을 것입니다. 하느님의 사랑은 이제 값싼 것이 되었고, 참회의 작은 동전들로 고해의 자동판매기에서 죄 사함을 얻을 수 있기 때문입니다. 이해하시겠습니까, 당신이 무슨 일을 하셨는지? 당신은 그들에게 죄를 너무 가볍게 해 주셨습니다. 당신의 구원은 경멸의 대상입니다. 사람들을 구원하여 죄짓게 합니다! 당신 주위로 넓은 우회로를 만들고 당신을 피해야 합니다. 당신은 인류를 오도하는 자이기 때문입니다. 당신을 만나는 모든 이에게 당신은 위험인물이십니다. 당신은 전염병이십니다. 저를 믿으십시오, 사람들은 그들의 본성과 본능들 안에서 더욱더 안전합니다. 당신이 이루신 모든 것은 그들에게 나쁜 양심을 가지게 할 뿐입니다.

그렇습니다. 그들이 당신을 거부한다면, 그들이 옳습니다. 그들은 결국 그처럼 손해로 끝나는 당신의 혜택 따윈 원하지 않습니다. 그들이 필요로 하는 것은 빵과 사랑입니다 — 그들은 이미 알고 있는 사랑, 당신은 모르는 사랑, 순진한 동정이시여 —, 그 이상은 그들이 이해하지 못합니다. 당신의 종교는 대중에게는 아무것도 아닙니다. 당신의 사제들은 설교대에서 당신의 요구들을 선포할 것입니다. 그러나 아무도 그것을 지키지 않을 것입니다. 그리고 많은 이가 의아해하며 당신이 참으로 세상에 낯설다고 여길 것입니다. 많은 이가, 정녕코 많은 이가 당신 때문에 머리와 양심이 혼란하여, 정말로 무엇이 본래 유효한지를 더 이상 인식하지 못할 것입니다.

그러나 실로 저는 당신이 선택하신 이들, 당신의 눈동자들인 특별한 친구들이 여전히 있음을 압니다. 당신의 성인聖人들 말입니다.

지금 그들에게 돋보기를 들이대려는 것은 아닙니다. 그들이 얼마나 많은 햇수 동안 당신의 사랑을 거슬러 온몸으로 반항했는지 셈하려는 것도 아닙니다. 결국 당신은 그들의 영혼의 성을 강제로 헐어 버리셨지요. 그리고 그 대가로 그들에게 무엇을 선사하십니까? 당신의 십자가, 당신의 십자가 길이 아닙니까? 아버지는 당신을 내어 주셨습니다. 이제 당신은 당신 편에서 그들을 내어 주십니다. 당신의 사랑은 참담합니다. 그 무슨 구원이란 말입니까? 당신은 그것을 단번에 영원히 짊어질 수 없으셨습니까? 십자가를? 또 다른 이가 당신을 따라 그것을 끌어야 할 만큼 당신은 그리도 약하십니까? 허풍선이 아틀라스Atlas시여, 당신은 세상의 짐을 당신 어깨 위에 짊어지겠다고 장담하셨습니다. 당신 능력을 과대평가하신 것입니다. 십자가 길에서 당신은 세 번이나 무너지시고, 시몬이 당신 십자가를 대신 집니다. 이제 제발, 당신은 당신께 속한 이들을 조용히 그냥 내버려 둘 수 없으십니까? 당신은 그들을 사나운 짐승들에게 내어 주시고, 생생한 횃불처럼 그들이 타오르게 하십니다. 그들은 강제 수용소에서 천천히 악귀같이 죽어 가며 고통을 당합니다. 이로써 끝이 아닙니다. 당신은 그들을 온갖 악마에게 넘겨주시고, 두려움과 혐오의 그 똑같은 구덩이 속으로 끌어내리십니다. 당신 사도의 말씀대로, 그들을 세상의 쓰레기요 찌꺼기, 피조물의 조롱거리가 되게 하십니다. 그들은 당신을 위해, 당신 수난에서 부족한 부분을 자기 몸으로 채워야 합니다. 당신이 깔끔하게 마무리할 줄 모르셨던 그 수난의 부분을.

당연히, 수난을 위해서는 크고 강력한 심장이 필요했기 때문입니다. 그러나 당신의 심장은 작고 약하고 온전히 무능하게 되었고, 그리하여 당신조차도 그것을 다시 알아볼 수 없으십니다. 수난하기 위해서는 사랑할 수 있어야 합니다. 그러나 당신은 실로 더 이상 사랑하지 않으십니다. 일찍이 깊은 울림의 종처럼 장엄하게 진동하던 당신의 사랑은 성금요일의 나무 딸랑이[12]처럼 가엾게 덜거덕 소리를 냅니다. 여전히 사랑할 수 있다면, 수난하는 것은 너무 쉬울 테지요. 사랑은 당신에게서 박탈되었습니다. 당신이 아직 느끼는 유일한 것은 타오르는 공허뿐입니다. 사랑이 남긴 허공뿐입니다. 당신이 지옥 깊이에서, 당신을 버린 아버지를 한 영원 동안 여전히 사랑해도 되었다면, 그것은 당신의 기쁨이었을 것입니다. 그러나 사랑은 당신에게서 박탈되었습니다. 당신은 정녕 모든 것을 내어 주려 하셨습니다. 그렇지 않습니까? 여전히 사랑을 지닌 사람에게는, 그 사랑이 있는 한, 모든 것을 주는 것은 어려운 기술이 아닙니다. 사랑이 스스로를 포기하면, 그때 비로소 진지한 일이 됩니다. 사랑은 당신 심장의

---

[12] 한 손으로 잡고 돌리면 덜거덕거리는 소리가 나는 물건으로, 성금요일과 성토요일에 아이들이 종소리 대신 나무가 부딪히는 소리를 내며 마을을 돌아 감사 헌금과 달걀을 모은다. — 역자 주

심장이었고, 당신 영혼의 빵이었으며, 당신 인격의 영원한 숨이었습니다. 당신은 사랑으로 사셨고, 당신에게 사랑 외에는 다른 생각이 없었고, 당신은 사랑이셨습니다. 이제 사랑이 당신에게서 송두리째 뽑혔습니다. 당신은 질식하시고, 굶주리며 죽어 가십니다. 당신은 당신 자신에게 낯선 이가 되셨습니다. 당신은 죽으십니다, 죽음으로 완성되는 실제 사랑의 죽음Liebestod을. 사랑이 그르렁거리는 소리를 내며 마지막 숨을 몰아쉽니다.

모든 것이 그래야만 합니다. 모든 것이 숨겨져 있어야만 합니다. 사람들은 그것을 알지 못합니다. 그들은 그 위로 건너다닙니다, 어두운 상하수도관 위를 지나듯, 거대한 도시 아래 공포의 이 지하 묘지들 위를 지나듯. 저 위로 태양이 빛납니다. 공작새들이 꼬리를 펼칩니다. 가벼이 바람에 날리는 옷을 입고 청명한 젊음들이 뛰놉니다. 그리고 아무도 그 대가를 알지 못합니다.

7장

발타사르는 성자의 열렬한 사랑에 휘말리지 않을까 조심하라며 주님의 위대한 사랑과 그 매력을 역설적으로 표현했다.

"이 물을 조심하여라. 지혜를 마시는 자는 누구나 다시, 오히려 더 목마를 것이다. 더욱 목말라하며 마시면 마실수록, 더욱 참을 수 없이 그 고통이 커지리라. 무한성의 법칙에 휘말려 현기증 가운데 쓰러지고 말리라. 주의하여라. 그가 너를 초대한다. 너의 심장을 얻기 위해서는 네 심장을 잃어버리라고. 그가 의미하는 건 사랑이다."

그리고 다음과 같이 주님의 매력적인 부르심을 역설적으로 표현했다.

"그가 갑자기 매복을 풀고 그 유명한 낚아채기로 너희 심장을 부여잡아, 너희 심장이 놀라 소스라친다면, 재빨리 엎드려 공손히 아뢰어라. '주님, 저에게서 떠나 주십시오. 저는 죄 많은 사람입니다.

주님, 저는 주님을 제 지붕 아래로 모실 자격이 없습니다.'"

발타사르는 7장에서 일련의 역설적인 표현들을 통해 주님의 수난에도 불구하고 여전히 자신의 아성牙城에 갇힌 채 이기주의적 욕망만을 추구하는 일련의 사람들을 소개한다. 그는 이 사람들을 적나라하게 비판했다. 그는 현대의 다양한 사회 시스템이 주님의 복음과 교회에 최소한의 영역만 허용한 채 진실로 그분을 찾고 그분의 나라를 이루려고 하지 않는다고 말한다. 그 대신 현대인들은 그분이 절대 들어올 수 없도록 견고한 성채 속에 숨어 이기적인 모습을 보인다.

"세상은 세상 것. 성직자들을 교회의 영역으로 제한하고 공공의 문제들에서는 결코 그 어떤 권리나 권한도 그들에게 용인하지 않는 것이야말로 권장할 만하리라. 학교에서는 세상 분야들과 종교를 엄격히 분리하도록 조치하는 것이 현명할 것이다. 이 모든 일에서 너희의 구호는 이것이다. '종교적 박테리아로부터 면역을!'"

"기도와 일상생활의 분리는 시작에 불과하다. 눈과 눈을 보며 그와 마주하는 기도의 시간이 남아 있다. 헤아릴 수 없이 심오한 그의 눈이 또다시 너를 겨누고, 제어된 불이 다시 돌발할 수도 있는 시간. 사랑 쪽으로 너를 유혹하는 시간이 남아 있다. 단단히 마음먹어라. 계집처럼 굴지 마라. 사라지고 마는 모호한 것들 위에 너의 종교를 세우지 마라."

"아직 교회 자체가 남아 있다. 여기에 자기 은총의 군대를 집결시켰다. 여기서 그를 결정적으로 타격해야 한다. 안심하여라. 이 전투 역시 이미 거의 이기고 있다."

결국 현대인은 자신들이 만든 시스템 속에 예수님을 가둬둔 채 헛되이 행복을 추구하는 것이다.

"새들도 보금자리가 있고 여우들도 굴이 있지만 사람의 아들은 아무것도 없다. 그 신성한 머리를 기댈 곳조차 없다."

네가 집에 불을 가지고 있다면, 타지 않는 화덕에 잘 간수하고 덮어 두어라. 불티 하나라도 튀면, 네가 알아채지도 못하는 사이에 너는 네 소유와 함께 화염에 약탈당하고 말리라. 네가 네 안, 너의 타지 않는 심장에, 세계의 주主를 간직하고 있다면, 그 둘레에 담을 치고 그와는 신중하게 지내며, 그가 요구하기 시작하는 일이 없게 하고, 그가 너를 어디로 몰아가는지 네가 모르는 일이 없게 하여라. 손에 고삐를 단단히 잡고 있어라. 하느님은 위험하다. 하느님은 사르는 불이다. 하느님이 너를 노렸다. 그의 경고를 새겨라. "쟁기에 손을 대고 뒤를 돌아보는 자는 나에게 합당하지 않다. 아버지나 어머니, 사랑하는 이나 조국보다, 정녕 자기 자신보다 나를 더 사랑하지 않는 사람은 나에게 합당하지 않다." 조심하여라. 그는 위장을 잘한다. 작은 사랑, 작은 불꽃으로 시작한다. 그리고 네가 정신을 차리기도 전에, 너를 완전히 붙들어 너는 사로잡히고 만다. 너를 붙잡게 두면 너는 실종된다. 위로는 경계가 없기 때문이다. 그는 하느님이다. 그는 무한성에 익숙하다. 그는 돌개바람처럼 너를 집어삼키고, 회오리 물기둥처럼 너를 위아래로 휘돌린다. 정신 차려라. 인간은 척도와 한계를 위해 만들어졌다. 유한성 안에서만 인간은 안식과 행복을 찾는다. 그러나 여기 그는 한계를 알지 못한다. 그는 심장들을 유혹하는 이다.

너는 보고 있느냐? 그가 저기 어떻게 서 있는지를? 성전 계단들 위, 우글거리는 군중 한가운데에? 그가 지금 팔을 펼치고 어떻게 목소리를 높이는지를 너는 보고 있느냐? 인간 심장을 바닥에서 일으켜 세우는 데는 이 한 목소리로도 충분하다. "목마른 사람은 다 나에게 오너라. 나를 믿는 사람은 나에게서 마셔라! 성경 말씀대로, 그 속에서부터 생수의 강들이 흘러나올 것이다." 이 물을 조심하여라. 그가 진실로 저 여자에게 이렇게 말하였기 때문이다. "이 지상의 물을 마시는 자는 누구나 다시 목마를 것이다. 그러나 내가 주는 물을 마시는 사람은 영원히 목마르지 않을 것이다." 경계하여라. 이렇게 쓰여 있기도 하기 때문이다. "지혜를 마시는 자는 누구나 다시, 오히려 더 목마를 것이다." 나는 그런 자가 목마름이 무엇인지를 비로소 경험하게 될까 두렵다. 더욱 목말라하며 마시면 마실수록, 더욱 참을 수 없이 그 고통이 커지리라. 무한성의 법칙에 휩쓸려 현기증 가운데 쓰러지고 말리라. 주의하여라. 그가 너를 초대한다, 너의 심장을 얻기 위해서는 네 심장을 잃어버리라고. 그가 의미하는 건 사랑이다. 그는 사람들에게 불가능한 것을 요구한다. 그는 그들이 한동안의 행복을 위해 만들어졌음을 고려하지 않는다. 그 행복이란, 좀 더 사랑하는 존재와 몇 해를 함께하거나, 들판을 거닐거나 또는 그저 딸기 한 접시일 따름이다. 그림 하나, 책 한 권, 그늘 속 벤치, 아늑한 난로, 한밤의 쓸쓸한 산책, 전투의 흥분, 죽음의 존엄일 따름이다. 언제나 그것은 어느 한순간의 일정한 모습 안에 억제되어 있는, 어떤 영원한 의미일 따름이다. 이것으로 충분하다. 뭐라 말할 수 없다. 여기서 세계는 과일처럼 자기 자신 안에서 둥글게 익어 간다. 그리고 자신의 신성한 의미를 품고 영원의 발 앞에 떨어진다. 시인들에게 물어보라.

그러나 그는 우리 것들에 위협이 된다. 자신을 숨김없이 드러내는 것은 그 앞에서 현명하지 못하였다. 그의 말들은 공개적인 저항처럼 들리기 때문이다. "나는 세상에 불을 지르러 왔다. 그 불이 이미 타올랐으면 얼마나 좋으랴?" 그가 자기 영혼의 과잉을 자신 안에만 간직했더라면, 아니면 어찌되었든, 황홀해하는 구경꾼들 눈앞에서 구원의 사랑-불꽃놀이를 단 한 번의 장관으로 쏘아 올렸다면, 반대할 게 아무것도 없었을 터인데. 그러면 우리는 감사하며 박수를 칠 수도 있었을 터인데. 축제의 기회로 삼아, 피조물을 풍요롭게 하는 이 예기치 못한 무료 공연에 '오래도록' '열광적인' 박수갈채를 보낼 수도 있었을 터인데 말이다. 이미 비범한 곡예들을 다채롭게 보유한 인간 심장의 무대가 하느님의 죽음의 공중제비salto mortale로 피날레를 장식하는 것에 우리는 자부심을 가져도 좋았을 것이다. 그러나 그는 그렇게 끝내지 않는다. 그는 죽음의 도약을 하나의 본보기로 제시한다. 그는 인간들이 자신들의 한계를 벗어나 그와 동일한, 실수 없이 치명적인 모험을 감행하도록 꾄다. 그의 불은 계속 번져야 한다. 그는 성공한다. 그리하여 여기저기서 영혼이 폭약처럼 공중으로 도약한다. 곳곳에서 창문들이 소리 내며 깨지고 담벼락들이 흔들린다.

거대한 불의 위협 앞에서 우리는 어떻게 하는가? 가장자리를 둘러막는다. 탈 만한 재료는 다 제거한다. 어쩔 수 없다면, 폭파시키고, 그 지역 전체를 폐쇄한다. 불타는 숲은 나무를 베고 저지선을 낸다. 초원이 탈 때는 넓은 구렁을 만든다. 이처럼 비슷하게 우리도 그를 저지하기 위해 시도하지 않으면 안 된다. 그 주위로 빈 공간을 만들어라, 거기서는 불도 사랑도 숨 쉴 수 없도록! 그를 질식시켜라, 그러나 부드럽게.

그의 말을 이용하여라. 그러면 가장 좋다. "내 나라는 이 세상에 속하지 않는다." 이 말에 너희의 열쇠가 있다. 그의 나라는 이 세상에 속하지도 않고, 이 세상도 아니다. 이 얼마나 숭고한가! 이 얼마나 천상적인가! 그는 더 높은 나라를 소유한다. 그를 높여라, 더 높은 나라로 그를 들어 올려라! 그에게는 그의 나라를! 그러면 그는 우리에게 우리 것을 허용하지 않을 수 없다. 너희는 버릇없이 무례하게 그를 문밖으로 쫓아낼 필요가 없다. 품위 있게 행동하여라. 너희는 추호의 의심도 없는 최선의 의미로 존경을 표하며 예를 갖추어 그를 내쫓을 수 있다. 너희는 그에게서 아무것도 빼앗지 않으면서 그렇게 할 수 있다. 오히려 모든 것을 인정하면서, 곧 그는 위에서 왔고 우리는 아래에서 왔음을. 그는 세상의 빛이고, 어둠은 그것을 이해하지 못했음을. 그는 아버지에게서 와서 아버지께로 다시 돌아간다는 것을. 이해하여라, 그는 너희 곁을 원한다. 너희 안에 거처하고 싶어 한다. 자기 숨을 너희의 숨과 섞고 싶어 한다. 세상 끝 날까지 너희와 함께 있고 싶어 한다. 그는 모든 영혼의 문을 두드린다. 너희의 모든 자잘한 용무와 관심에 동참하기 위해 자기 자신을 작고 없는 듯이 만든다. 그는 방해하지 않으려고, 눈치채지 않게 하려고,

온통 야단법석인 지상의 대목장場에 익명으로incognito 함께하려고 조용히 등장한다. 그는 신뢰를, 친밀함을 구한다. 너희의 사랑을 구걸한다. 그럴 때는 마음을 굳게 가져야 한다. 그가 선을 넘게 해서는 안 된다. 그는 하느님이다. 그리고 그렇게 하느님으로 머물러야 한다. 그가 품위를 잃지 않으시기를! 그에게 그 자신의 의무가 무엇인지 상기시켜 주는 것은 경건한 일이다.

  그가 갑자기 매복을 풀고 그 유명한 낚아채기로 너희 심장을 부여잡아, 너희 심장이 놀라 소스라친다면, 재빨리 엎드려 공손히 아뢰어라. "주님, 저에게서 떠나 주십시오. 저는 죄 많은 사람입니다." 당연히 거리를 두어야 하리니! 그가 고통스럽게 너희를 바라보며, 말없이 자기 고독을 너희에게 보여 주려 하거든, 약해지지 말고 그에게 경의를 표하며 말하여라. "주님, 저는 주님을 제 지붕 아래로 모실 자격이 없습니다." (나머지는 생략해도 좋다.) 또는 너희가 그를 너희 집에 초대하거든, 침착함을 유지하여라. 거리도 두지 않고 창녀처럼 그의 발을 씻어 주거나 그에게 입 맞추거나 그의 머리에 기름을 발라 주는 일이 없게 하여라. 그가 끝자리에 가서 앉거든, 가서 "친구여, 더 앞자리로 올라앉게." 하고 말하며 첫 자리에 앉도록 강권하여라. 그가 산 위에서 거룩하게 변모하면, 그를 경배하며 신심 깊은 그의 신도들과 함께 거기에 초막 셋을 짓고, 그가 다시 산을 내려가지 않도록 지켜보아라.

모든 것이 너희가 생각하는 것보다 매우 쉽다. 그 모든 것이 실로 지극히 종교적인 생각이다. 하느님이 너희에게 종교 외에 달리 무엇을 바라시겠는가. 하느님과 세상 사이 '무한한 본질적 차이'를 인정하는 것 외에! 이를 더 변증법적으로 이해할지 또는 더 자유주의적으로 이해할지 그것은 너희 의향에 달려 있다.

공공의 삶에서는 어려울 게 없다. 그저 일단 설정한 경계선을 엄격하게 제대로 지키기만 하면 된다. 그의 나라는 이 세상에 속하지 않는다. 그러니 그가 우리 세상일에서 잃을 것도 전혀 없다. 대성당들일랑 그에게 주어라. 그러면 그는 우리의 은행들, 사업들, 정치, 학교들, 우리의 예술 작품들, 우리의 고향을 우리에게 맡기리라. 보호 구역과 교회들의 국립 공원일랑 그에게 주어라. 우리는 거기서 나무를 베지도 않고 사냥을 하지도 않을 의무를 지키고, 이 보호 구역을 에둘러 길을 내며, 그가 이 보호 구역 내에서 자신의 진기한 산짐승들과 기이하게 마디진 난쟁이 잣나무들을 빙하 근처에서 기르도록 그냥 내버려 두면 된다. 어느 날 우리의 탐험가 하나가, 이를테면 종교철학자가, 그의 정원에서 길을 잃고 헤매다가 곳곳에서 만나는 이상한 어린 식물 몇 그루를 수집해 집으로 가져온 다음, (심리학의 최신 통계에 따라) 분류를 한다 해도, 그는 이 접촉 시도 자체에 대해 정녕 우리에게 화를 내지는 않을 것이다. 그러나 그밖에는 그의 어떤 말도 새겨듣지 않기를! 너희의 국가 체계를 보아라. 너희는 이성과 인간성, 복지와 건전한 자기 보존 활동의 내재적 법칙들에 따라 전진하고 있다. 사심 없는 이웃 사랑이 개인적 윤리 영역에서 확실히 어떤 정당성을 갖는다 하더라도, 국가 전체와 민족은 은둔의 유토피아로 금세 무너지지 않도록 집단적 이익의 굳건한 기초 위에 세워져야 한다. 그러니 너희의 위원회들에서 그의 말이 하나라도 끼어들지 않게 하여라.

너희의 논설들에서도, 너희의 평화 협상들에서도 예외가 아니다. 세상은 세상 것. 성직자들을 교회의 영역으로 제한하고 공공의 문제들에서는 결코 그 어떤 권리나 권한도 그들에게 용인하지 않는 것이야말로 권장할 만하리라. 그렇게 하는 것 자체가 그들을 위한 봉사이다. 예부터 정치가 교회를 부패하게 하고 그 영향력을 실추시켰기 때문이다. 학교에서는 세상 분야들과 종교를 엄격히 분리하도록 조치하는 것이 현명할 것이다. 일단 '종교 수업'이 스무 가지 다른 과목들과는 면밀하게 고립된 부차적 과목이 된다면, 종교가 개입할 위험은 더 이상 크지 않을 것이다. 학생들은 이 과목이 실제적 의미가 없는, 일종의 선택 과목이며 어쨌든 종합 점수에는 아무런 영향을 주지 않는다는 사실을 스스로 깨닫게 될 것이다. 이로써 너희는 청소년을 너희 편에 둘 수 있다. 반면, 위기의 시대에는 상승하는 종교적 욕구를 — 위협적인 폭동으로 비약하는 것을 방지하기 위해 — 붐비는 거리에 그런 목적으로 설립된 종교적 시설들로 돌려라. 그렇다고 이는 손해일 리 없으니, 거기서 누구나 거의 무료로 다시 생기를 회복할 수 있으리라. 이는 공공 보건에 속하는 일이다. 그리고 너희는 종교적 문제의 혼탁한 강물을 뒤집어엎는 수고를 아낄 수 있다. 이 모든 일에서 너희의 구호는 이것이다. "종교적 박테리아로부터 면역을!" 교회 기관들을 예방 접종과 해독제로 삼아라. 그러면 너희는 질서를 유지하리라.

문화생활에서도 분명하게 관철되어야 한다. 곧 멀리서부터도 종교 서점 자체는 잘 알아볼 수 있어야 한다. 그리고 누구나 망설임 없이 들어갈 수 있는 다른 서점들에서는 종교 서적 따위 아무렇지도 않게 여기저기 놓여 있지 않게 해야 한다. 예술에서 종교적 물품들은 그 자체로 가능한 한 특정한 표시를 해 두고, 불분명한 '종교적 분위기'가 세상의 예술 작품에 침투하지 않도록 주의를 기울여야 한다. 종교적 예술가들은 특정한 조합을 결성하게 하는 것이 상책이다. 그리스도교 교육 단체들은 각 종파마다의 특성을 점점 더 자신들만의 전형적인 문화로 표현하도록 힘을 다해 장려해야 한다. 그럼으로써 그 외의 환경이 정화될 것이다. 철학과 신학, 자연 질서들과 그리스도교 신앙, 죄의 세계와 구원의 영역, 인간애와 십자가의 분리가 근대의 주요한 성과로, 실로 결정적인 구제책으로 양편에 제시되어야 한다. 공공의 건강을 위한 이 법칙들을 직업적으로 경시하는 조직들은 국가를 위협하는 것으로 금지되어야 한다. 반면, 그리스도교를 우리 길거리에는 너무 거룩하고 이 세상에는 너무 순수하다고 여겨 저 축성된 회당들 안으로 몰아넣는 협회들은 장려되어야 한다.[13] 이 회당들이 중세의 경건한 유물로서, 국가의 보호 아래, 우리 도시들의 길거리 풍광을 장식하고 있다. (관광업이 발전하기를!)

그러나 이 모든 것으로 충분하지 않다. 영혼들의 내적 나라가 여전히 그의 것으로 남아 있어 보인다. 공공의 삶에서 쫓겨났지만 그는 양심의 개인적 영역에서는 유혹의 힘을 여전히 보유하고 있을 수 있다. 너희의 경계심을 배가하기를! 여기서는 모두에게 개인적으로 경고가 가지 않으면 안 된다. 단순한 지침으로, 압도적인 그리스도인 다수의 실천에 기대는 것이 좋을 수 있다. 분명 그들은 본능적으로 옳은 것을 선택했기 때문이다. 그들은 삶의 직접적인 요구들과 저 총체적인 요구 사이에 황금 같은 타협점을 찾아냈다. 너희 매일의 삶을 위해서는, 어디든 한적한 모퉁이에 경당을 지어라. 거기에 제단을 세우고, 그 앞에 무릎 꿇을 수 있는 긴 좌석을 두어라. 그는 거기에 간수된다. 너희는 거기서, 주일 미사의 성대한 예방 외에도,

---

13 공공의 삶과 문화에서 그리스도교적 유산을 추방하여 이를 마치 박물관 안의 유물과 같은 상태로 만드는 것이 역사의 발전이라고 주장하는 단체들에 대한 풍자로 보인다. ― 역자 주

날마다 잠시 동안 그를 방문할 수 있다. "매일같이 나의 5분을 그에게!" 이는 너희에게는 영혼의 건강한 아침 운동이요, 그에게는 너희가 그를 계산에 넣고 있다는 것을 잊지 않았다는 표시가 될 것이다. 너희는 그에게 너희 일상의 일들을 축복해 달라고 간청할 수 있다. 그럼으로써 어떤 확실한 다리가 놓이는 것이다.

그밖에도 너희는 이른바 '선한 의향'을 다지며 일상의 어떤 일을 '그의 영광을 위하여' 완수하겠다고 약속할 수 있다. 그러나 그런 다음에 얼른 떠나라. 그리고 그 성소에서 열쇠를 뺀 다음 잘 간직하는 것을 잊지 마라! 진지하게, 그가 너희의 개인적 관심사에 그 어떤 간섭도 하지 않도록 잘 살펴야 한다. 성경 구절이나 경건한 글귀들을 들이대며 너희가 늘 기도하고 늘 그와 친교를 나누어야 한다고 설득하려는 사람이 있으면, 그가 누구이든 그 때문에 불안해지지 않도록 하여라. 그렇다, 그것은 다만 너희 일을, 의심할 바 없이 하느님도 바라고 자연도 바라는 너희 일을 방해할 따름이다. 그에게 너희가 진심으로 감사하고 있다고 말하여라. 그동안 그가 너희의 구원을 위해 애를 쓰고, 너희 죄들을 용서하고, 필요한 은총들을 전해 주는 것에 감사하고 있음을. 마지막에 어떻든 그의 노력의 결과를 받아들이는 것이 너희에게 기쁨이 되리라고 말하여라. 그때까지는 여전히 시간이 있다. 너희는 아직 그에게 도움이 될 수 없다.

그러나 이것으로 모든 것이 다 된 것은 아니다. 기도와 일상생활의 분리는 시작에 불과하다. 눈과 눈을 보며 그와 마주하는 기도의 시간이 남아 있다. 자발적인 또는 비자발적인 양심 성찰의 시간, 헤아릴 수 없이 심오한 그의 눈이 또다시 너를 겨누고, 제어된 불이 다시 돌발할 수도 있는 시간, 너 자신에 대한 지극히 내밀한 두려움만이 아니라 순수성과 총체성에 대한 가장 깊은 갈망 역시 너를 뒤흔들고 눈물이 가까이 있는 시간, 위험한 순간들이! 사랑 쪽으로 너를 유혹하는 시간이 남아 있다. 단단히 마음먹어라. 계집처럼 굴지 마라. 연약한 감정들 위에는 영구한 것은 아무것도 세울 수 없음을 스스로에게 끊임없이 되새겨라. 이 녹아 없어지는 느낌들 따윈 네 특성에 맞지 않는다. 그런 기분들이란 흘러가는 구름처럼 자취도 없이 사라지고, 그다음에는 늘 그 이전이나 지금이나 똑같다는 사실을 너는 매번 경험하지 않았더냐? 사라지고 마는 모호한 것들 위에 너의 종교를 세우지 마라. 어쩌면 그 안에도 정말로 감동적인 면이 있을지도 모른다. 그러나 그런 면은 너의 기도서 안, 묵상을 위한 상본像本의 형태로 대신하는 것으로 충분하다.

그럼에도 네가 그의 눈길을 벗어나지 못한다면, 네가 그를 더 이상 볼 수 없게 될 때까지 기도하여라. 누구나 그 정도는 할 수 있다. 기도로써 하느님을 자신에게서 떨구어 낼 수 있다. 가까이 있는 하느님을 멀리 있는 하느님으로 물리칠 수 있다. 열렬히 기도하면, 하느님의 목소리는 너 자신의 말과 너 자신의 시간과 가능성 안에서 온전히 흩어져 사라진다. 그에게 온갖 간청을 들이부어라, 그가 자신의 요청을 내리고 입을 닫을 때까지. 너는 그에게 실로 수천 가지 간청을 할 수 있다. 그러면 그는 자신의 요구를 꺼낼 기회가 전혀 없을 것이다. 너의 종교적 의무들을 이행함으로써, 또는 더욱 고상하게, 신심 깊은 자발적 수련들을 실천함으로써 너는 부담스러운 그의 목소리를 들어야 하는 수고를 피해 왔다. 나를 믿어라, 이 방법이 월등히 최선이다. 네가 이 방법을 충실히 따르면, 너는 길든 짧든 결국은 너 자신의 종교로 그의 종교를 대체하는 데 성공할 것이다. 그런 다음 너는 마침내 평화를 찾을 것이다. 그저 모든 것이 열심한 신심과 그리스도교의 이름으로 이루어지리라. 중요한 것은, 네가 그에 맞서 너 자신을 방어하는 것이다. 그에게, 당신은 하느님이시라고, 당신은 정녕 모든 것을 아신다고 말하여라. 그런 다음에는 그와 하나하나 세세하게 점검할 필요가 없다. 또는 그에게, 당신은 결국 그저 한 사람의 인간일 뿐이시라고 말하여라. 이것이 그의 마음을 움직이고 연민을 불러일으킬 것이다. 아니면 그에게, 아버지의 은총에 한없는 신뢰를 가지시고, 모든 것이 다 잘 끝나리라는 구원의 확실성을 받아들이시라고 말하여라. 이것이 그의 구원자로서의 영예를 건드려 그의 무장을 해제시킬 것이다. 그에게 순진하고 아이 같은 열심함을 보여라. 동요하지 말고 혼연일체가 되어, 무지하고도 순진

무구한 눈으로 그를 올려다보아라('피조물의 그 순진한 눈빛으로'). 그는 너를 혼란스러운 신비들 속으로 끌어들이는 일 따윈 감행하지 않을 것이다. 그의 나라가 이 세상에 속하지 않게 하여라. 그는 그의 어둠 속에 내버려 두어라. 너의 빛은 그것을 붙잡을 필요가 없다.

아직 교회 자체가 남아 있다. 그의 피난처인 교회가. 교회와 교회들이 남아 있다. 여기에 그는 자신의 힘을 그러모았다. 여기에 자기 은총의 군대를 집결시켰다. 여기서 그를 결정적으로 타격해야 한다. 그러면 그에게 남는 것은 더 이상 없다. 그렇게 그는 마지막 생존 기반을 잃고, 그의 나라는 진실로 더 이상 우리 가운데 존재하지 않게 된다. 안심하여라. 이 전투 역시 이미 거의 이기고 있다. 모든 것이 그를 교회 안에서도 고립시키는 쪽으로 돌아가고 있다. 여기서도, 아니 무엇보다 여기서 그는 사람들과 인간적으로 교류하고 싶어하기 때문이다. 여기서 그는 자신의 성체성사라는 기적을 고안해 냈다. 이를 통해 그는 네 안에 있고 너는 그 안에 있다. 이는 너와 그 사이의 끝없는 혼인의 축제이다. 이에 비하면 남녀의 일치는 그저 짧고 보잘 것 없는 시도일 따름이다. 빵과 포도주의 이 옷을 입고 몸으로 현존하며 그는 사람들의 기쁨과 고통에 동참하기 위하여 너희 가운데 거처하려 한다. 그러나 그에게 경외의 간극을 상기시켜라. 성찬의 상징적 의미를! 그가 좀 더 종말론적으로 생각하도록 가르쳐라! 결국 우리는 시간 속에 있고, 그는 영원 속에 있다. 너희가 말하는 바가 무슨 의미인지 그가 이해하도록, 그의 감실 전체와 함께 그를 밖으로 내쫓아라! 우리는 더욱 영적으로, 더욱 숭고하게 그에 대해 생각하기를 원한다고! 그의 현존이 영적이기를, 그의 나라가 영적이기를! 그리고 이 인간적인, 너무나 인간적인 겉치레여. 이 조각상들, 고해대들, 무릎 꿇는 좌석들, 십자가 길의 십사처, 그림들, 분향의 향료들은 밖으로 내던져라, 가까운 현존의 이 불쾌함과 함께! 하느님과 너 사이에 기류를 명확히 하여라. 이 이중적인 매개체 따위, 반절은 인간적이고 반절은 신적인 이 중개 따위, 이 감각적인 모호함 따위 저 멀리 밖으로! 그는 부활하여 아버지 오른편에 앉아 있지 않은가? 산 이와 죽은 이를 심판하러 충분히 빨리 오지 않겠는가? 우리 모두 냉철해지자. 성찬례에 갈 때는 성가 책과 함께 원통형 긴 모자silk hat를 잊지 말자.

너는 그를 성화와 성상들 뒤로 숨길 수도 있다. 거기 뒤에서, 세속 사람들에게는 보이지 않게 교황들이 직무를 수행한다. 거기서는 그저 멀리서 아득히 노래와 음악들이 들려온다. 신비의 거행은 삼중으로 거룩하다. 천상 예배의 모상이요 재현이다. 이와의 직접적인 모든 접촉은 세속화이리라. 백성에게는 벽화의 성인聖人들로 충분하다. 그들은 거대하게, 신체도 없이, 모방이란 불가능하게, 성직자의 긴 옷자락을 늘어뜨리고 높이 달려, 진지한 투로 거절의 손을 들어 올리고 있다. 너희는 그들에게 기도해도 된다. 그들의 중개를 간청해도 된다. 주님이 좌정하신 저 높은 타볼Tabor의 빛은 너희를 눈멀게 하리라. 아토스Athos 산에서 수십 년 동안 자신을 깨끗이 닦은 아주 적은 사람들만이 황홀경 속에서 그에게 가까이 가기에 합당할 수 있다. 이콘의 아름다움에 열광하는 것은 진실로 그만한 가치가 있다. 그 아름다움이 계시해 주는 정신세계를 통해 우리는 그의 사랑이 지닌 집요함에서 해방되었기 때문이다!

그리고 너, 가톨릭 신자여, 너는 그를 감실의 수인囚人이라 불렀다. 그 안에 너는 그를 꼼짝 못하게 가두어 둔다. 어두운, 황금의 감옥 안에. 열쇠는 제의방 어딘가 서랍에 있다. 이제 그는 그 안에 앉아서, 낮 동안 그저 노인 몇이 와서 그 앞에서 묵주기도를 바치면 기뻐해야 한다. "너는 적막과 고독을 조금이라도 이해하는가?" 저 밖에 사람들은 자신들의 일을 쫓아 바삐 달려가고, 겨드랑이에 서류철을 끼고 또는 책가방이나 장바구니를 들고 교회를 지나쳐 서둘러 간다. 길게 이어지는 화려한 진열창들 사이로 교회가 죽은 성벽처럼 끼어 있다. 그를 생각하는 이는 그들 가운데 아무도 없다. 그를 필요로 하는 이는 이제 아무도 없기 때문이다. 타자기는 타닥타닥 소리를 내고, 무례한 녀석들은 담배를 피우고, 학생들은 수학 숙제를 풀고, 주부는 큰 빨래를 하고, 모든 것이 제 길을 간다. 각자 자기만의 순조로운 순환이고, 그 안에 그가 잃어버린 것은 아무것도 없다. 거기 아무도 그를 신경 쓰지 않는다. 어디선가 늦은 저녁 미사에서 거양 성체의 종소리가 울린다. 누구를 위하여? 이제 제의방지기는 정리를 하고, 제단을 덮는다. 죽음의 고요가 군림한다, 사망 선고 받은 이의 둘레로.

감실은 그에게 이점이 있다. 사람들은 그가 어디에 머무르는지 안다. 따라서 사람들은 그가 어디에 없는지도 안다. (모든 것을 보시는 하느님의 눈길에 대해 사람들은 물론 더 잘 처신한다.) 말없이 한쪽 구석에서 그는 구원의 작품을 직조한다. 그리고 일 년에 한 번, 또는 열두 번 사람들은 그의 마음에 드는 일을 한다. 그로 하여금 자기 사랑의 작품을 누군가 한 사람에게서 실현하도록 한다. 사람들은 실제로 적용하여 '실행을 한다praktizieren'. (이 말을 찾아낸 이에게 왕관을!) 아니, 오히려 그로 하여금 우리에게 실행하도록 한다.

자주 그는 자신의 유치장을 부수고 거기서 벗어나려고 시도했다. 언젠가 한번은, 그가 성체를 공경하는 축제를 좋아한다는 사실을 사람들이 알게 하였다. 그리하여 우리는 그를 꺼내어, 일 년에 한 번, 그가 길거리와 들판을 돌게 하였다. 구경꾼들이 당황한 채 그 자리에 서서 말없이 모자를 들어 올렸다. 또 한번은 그가 자기 심장을, 온통 가시에 찔리고, 십자가가 튀어 나와 있고, 더 이상 억제할 수 없는 커다란 불꽃으로 훨훨 타오르는 심장을 보여 주었다. 또다시 축제가…! 사람들은 그에게 집을 지어 봉헌하고, 곳곳에 그는 색채 풍부한 유화 인쇄 그림 속, 눈부신 모습으로 걸려 있다. 이 모든 것이 좋은 취향을 해치는 일이다. 이에 대해서는 아무도 입을 열지 않는다. 그러나 적어도 교양 있는 이들의 의견은 일치한다. 곧 그것은 저속한 통속물Kitsch의 명백한 부산물일 따름이다. 모든 것을 어둠 속에 그냥 두는 게 더 나을지도 모른다. 거기서는, 잊힌다 하더라도, 적어도 세속화되지는 않을 것이다. 각광을 받는 순간, 곧바로 달콤한 진부함의 외피가 곰팡이처럼 그 위를 덮는다. 포마드 기름을 바른 곱슬머리가 어깨 위로 흘러내리고, 치켜뜬 고통의 눈길은 누군가를 역겹게 한다.

그렇다, 그가 앞으로는 그런 탈출 시도들을 포기하는 게 훨씬 좋다. 그가 구원자로서 자신의 숙명에 만족하기를! 우리로서는 그가 이 직업을 선택한 것이 실로 기쁘다. 다만 그가 주의하여, 자신의 작업장을 우리 도시들 문밖에 설치하기를!

그는 길거리 귀퉁이에 서서 자신의 심장을 제공한다. 지혜에 의해 이렇게 쓰여 있기 때문이다. 곧 지혜가 광장으로 나가 커다란 향연으로 자신을 제공했으나, 모두 다 헛되었다고! 모두가 지나쳐 가고, 아무 요구도 없었다고! 지혜가 잘못 판단했다고! 진지하게 들어가면, 사랑에 대한 자신의 욕구를 큰 소리로 충분히 찬양할 수 없는 사람은 사랑이 제공하는 것을 단연코 거절한다. 그런 사람은 사랑의 손을 뿌리친다. 그런 사람에게는 가장 깊은 내면의 목소리가, 관여하지 말라며 경고한다. 위험이 너무 크다고. 그에게 유감스럽다는 말을 하라고 한다. 집을 하나 샀다고, 오늘 하루 한 쌍의 수소를 빌렸다고, 우선 임시방편으로 충분한 여자 하나를 아내로 맞이했다고! 정말로 미안하다고! 새들도 보금자리가 있고 여우들도 굴이 있지만 사람의 아들은 ― 이것이 실로 너에게 유감이겠지만 ― 아무것도 없다. 친구도 인간 심장도 없다. 그 신성한 머리를 기댈 곳조차 없다.

8장

 8장은 예수님을 수난으로 몰아넣은 죄인인 인간과 예수님 사이의 대화로 구성되어 있다. 이 둘 사이의 대화를 통해 주님 수난의 의미, 그리고 우리 존재의 품위와 그분의 수난으로 인해 우리가 얻게 된 선물, 더 나아가 그분의 구원 업적을 완성하기 위해 우리가 협력해야 할 부분이 무엇인지 대면하게 된다.
 발타사르는 주님의 수난을 대면하는 인간의 심리를 깊이 있게 파헤쳤다. 그는 주님이 그분의 잘못이 아니라 자신의 죄 때문에 감옥에 갇히고 수난하신 것을 우리가 알고 있다고 말한다. 그분이 수난의 공로를 통해 우리를 해방하는 데 성공할 때, 비로소 그분 역시 풀려날 것이다. 그분은 죄로 점철된 우리 운명을 조건 없이 나누셨다. 그리고 자신의 운명 속에 갇혀 체념하는 인간에게 둘이 하면 더 쉬울 거라며, 돕겠다며 자신을 내어 주셨다. 그리고 우리가 자신의 죄 때문에 묻혀야 할 무덤에 스스로 묻히셨다.

그러나 그렇게 자신의 잘못을 잘 알고 있는 우리는 그분의 수난 앞에서 무력하기만 하다. 아무것도 하지 못한다. 왜 그럴까? 인간에게는 주님께서 바라시는 것을 바라는 마음이 없다. 그것은 주님의 잘못이 아니라 오직 우리가 그것을 원치 않는 데서 오는 우리 잘못이자 우리 죄이다. 여기에 더해 이런 수렁으로부터 헤어 나오지 못하는 결정적인 이유는, 우리가 주님의 뜻에 대한 이런 자기 내면의 저항을 도대체 어떻게 끝낼 수 있을지 알지 못하기 때문이다. 한마디로, 인간은 총체적으로 무기력하며 자신 안에서 분열된 불치병에 걸리고 말았다. 이렇듯 우리는 자신이 누리는 즐거움의 침대에 누워 자포자기한 상태에 있다.

주님은 그렇게 자신이 만든 감옥에 철저히 갇혀 있는 인간을 찾아가셨다. 그리고 그 감옥의 달콤쌉쌀한 썩는 냄새를 남김없이 다 맛보셨다. 그리고 그 감옥의 벽을 조심스레 흔드셨다. 그러자 우리 팔은 마비되기 시작하고, 점점 그분의 압력에 굴복하기 시작했다. 인간은 이렇게 주님의 신비로운 힘의 도움으로 자신의 절망을 극복하기에 이른다.

주님은 자신의 아성牙城에서 해방되기 시작한 우리에게 당신을 도와 많은 이들의 해방을 위해 함께하도록 초대하신다.

"너는 자유롭다. 너의 눈을 비벼 잠을 깨라. 너는 자유롭다. 어디든 네가 가고 싶은 곳으로 갈 수 있다. 그러나 보라. 네 형제들 가운데 많은 이가 여전히 감옥에서 시달리고 있다. 그들이 고통을 당하고 있는데도 자유를 누리겠는가? 아니면 그들을 사슬에서 풀어 주는 일에 동참하겠는가? 나와 함께 그들의 감옥을 나누어 맡겠는가?"

당신은 감옥에 계십니다. 저는 감옥에 있습니다. 주님, 저는 압니다, 당신이 저 때문에 당신 감옥에 계신다는 것을. 오로지 제가 제 것 안에 머무르기 때문에, 당신은 당신 것 안에 머무르십니다. 이 둘은 서로에게 속합니다. 하나이고 동일한 지하 감옥입니다. 제가 붙들린 것에서 저를 해방하시는 데에 당신이 성공하신다면, 당신은 자유롭게 되시겠지요. 우리 둘 사이를 가르는 장벽은 무너질 것입니다. 우리는 동일한 자유를 누릴 것입니다. 저 역시도 어쩌면 당신을 해방시켜 드릴 수 있을 테지요. 제가 스스로 저 자신을 해방함으로써 말입니다. 그러면 우리 둘 다 자유롭게 될 것입니다. 그러나 역시 그렇지요. 그것은 당신이 할 수 없으신 것입니다. 그리고 저 자신이 할 수 없는 것입니다.

저는 당신 신비에 대해 잘 압니다. 곧 당신은 저의 운명을 나누려 하십니다. 그러나 저는 제 자신 안에 깊이 묻혀 있습니다. 저는 이 지옥문을 깨뜨릴 수 없습니다. 당신은 생각하셨지요, 둘이 하면 더 쉬울 거라고. 그리고 저를 돕겠다고 당신을 내어 주셨습니다. 당신을 제 구덩이에 묻으셨습니다. 그러나 제 고독은 홀로이기에, 그 고독이 또한 당신 것이 되었습니다. 그리고 이제 우리는 장벽으로 분리된 채로 하나가 다른 하나를 기다리듯 기다립니다. 저는 정확히 압니다, 잘못은 제게 있음을. 결코 당신 잘못이 아닙니다. 당신은 가능한 모든 것을 다 하셨습니다. 수난하셨고, 대리 속죄하셨고, 마지막 한 방울까지 선불로 모든 것을 갚으셨습니다. 그러나 당신이 할 수 없으신 게 하나 있습니다. 그리고 아시다시피 저 역시 그것을 할 수 없습니다. 해야 하는데…, 저는 할 수 없습니다. 원해야 하는데, 저는 원하지 않습니다. 바라고 싶은데, 저는 바라려고 하지 않습니다. 대체 어찌된 일입니까? 도대체 어떻게 이럴 수 있을까요? 도무지 이해가 안 됩니다. 당신이 죄를 깨끗이 씻으셨고 속죄하셨다고 들었습니다. 당신이 죄를 그저 덮으신 게 아니라 지워 없애셨고, 그리하여 이제 하느님 눈에는 그 죄가 더 이상 존재하지 않는다고 들었습니다. 그러나 죄는 바로 이것입니다. 곧 하느님께서 바라시는 것을 제가 바라지 않는다는 것입니다. 저는 제 안의 이 저항을 어떻게 끝장낼 수 있는지 알지 못합니다. 저를 붙잡고 있는 이 감옥의 벽을 어떻게 뚫을 수 있는지 알지 못합니다.

이해하십니까, 주님, 제가 무슨 말을 하려는지? 당신에게 설명드리기가 쉽지 않습니다. 저 자신도 이 모든 것이 어떻게 생겨나고 서로 어떤 관련이 있는지 정확히 알지 못합니다. 곰곰이 생각할 때면, 그것은 헤쳐 나올 수 없는 덤불숲 같습니다. 제 영혼은 거기 사로잡혀, 마치 가시덤불 속, 길 잃은 숫양과 같습니다. 그래도 어찌된 일인지 한번 당신에게 설명해 보겠습니다.

우선은 모든 게 간단합니다. 제가 바라는 것을 저는 할 수 없다는 사실을 저는 봅니다. 제가 무엇을 해야만 하는지도 정확히 압니다. 이에 대해서는 당신이 저에게 자주 말씀하셨고, 사제가 저에게 일러 주었고, 제가 저 자신에게 이야기했습니다. 여기에는 부족함이 없습니다. 부족한 것은 바란다는 것, 바랄 수 있다는 것입니다. 바라는 것은 제 안에 있는 의지입니다. 바라지 않는 것은 제 안의 또 다른 의지(동일한 의지!)입니다.

"나는 내가 하는 것을 이해하지 못합니다. 나는 내가 바라는 선을 하지 않고 오히려 내가 싫어하는 악을 행하기 때문입니다. 선을 바라면서도 하지 못하고, 악을 바라지 않으면서도 그것을 하고 맙니다. 나의 내적 인간은 하느님의 법을 두고 기뻐합니다. 그러나 내 지체 안에는 다른 법이 있어 내 이성의 법과 대결하고 있음을 나는 봅니다. 그 다른 법이 나를 내 지체 안에서 지배하는 죄의 법에 사로잡히게 합니다. 나는 과연 비참한 인간입니다. 누가 이 죽음에 빠진 몸에서 나를 구해 줄 수 있습니까?"

이처럼 저는 저의 가장 내적인 원의에서 분열되어 있습니다. 제가 바라는 바로 그 지점에서 저는 또한 바라지 않습니다. 그리하여 저는 저의 바라지 않음의 깊은 감옥 안에서 당신께 부르짖습니다. 제가 바라게 해 주십시오!

그러나 그렇게 기도해도 될까요? 주님 당신은 정녕 모든 것을 줄 수 있으십니다. 모든 안녕과 모든 은총을. 하지만 바라는 것과 결정적인 발걸음을 내딛는 것은 저 자신이 해야만 합니다. 저는 제 즐거움의 침대에 누워 있습니다. 그리고 이 즐거움에 구역질이 납니다. 저는 뿌리치고 싶고 일어서고 싶습니다. 저에게 결심 외에는, 그것을 정말로 행하는 행동 외에는 아무것도 부족하지 않습니다. 제 옆에서 저를 도와주려는 친구에게 이렇게 말할 수 있을까요? "친구여, 나에게 결심을 주게!" 그는 저에게 여러 이유를 댈 수 있고, 저의 원기를 돋우는 음식을 가져다줄 수 있고, 손을 내밀 수 있습니다. 그러나 나눌 수 없는 자유의 지점, 실제적인 원의의 이 발화점을 그가 어떻게 저에게 가능하게 해 줄 수 있겠습니까? 저 자신 말고는 그 어디로부터도 이 행위가 산출될 수 없습니다. 그러나 저는 바라지 않습니다. 저는 제 즐거움을 사랑하기 때문입니다. 이 씁쓸함이 제게는 달콤합니다. 이것을 단념하겠다는 결심을 저는 할 수 없습니다. 그렇게 하도록 제가 외부의 강압을 받는다 해도, 외부에서 저를 속박한다 해도, 제 영혼은 그 때문에 돌아서지 않을 것입니다. 그저 다음 기회가 없는 한에서 제 영혼은 한동안 죄를 짓지 않을 것입니다.

진지한 의도가 없는 청원들을 가지고 당신을 끊임없이 귀찮게 하는 것이 저에게는 자주 무례한 듯 보입니다. 두 손 모아 기도하는 동안, 제 한 손이 저를 악에서 구해 주시라고 간구하는 반면에, 다른 손은 저를 내버려 두시라고, 이 사랑스러운 악을 저에게 허용해 주시라고 간구합니다. 간청에 간청이 잇달아 당신에게 올라갑니다. 충만하고 진실한 간청은 하나도 없습니다. 제가 말하는 동안에 제 안에서 또 다른 목소리가 말합니다, 악마의 메아리처럼. 당신 나라가 오소서 — 제 나라가 오소서! 당신 뜻이 이루어지소서 — 제 뜻이 이루어지소서! 저에게 당신의 일용할 양식을 주소서 — 저에게 저의 일용할 양식을 그대로 두소서! 제가 성인성녀라도 되었다면, 어쩌면 제 목소리는 침묵할 것입니다. 저는 온 마음으로 당신을 사랑하고 완전한 원의로 당신 법을 온전히 행할 수도 있을 것입니다. 그러나 저는 반쪽의 반쪽 가운데 하나입니다. 제 원의가 절반이듯, 제 기도 역시 절반입니다. 그리하여 저는 몹시 두렵습니다. 당신이 그것을 채우지 못하실까, 미지근하여 뱉어 내듯 저를 버리실까 두렵습니다.

이제 더 안 좋은 이야기를 하겠습니다. 이 문제에서는 매듭을 풀 수가 없습니다. 제가 갑자기 한꺼번에 할 수 없다면, 점차적으로 할 수밖에 없겠지요. 당신은 제가 천천히 힘을 얻고, 건강하게 되어 전진하는 것을 보고 싶어 하십니다. 제가 마음먹은 작은 발걸음들을 통해 저는, 갑작스러운 변화 대신에, 조금씩 점점 목적지를 향해 나아갈 수도 있을 것입니다. 그러나 그렇지 않습니다. 저에게는 그 반대의 경우가 가능한 것 같습니다. 청소년기에 제 신체가 자랄 때, 정신에서도 진전이 있을 거라고 믿었습니다. 과거의 실제인지 미래의 실제인지 불분명했지만, 낙원에 대한 꿈이 저를 압도하였습니다. 유혹하듯 간청하듯 하나의 이미지가 저에게 아른거렸습니다. 거기에 어떻게 도달해야 하는지, 저는 알지 못했습니다. 그것은 저에게 중요하지 않았습니다. 저의 모든 길은, 얽히고설킨 길일지라도, 그분에게 가는 길이라고 믿었기 때문입니다. 그리고 뜻밖에, 어느 먼 날에 그곳에 도달할 수도 있다고 믿었습니다.

하지만 그것은 사막의 신기루였습니다. 삶의 흐름은 차츰 막히기 시작했고, 제자리걸음이었습니다. 저에 대한 아름다운 이미지는 모호하고 희미해졌습니다. 그것은 도달할 수 없음이 그 아름다움의 일부인 별과 이상理想으로 바뀌었습니다. 바람 없는 날에는 작은 배 아래로 저 깊이 모습을 드러내는 가라앉은 도시가 되었습니다. 진흙과 해초들이 그 위에 너울처럼 끊임없이 덮여 가고, 그리하여 얼마 지나지 않아 그저 형체도 없는 어두운 몇몇 구역이나 겨우 구별할 수 있을 도시가 되었습니다. 잠자는 숲속 공주의 성처럼 온통 우거지고 말았습니다. 저는 이상을 삶의 속임수로 해석하기 시작했습니다. 어쩔 수 없는 평범함으로 하여금 그 희망 없음을 더 잘 견디게 해 주는 술수라고 여겼습니다. 그때부터, 인정하기 어렵지만, 절망이 제 심장 속으로 가라앉았습니다. 저는 거기에 결코 도달하지 못하리라는 것을 깨달았습니다. 스스로 저 자신을 저울에 달아 보고 제가 너무 가볍다는 것을 알았습니다. 저는 죄가 제 안에 얼마나 깊이 뿌리 내렸는지를 발견했고, 그것을 뽑아내는 일에 제가 결코 성공하지 못하리라는 것을 정확히 보았습니다. 이를 위해서는 저에게는 없는 영혼의 타고난 용기, 추진력과 고상함이 필요했을 테지요. 저의 그 어떤 생각도, 저의 그 어떤 행동도 저의 옹색함과 소심함의 딱지로 덮여 있지 않았던 것은 하나도 없었습니다. 저로 하여금 스스로 어쩔 수 없이 어디에나 벽을 세우게 하는 저의 본질적인 한계성보다 그렇게 불가항력적인 것은 저에게 아무것도 없었습니다.

  이 한계들을 안고 저는 당신과, 무조건적인 당신과 맞닥뜨렸습니다. 그리고 여기 이제 모든 것이 끔찍하게 되었습니다. 저는 당신의 무한성을 느꼈습니다. 저는 당신이 저에게 완전한 헌신과 당신의 찬란한 빛 속으로의 도약을 요구하시는 것을 그만둘 수 없으셨다는 사실을 알았습니다. 그러나 반면에, 더할 나위 없이 명백하게, 거기 있는 것은 제 본성의 부당함이었습니다. 당신의 은총이 저의 짐을 받아 지고 저를 팔에 안아 강을 건너 주려 하면 할수록, 저는 더욱더 저 자신을 무겁고 뻣뻣하게 했습니다. 저는 당신이 성공할 수 없으시다는 것을 알았습니다. 당연히, 당신은 저의 죄들을 늘 다시 용서할 수 있으셨고, 짧은 동안이나마 저를 순수의 태양 높이로 들어 올릴 수 있으셨습니다. 그러나 저의 무게로 저는 가차 없이 다시 아래로 떨어졌습니다. 그리하여 제 둘레로 온통 감옥이 자랐습니다. 곧 저는 겉으로는 걱정 없는 명랑함과 숙달된 절망의 모습을 보여 주었습니다. 그러나 속으로, 절망의 깊은 갱도 안에는 빛을 싫어하는 부패한 불량배 무리가 득실거립니다. 낭비된 기회들, 거절당한 은총들, 떨쳐 낼 수 없는 우울함이! 썩는 냄새가! 결국 저의 원하지 않음의 뭉툭한 '아니오'를 일깨우는 데는 당신의 그저 희미한 한 줄기 새로운 요구면 충분하기에 이르렀습니다.

치욕으로 가득 찬 이 좌절의 길을 계속 가느니 차라리 전부 다 그만두었으면! 그리고 당신이 밖에서 저의 감옥 문을 부수어 열려 하셨을 때, 저는 안에서 선명한 절망 가운데 문을 막고 버티었습니다. 가면은 자라서 제 얼굴과 하나가 되었지요. 저는 그리스도인이었습니다. 저는 모든 것을 믿었고, 남들과 똑같이 행동했습니다. 그러나 저는 구제불능이었습니다. 또는 그저 가엾은 의미에서, 저는 멀리 저승에서 오는 불을 고대했습니다. 그 불이 이승에서 궁극적인 이 감옥을 집어삼키고, 뻣뻣하게 묶인 지체들을 철갑에서 자유롭게 해주기를 바랐습니다. 저는 당신이 저와 마주친 게 유감이라고 생각했습니다.

저는 거짓에 얽매여 있었습니다. 제가 저에게, 할 수 있다고, 원한다고 스스로 다짐할 때마다, 저는 깨달았습니다. 수백 번의 경험을 통해 얻은 교훈 그대로, 그럴 리 없다는 것을 알았습니다. 당신이 저를 두고 빚어 만드시겠다고 생각하신 형상을 위해서는 진흙이 충분하지 않습니다. 그러나 제가, 저는 할 수 없다고, 원하지 않는다고 스스로에게 말했을 때, 그것은 죄였습니다. 제가 당신을 거짓으로 내몰기 때문입니다. 두 개의 척도[14]를 저는 손에 들었습니다. 둘 다

---

14 지상적인 유한성의 척도와 천상적인 무한성의 척도를 말한다. ― 역자 주

정확하고, 둘 다 검증된 것입니다. 그러나 이 둘은 서로 충돌했습니다. 그리고 저는 자주 생각했습니다, 그리스도인들보다 이방인들이 더 낫겠다고. 그들은 적어도 자기 자신 안에서는 순진하게, 유혹 없이 자신을 온전히 실현해도 되기 때문입니다. 그러나 그리스도인들은, 선택된 소수를 제외하고 — 당신은 그들을 무작정 강제로 당신의 세계로 낚아채 가십니다 — 수치스러운 반쪽 안에 십자로 못 박혀 있습니다. 지상적이지도 천상적이지도 않습니다.

그리고 마침내 저는 이해한다고 믿었습니다, 아마도 달리 어쩔 수 없다고. 모든 피조물이 유한하며, 척도와 한계를 가지고 있기 때문입니다. 이 유한성이 무한한 사랑과 그 사랑의 요구를 만난다면, 이 유한성은 그 자체로 감옥이 되고 말 것입니다. 유한한 존재에게는 하느님에 의해 여지없이 부수어질지도 모른다는 두려움이 있습니다. 따라서 그분이 가까이 오시면, 자신을 꼭 닫습니다. 우리가 한계들에서 해방과 무한한 것을 갈망한다는 생각은 망상이고 신심 깊은 오류입니다. 경험이 말해 줍니다. 하느님에게서 무한성의 척도를 받기보다는 오히려 우리는 그분에게 우리 유한성의 척도를 강요합니다. 한걸음 한걸음씩, 우리는 무장을 하고 힘으로 우리 영토를 방어합니다. 우리가 제시하는 우리의 평화 안案은 바로 이것입니다. 곧 제가 그럴 마음이 있는 한에서 저는 당신을 허용할 준비가 되어 있다는 것입니다. 이것으로 만족하시고 저의 경계를 넘지 마십시오. 만일 그러신다면, 당신은 저를 망가뜨릴 뿐이시고, 시계태엽을 지나치게 감는 꼴이 되고 말 것입니다. 저에게는 없는, 당신 무한성의 저장고에서 보충할 것을 찾으십시오. 여기까지입니다. 더 이상 저를 꾀지 마십시오! 제가 저를 판단하는 척도는 특정한 '완전성들의 단계'임을 잊지 마십시오. 이 완전성들은 제가 직접, 분명하게 표현된 당신의 금지 사항들에서 뽑아내고, 여기에 특정한 수의 자발적인 사랑의 업적들을 더한 것입니다. 이것들을 저는 고수합니다. 그리고 그 밖에, 불특정한 어떤 것에 대한 모호하고 불분명한 요청 따윈 의도적으로 흘려들을 굳센 의향을 저는 가지고 있습니다. 실로 저는 당신 교회의 한 지체일 따름이니, 당신은 저에게 그저 한 부분만을 요구하시는 게 합당합니다. 말하자면 전부가 아니라 오로지 한 부분만을! 인간들의 수많은 파편들로 하느님의 도성 전체를 건설하는 일일랑 당신에게서 이루십시오! 모든 인간적 완성은 적당한 정도가 있습니다.

결국 저 자신을 감옥에 있게 만드신 것은 당신이십니다. 저의 자아인 이 감옥에. 그 안에 저는 살고 움직입니다. 그게 저입니다. 그리고 이 저를 저는 사랑합니다. "자기 자신의 살을 미워하는 이는 없기 때문입니다." 이 공간이 저에게는 익숙합니다. 저의 생각이 이 공간을 밝히고, 저의 감각들이 세상 것들로 이곳을 가득 채웁니다. 저의 의지가 이 공간을 확장합니다. 그 단자單子 안에서 되풀이 없이 우주가 반사됩니다. 저는 세상과 심지어 당신까지도 오로지 이 내부 공간 안에서만 알아봅니다. 저는 모든 것을 이 공간의 법칙들에 따라 측정해야 합니다. 눈이 색채들만을 보듯, 귀가 소리들만을 듣듯, 저는 모든 것을 그것들과 저 자신의 관계 안에서만 파악할 수 있습니다. 심지어 사랑도 저라는 이 자아의 한 법칙입니다. 자아의 생산력이고, 타자에 대한 자아의 창조적인 호의이며, 자아 안에 토대를 둔 초월입니다.

갈망으로 자아의 창살이 흔들리는 듯 보일 때조차도, 그 또한 자아의 삶의 일부이고, 이는 자아의 현존을 더욱 풍요롭고 더욱 사랑스럽게 만들어 줍니다. 오, 하느님, 이 자아 자체야말로 제가 당신 손에서 받은 최고의 유일무이한 선물입니다. 그런데 이제 당신은 그것을 다시 의문에 붙이려 하십니까! 다시 저에게서 빼앗아 가려 하십니까! 이에 저는 저를 방어할 줄 알게 될 것입니다. 그렇습니다, 저는 저 자신에게서 나가려 욕망하지 않습니다! 무아지경이나 자연, 또는 사랑하는 사람과의 '합일'이 저에게 무슨 소용이 있겠습니까, 제가 그것을 더 이상 느끼지 못한다면? 제가 어떻게 당신에게 저의 사랑을 선물로 드릴 수 있겠으며, 사랑 안에 있는 저 자신을 당신에게 봉헌할 수 있겠습니까, 제가 이 자아를 더 이상 가지고 있지 않고, 저 자신에게서 박탈당해 있다면? 저를 버리는 것이 당신 요구의 비밀스러운 목표처럼 보입니다. 저의 자아를 저에게 내버려 두십시오. 그러면 당신은 그것을 가지게 되실 것입니다! 나의 사랑하는 이 지하 감옥이여! 저는 그 어떤 자유도 열망하지 않습니다. 저는 제 고통의 이 감옥을, 그 모든 결핍과 그 모든 짐과 함께, 점점 좋아할 줄 알게 되었습니다. 오랜 사귐을 통해 말입니다. 자연의 요구라면, 저의 육체를 거두어 가십시오(당신은 그것을 저에게 정녕 다시 아름답게 돌려주십니다). 오직 영혼만은 저에게서 빼앗아 가지 마십시오! 당신은 제가 저 자신에게서 빠져나가 저 자신에게 낯선 자가 되라고, 그렇게 해서 한밤중에 도둑처럼 저의 창밖으로 오르라고 하십니다 — 확실한 죽음 속으로! 그러나 당신은 이 불가능한 것을 요구할 수 없으십니다. 아버지, 제 위로 당신 칼을 빼들지 마십시오! "우리는 벗어 버리는 것이 아니라 덧입기를 바랍니다. 죽을 것이 생명으로 넘어가도록 말입니다." 당신이 저의 껍데기들을, 굴껍질처럼 두 조각으로 찢어 벌리신다면, 저는 죽고 말 것입니다!

나의 아들아. 한밤중과 얼어붙은 아침 사이, 그들이 나를 두 번째로 신문하기 위해 끌고 왔을 때, 나는 너의 감옥에 머물렀다. 외로이, 맞아 일그러져, 굴욕 가운데, 말뚝에 결박당한 채로 앉아, 너와 밝아 오는 날을 생각했다. 나는 너의 감옥을 맛보았다. 그 감옥의 달콤 쓸쓸한 썩는 냄새를 남김없이 다 맛보았다. 절망 속에서 하느님의 자유에 맞서 반항하는 모든 존재의 모든 감옥을 나는 가장 깊숙한 방에 이르기까지 모조리 돌아보았다. 저 아래, 네 안 가장 깊은 밑바닥, 너의 원하지 않음과 거절의 칠흑 같은 치욕을 골라 그 안에 나는 나의 거처를 정했다. 작은 뿌리가 지극히 무거운 돌들마저도 갈라지게 하듯, 나는 네 감옥의 벽을 조심스레 흔들었다. 너는 여전히 절망의 힘으로 나의 사랑에 맞서 버티고 있다. 그러나 이미 너의 팔은 마비되기 시작하고, 너는 점점 나의 압력에 굴복한다.

나는 신비의 힘으로 너의 절망을 극복했다. 이 신비를 나는 너에게 털어놓지 않을 것이다. 반항의 눈물로 지친 아이는 마침내 잠이 든다. 다음 날 아침이면 아이는 자신의 반항과 위로 받지 못한 근심을 이미 잊었을 것이다. 이 지워진 기억에 위대한 마법이 있으니, 새 종이가 펼쳐지고, 새 장이 시작된다. 네가 할 수 있는지, 네가 할 수 없는지에 대해서는 그 순간에 묻지 않는다. 내가 할 수 있었다는 것만을 묻는다. 네가 고독하게 너 자신 안에 갇혀 너의 깊은 실패에 대해 골똘히 생각했을 때, 너는 기이하게도 네 안에서 일치를 이루지 못하고 있었다. 너는 너 자신과 갈라져 있었다. 즐거움과 후회로 둘러싸인 저 우울한 포옹 속에서, 너의 단일성은 그저 하나의 허상이었다. 조용히, 네가 알아채지 못하게, 나는 너를 산산이 부수었고,

그렇게 너에게 단일성을 선사했다.

너는 더 이상 전진을 생각하지 않는다. 그것은 좋은 일이다. 너는 늘 오직 너 자신을 향해 전진하는 중이었다. 실제로 네 걸음은 결코 앞으로 나아간 적이 없다. 이제 골똘한 생각을 내려놓아라. 죽은 것은 죽은 이들이 매장하게 두어라. 네가 묶인 사슬의 비참함에서 눈길을 돌려 나의 비참함을 보아라, 오래도록 끈기 있는 눈길로. 너는 보리라, 네가 믿으려 하지 않았던 것을. 너의 감옥은 나의 감옥이 되었고, 나의 자유는 너의 자유가 되었다. 어떻게 그리 되었는지 묻지 마라. 기뻐하고 감사하여라. 죽은 몸 역시 부패가 영원하지 않다. 해체된다. 물과 벌레들이 그 본체를 끌어간다. 세월이 지나면, 그 자리에는 건강하고 비옥한 흙이 남는다. 너는 유한하다. 진실로 그렇다. 따라서 너의 반항도 유한하다. 그리고 마침내 나는 너와 끝장을 내리라. 딱딱한 껍데기들은 꽃잎 둘레의 보호 잎새들처럼 떨어져 내리고, 철갑은 부서지고, 한 마리 나비가 기어 나온다. 눈먼 채로, 무의식적으로 나비는 잎새 끄트머리에 매달린다. 그러는 동안에 피가 퍼지며 날개가 펼쳐진다. 날개가 반짝거리며 빳빳하게 되었음을 느끼자, 나비는 주저 없이 자동적으로 나뭇가지를 떠나 비행을 시작한다.

그리고 네가 너의 자아에 대하여 한 말은 어리석다. 네가 열린 채로 창조되지 않았다면, 너는 나의 피조물이 아니리라. 모든 사랑은 자기 자신에게서 흘러 나가, 자유의 가늠할 수 없는 공간 속으로 밀고 든다. 사랑은 모험을 추구하며, 자기 자신을 잊는다. 네가 너를 스스로 구할 수 있었다는 말은 아니다. 너를 구하기 위해 내가 왔기 때문이다. 사랑의 자유가 너 자신 안에 이미 들어 있었다는 말도 아니다. 내가 그 자유를 너에게 주었기 때문이다. 아버지께서 너를 나에게 끌어다 주셨다.

너는 자유롭다. 천사 하나가 너의 겨드랑이를 쿡 찔렀다. 자물쇠들이 너의 관절들에서 풀렸다. 문이 저절로 부수어져 열렸다. 너희 둘은 잠든 보초들을 지나 자유 속으로 날았다. 너는 여전히 착각한다, 이건 꿈이라고. 너의 눈을 비벼 잠을 깨라. 너는 자유롭다. 어디든 네가 가고 싶은 곳으로 갈 수 있다.

그러나 보라, 네 형제들 가운데 많은 이가 여전히 감옥에서 시달리고 있다. 그들이 고통을 당하고 있는데도 자유를 누리겠는가? 아니면 그들을 사슬에서 풀어 주는 일에 동참하겠는가? 나와 함께 그들의 감옥을 나누어 맡겠는가?

9장

9장은 주님의 수난과 죽음 앞에서 회한의 눈물을 흘리며 자신의 잘못을 뉘우치는 인간의 심리를 적나라하게 파헤치고 있다. 그리고 마지막에 그런 우리를 어여삐 여기며 당신 품에 안아 위로해 주시는 주님, 우리에게 새로운 비전을 제시하시는 주님의 당부를 전하고 있다.

"저에게서 떠나 주십시오. 저는 죄 많은 인간입니다. 당신이 저를 더 이상 보지 못하시도록, 제가 당신에게 더 이상 짐이 되지 않도록, 저의 부패가 더 이상 당신을 괴롭히지 않도록 말입니다! 당신 얼굴 앞에서 제가 죄를 지었습니다. 그리고 수천 번 당신 입술에, 신성한 당신 입술에 대었던 입이 세상의 입술에 입을 맞추었습니다. 그러고는 '나는 그를 알지 못하네.'라고 말했습니다."

발타사르는 주님을 찌르고 그분의 심장을 도려낸 당사자가 실은 자신임을 고백하며, 그분의 십자가 아래서 절망 가운데 자신을 자책하는 이가 인간 자신임을 적나라하게 보여 주고 있다.

"저는 날카로운 칼날로 사랑의 중심을 노렸습니다. 저는 사랑을 죽였습니다. 제가 무슨 짓을 하는지 의식하면서 사랑의 가장 깊은 골수를 내리쳤습니다. 시신 하나가 십자가에 달려 있습니다. 저는 떨어져 앉아, 잃어버린 저의 치욕 속에 잠겨 있습니다. 저는 멸망의 자식입니다."

또한 발타사르는 그런 우리가 주님의 십자가와 자비를 탕진했으며 죄인들의 공동체에 속할 자격조차 없을 정도로 타락했음을 지적하고 있다.

"제 안에는 더 이상 부서질 게 없습니다. 모든 것이 단단하고 여지없이 닫혀 있습니다. 저는 십자가 뒤로 나가떨어졌습니다. 제 잘못은 더 이상 개선할 여지가 없습니다. 당신의 고통으로 더 이상 저를 괴롭히지 마십시오. 저를 잊으려고 하십시오."

그러나 주님은 죄의 절망 속에 갇힌 우리에게 성 토요일의 사건을 통해 천상을 향한 새로운 비전을 전해 주신다: "성 토요일의 마법이다. 혼돈스러운 샘이 방향을 모른 채 머무른다. 마지막 한 방울까지 다 흘린 그 사랑이, 모든 그릇은 깨지고 세상은, 옛 세상은 지나갔기에, 그늘진 무無를 통과해 아버지께로 가는 길을 찾고 있을까?"

발타사르는 인류의 죄를 끌어안고 돌아가신 주님의 상처로부터 새로운 생명의 싹이 자라는 것을 다음과 같이 아름답게 묘사했다.

"계속 점점 더 풍성하게 샘물이 솟는다. 분명하다. 이 샘물은 한 상처에서 흘러나온다. 상처의 꽃이요 열매와도 같다. 두 번째 세계, 곧 아직 태어나지 않은, 첫 부활 안에 내재된 이 세계는 다른 데서가 아니라 결코 다시 닫히지 않는 이 상처에서 생성되리라."

저에게서 떠나 주십시오. 저는 죄 많은 인간입니다. 대체 왜 제가 당신과 아직도 이야기를 나누는 것입니까? 제 입의 숨이 독처럼 당신을 때리고 당신을 더럽힙니다. 물러가시고, 이 기막힌 끈일랑 풀어 주십시오. 한때 그런 적이 있었지요. 곧 저는 다른 죄인들과 똑같은 죄인이었습니다. 당신 은총의 선물과 제 후회의 선물을 낚아채도 되었습니다. 사람들이 둥근 모자에 던져 주는 동전을 걸인이 그러모으듯 말입니다. 저는 그것으로 빵과 수프를 샀고, 당신으로 인해 살 수 있었습니다. 저는 후회의 행복을 맛보아도 되었습니다. 당신 은총의 혜택인 참회의 쓴 나물을 씹어도 되었습니다. 은총 가득한 쓰라림이 제 죄의 씁쓸함을 달콤하게 해 주었습니다. 그러나 오늘은? 무엇을 할까요? 어디로 기어들어 숨을까요? 당신이 저를 더 이상 보지 못하시도록, 제가 당신에게 더 이상 짐이 되지 않도록, 저의 부패가 더 이상 당신을 괴롭히지 않도록 말입니다!

당신 얼굴 앞에서 제가 죄를 지었습니다. 그리고 수천 번 당신 입술에, 신성한 당신 입술에 대었던 입이 세상의 입술에 입을 맞추었습니다. 그러고는 "나는 그를 알지 못하네."라고 말했습니다. 저는 그를 알지 못합니다, 이 사람을. 제가 그를 안다면, 정녕 그를 배반할 수는 없었을 테지요, 그렇게 주저 없이, 그렇게 당연한 듯 말입니다. 그리고 제가 아마도 그를 알았다면, 그를 사랑했을 리 없습니다. 사랑은 그처럼 배반하지 않기 때문입니다. 사랑은 돌아서지 않습니다. 지극히 천진무구한 표정을 하고서 말입니다. 사랑은 사랑을 잊지 않습니다. 제가 당신을, 우리 사이에 일어났던 그 모든 일에도 불구하고, 그처럼 넘겨줄 수 있었다는 것은 다만 다음 사실을 증명할 뿐입니다.

곧 제가 당신 사랑에 합당하지 않았다는 것, 제 자신에게는 실제로 결코 사랑이 없었다는 것입니다. 교만도 겸손도 아닌, 아주 단순히 그저 진리인 사실 하나를 당신에게 말씀드립니다. "이제, 충분합니다!" 당신 순수의 빛살 하나라도 저의 지옥 속에 도달하는 것을 저는 바라지 않습니다. 사랑이 비천한 것에 이르기까지 자신을 낮추는 것은 아름다운 일입니다. 그러나 사랑이 비천한 것 안에서 천하게 되는 것은 참을 수 없는 일입니다. 되돌릴 수 없는 배반이 있습니다. 영원히 남는 잔여물이 있습니다. 저의 눈은 결코 다시 당신의 눈을 마주칠 수 없을 것입니다. 은전 서른 닢을 저는 성전에 내팽개칠 것입니다. 이 행동을 후회와 제발 혼동하지 마십시오. 후회라는 이 허풍쟁이 말은 여기에 들어맞지 않습니다. 제 영혼이 입술을 앙다물어, 아무 말도 새어 나오지 않습니다. 제 행동이 충분히 말 자체입니다. 제 행동이 하늘을 향해 부르짖습니다. 아니, 제 행동이 지옥을 향해 부르짖었다는 말이 더 적당할 것입니다. 저에게 마지막 호의를 보여 주십시오. 돌아서십시오. 저는 온통 침 뱉음 당한 그 얼굴을 더 이상 볼 수 없습니다. 당신을 깨끗이 씻으시고, 저는 제가 있는 곳, 제가 속한 곳에 내버려 두십시오. 제가 누구인지를 이번만큼은 압니다. 이번에는 끝장입니다.

당신은 아십니다, 당신 사도가 무어라 말했는지.

"한 번 빛을 받아 하늘의 선물을 맛보고 성령을 나누어 받은 사람들이, 또 하느님의 영광스러운 말씀과 앞으로 올 세상의 힘을 맛본 사람들이 떨어져 나가면, 그들을 다시 새롭게 회개하도록 하는 것은 불가능합니다. 그런 사람들은 스스로 하느님의 아드님을 또다시 십자가에 못 박고 그분을 모욕하는 것입니다. 풍요롭게 내리는 비를 빨아들여, 농

사짓는 이들에게 바라던 결실을 내주는 땅은 하느님에게서 복을 받습니다.[15] 그러나 가시나무와 엉겅퀴를 내게 되면 쓸모가 없어서 오래지 않아 저주를 받고, 마침내는 불에 타 버리고 맙니다."

열매 맺지 못하는 나무 둘레에 거름을 주는 일은 이제 충분합니다. 제가 보기에, 그 나무는 너무 지나친 배려는 좋지 않다는 것을 당신에게 증명해 보이려 했던 것입니다. 잘라 버리십시오. 그리고 더 이상 아무 말도 마십시오.

사람들이 당신 심장에 상처를 냈고, 물과 피가 흘러나왔습니다. 사람들은 마셨고 건강해졌습니다. 그들은 씻었고 깨끗해졌습니다. 그러나 저는 전혀 다른 행동을 했습니다. 저는 날카로운 칼날로 사랑의 중심을 노렸습니다. 저는 사랑을 죽였습니다. 제가 무슨 짓을 하는지 의식하면서 사랑의 가장 깊은 골수를 내리쳤습니다. 그리하여 그 생명의 가장 여린 신경을 건드렸습니다. 사랑은 무너져 내렸습니다. 사랑은 더 이상 없습니다. 시신 하나가 십자가에 달려 있습니다. 저는 떨어져 앉아, 잃어버린 저의 치욕 속에 잠겨 있습니다. 저는 멸망의 자식입니다.

---

15 히브 6,4-8 참조

저는 당신의 십자가와 당신의 자비를 탕진했습니다. 모든 것을 허비했습니다, 마지막 한 방울까지. 잃어버린 아들의 귀향도, 가시덤불에 옭매인 양羊도, 잃어버린 은전도, 모조리 소모하고 낭비했습니다. 사람들은 이 장면을 이십 번도 넘게, 어쩌면 오십 번 이상 들려주고 극으로 상연할 수도 있습니다. 그러나 언젠가는 김이 빠지고 맛을 잃습니다. 그리고 또다시 저는 당신 사도의 말을 듣습니다.

"우리가 진리를 깨닫고서도 일부러 죄를 짓는다면, 죄를 용서받기 위하여 바칠 수 있는 제물이란 남아 있지 않습니다. 무서운 심판과 적대자들을 삼켜 버릴 맹렬한 불이 우리를 기다리고 있을 뿐입니다. 모세의 율법을 위반한 자는 둘이나 세 증인의 말에 따라 가차 없이 처형됩니다. 그렇다면 하느님의 아드님을 짓밟고, 자기를 거룩하게 해 준 계약의 피를 더러운 것으로 여기고, 은총의 성령을 모독한 자는 얼마나 더 무거운 벌을 받아야 마땅하겠습니까? 여러분 스스로 판단하십시오. '복수는 내가 할 일, 내가 보복하리라!' 또 '주님께서 당신 백성을 심판하시리라.' 하고 말씀하신 분을 우리는 알고 있습니다. 살아 계신 하느님의 손에 떨어지는 것은 무서운 일입니다."[16]

16　히브 10,26-31 참조

성인聖人들의 공동체가 있습니다. 죄인들의 공동체도 있습니다. 어쩌면 둘은 하나의 동일한 공동체인지도 모릅니다. 이 사슬, 이 파도가 날과 세기를 거치며 계속 굴러갑니다. 죄의 핏빛 강물이, 사람들을 걸려 넘어지게 하는 큰길이 가라앉았다 다시 올라오기를 반복합니다. 뜨거운 죄의 삶과 뜨거운 참회의 삶이 '하나'이고, 이 삶이 그들 모두를 관통하여 흐릅니다. 그리고 선하고 악한 고통에서 솟는 이 어두운 강물 한가운데, 당신 구원의 핏방울들이 휘돕니다, 오, 주님. 당신은 그들을 구하시리이다.

저는 죄인들의 이 공동체에서 추방되었습니다. 경직되고 얼어붙은 채로 덩어리가 되어 굴러, 한쪽에 쭈그려 앉아 있습니다. 저의 죄는 비할 데가 없습니다. 저들이 잘못을 저지르면, 그들 한가운데서 하느님의 천사가 웁니다. 제 안에는 천사가 없습니다. 저들이 추락하면, 그들 안에서 비밀스러운 그릇이 깨지고 거기서 쓰라린 갈망이 제물처럼 쏟아집니다. 그러나 제 안에는 더 이상 부서질 게 없습니다. 모든 것이 단단하고 여지없이 닫혀 있습니다. 저들은 죄를 지었어도, 기도할 수 있습니다. 저는 무슨 기도를 바칠 수 있을까요. 저에게 지옥의 비웃음을 동반하지 않는 기도란 없을 터인데! 어떻게 아직도 제가 당신에게 이런 말을 해도 된다고 믿을 수 있을까요? "죄송합니다!" "당신을 사랑하겠습니다!" 이게 진실이 아니라는 것을 저는 제가 고수하는 경험칙을 통해 압니다. 다른 이들 안에서는 모욕당한 성령이 신음합니다. 제 안에서는 모든 것이 침묵합니다. 이것이야말로 성령을 거스르는 죄라고 불리는 바로 그것인지도 모릅니다. 다른 이들은 십자가 앞에서 무릎을 꿇습니다. 저는 십자가 뒤로 나가떨어졌습니다. 다른 이들은 여전히 하느님의 교육을 받고 있습니다. "당신이 저를 굴복시키신 것은 좋은 일이었습니다. 그렇게 저는 당신의 의로움을 알게 되었습니다." 저는 이 학교를 오래전에 졸업했습니다. 제 잘못은 더 이상 개선할 여지가 없습니다. 그것은 뭉툭하고 꽉 차 있고 모든 면에서 반박의 여지가 없습니다. 불과 쇠로 된 둥근 공입니다.

저를 혼자 내버려 두십시오. 당신의 어머니도 저를 건드리지 않기를! 저는 당신들이 바라볼 대상이 아닙니다. 당신들의 연민을 나에게 허비하지 마십시오. 여기가 아닐 것입니다. 와야 할 것이 내 위로 덮치기를! 오른편에 있는 이에게 당신은 저 위 낙원을 약속하셨습니다.[17] 저는 진심으로 그에게 그 약속이 이루어지기를 빕니다. 그는 마땅한 자격이 있습니다. 그는 그가 하는 일을 알지 못했습니다. 당신들은 당신들의 영원한 정원에서 함께 행복하기를! 그러나 저

---

17 십자가 위에서 예수님은 오른쪽에 있는 죄수에게 그날 낙원에 들 거라고 약속하신다(루카 23,43 참조). — 역자 주

때문에는 괴로워하지 마십시오. 저는 왼편에 남습니다. 그리고 당신의 고통으로 더 이상 저를 괴롭히지 마십시오. 저를 잊으려고 하십시오.

번개가 쳤는가? 어둠을 가르는 한 줄기 틈새를 따라 십자가 위 열매가 보였는가? 흐릿하고 멍한 눈에 구더기처럼 창백한, 어쩌면 이미 죽은, 죽음처럼 미동도 없이 굳어 버린 열매가 보였는가? 그것은 정녕 그의 몸이었다. 그러나 그의 영혼은 어디에 있는가? 그 어느 가없는 물가에서, 그 어느 물 없는 바다 깊이에서, 그 어느 어두운 불구덩이 밑바닥에서 그 영혼은 표류하는가? 처형대 둘레에 모여 있던 그들 모두가 갑자기 깨닫는다, 그가 떠났음을. 가늠할 수 없는 공허가(고독이 아니라) 매달린 몸에서 흘러나온다. 환상적인 이 공허 외에는 더 이상 아무것도 존재하지 않는다. 세상은 자신의 모습과 함께 지나가 버렸다. 휘장처럼 찢어졌다, 위에서 아래까지, 소리도 없이. 무너져 내렸고, 산산이 부서졌고, 물거품처럼 흩어졌다. 무無외에는 더 이상 아무것도 없다. 어둠마저도 없다. 세상이 죽었다. 사랑이 죽었다. 하느님이 죽었다. 있었던 모든 것은 하나의 꿈이었다, 아무도 꿈꾸지 않은 꿈이었다. 현재는 순전히 과거이다. 미래는 아무것도 아니다. 시계 바늘이 숫자판에서 사라졌다. 사랑과 미움이, 생명과 죽음이 더 이상 서로 씨름하지 않는다. 둘이 무승부이다. 그리고 사랑의 비움이 지옥의 공허 속으로 사라졌다. 하나가 다른 하나에 온전히 스며들었다. 하늘 맨 밑바닥이 하늘 맨 꼭대기 속에 있다. 열반nirvana이다.

번개가 쳤는가? 공허의 무한함을 가르는 한 줄기 틈새를 따라 심장의 모습이 보였는가? 무無세상적 혼돈 가운데로 부는 회오리바람 속에 부유하는 심장이? 잎새처럼 날리며, 또는 스스로 날며, 아득히 표류하며, 보이지 않는 자기 날개로 날갯짓을 하며, 영혼을 빼앗긴 하늘들과 흘러가 버린 땅 사이에 홀로 우뚝 솟은 심장의 모습이 보였는가?

혼돈이다. 하늘과 지옥의 밖이다. 피조물의 경계들 뒤편 꼴 없는 무無이다. 하느님인가? 하느님은 십자가에서 죽으셨다. 죽음인가? 죽은 이는 보일 수 없다. 끝인가? 끝인 것도 거기 더 이상 현존하지 않는다. 처음인가? 무엇의 처음인가? 한처음에 말씀이 있었다. 무슨 말씀인가? 불가해하게 형체 없이 의미 없는 그 어떤 말씀이? 그러나 보라, 끝없이 텅 빈 것 속에서 망설이듯 자신을 드러내기 시작하는 이 나지막한 광채는 무엇인가? 내용도 윤곽도 없다. 이름도 없고, 하느님보다 더 홀로이며, 전적인 공허 속에서 떠오른다. 아무도 아니다. 모든 것보다 더 오래되었다. 처음인가? 작고, 물방울처럼 미정未

定의 것이다. 어쩌면 물이다. 그러나 흐르지 않는다. 물이 아니다. 물보다 더 흐릿하고, 더 불투명하고, 더 걸쭉하다. 피도 아니다. 피는 붉고 살아 있기 때문이다. 피는 소리가 큰 인간 언어를 가지고 있다. 여기 이것은 물도 아니고 피도 아니다. 이 둘보다 더 오래되었다. 혼돈스러운 방울이다. 천천히, 천천히, 믿기지 않을 만큼 천천히 이 방울이 살아 움직이기 시작한다. 아무도 알지 못한다, 이 움직임이 죽음의 최종적인 극단에서의 끝없는 탈진인지 아니면 첫 시작인지. 무엇의? 조용, 조용! 생각들의 숨을 멈추라. 낮 동안, 희망을 생각하기에는 아직 너무 이르다. 사랑이라고 속삭이기에는 아직 그 맹아가 너무 연약하다.

 그러나 잘 보라. 이제 정녕 그것이 움직인다. 약하고, 끈적이는 작은 흐름이 미동한다. 샘이라고 말하기에는 너무 이르다. 방향도 없이, 무게도 없이, 그러나 더욱 풍성하게, 혼돈 속에서 이리저리 퍼진다. 순전한 무에서 흘러나온, 자기 자신에게서 흘러나온 혼돈 속 샘이다. 이것은 하느님의 시작이 아니다. 하느님은 권능으로 당신 자신을 영원히 현존하게 하신다. 빛이요 생명이요 삼위의 행복으로서 당신을 있게 하신다. 이것은 피조물의 시작도 아니다. 피조물은 부드럽게 잠자는 듯 창조주의 손에서 빠져나온다. 이것은 비할 데가 없는 시작이다. 마치 생명이 죽음에서 올라오는 것과 같다. 마치 너무 지쳐 이미 그 어떤 잠으로도 다시 원기를 회복할 수 없는 탈진과 같다. 마지막 힘이 고갈의 최종적 극단에서 스러져 녹아 흐르기 시작하는 것과 같다. 흐른다는 것은 어쩌면 탈진의 표지요 양태이기 때문이다. 자신을 더 이상 멈출 수 없는 것이다. 강하고 굳건한 모든 것은 결국 해체되어 물이 된다. 그러나 이 역시 — 처음에 — 물에서 태어나지 않았는가? 혼돈 속의 이 샘, 흐르는 이 탈진이 새 창조의 시작이 아닌가?

성토요일의 마법이다. 혼돈스러운 샘이 방향을 모른 채 머무른다. 어쩌면 아들의 사랑의 침전물일까? 마지막 한 방울까지 다 흘린 그 사랑이, 모든 그릇은 깨지고 세상은, 옛 세상은 지나갔기에, 그늘 진 무無를 통과해 아버지께로 가는 길을 찾고 있을까? 아니면 그 사랑이 그럼에도 계속 흐르는 것일까? 힘없이, 의식 없이, 저항을 받으며, 새 창조를 향하여, 아직 결코 존재하지도 시작되지도 형성되지도 않은 창조를 향하여? 원형질protoplasm일까? 근원적으로 스스로 생성되는, 새 하늘과 새 땅의 첫 발아로서의 반유동성의 세포질, 바로 그것일까? 계속 점점 더 풍성하게 샘물이 솟는다. 분명하다, 이 샘물은 한 상처에서 흘러나온다. 상처의 꽃이요 열매와도 같다. 나무처럼 이 상처에서 솟아오른다. 그러나 이 상처는 더 이상 고통스럽지 않다. 고통은 멀리 뒤에 남았다. 그것은 지나간 기원이요 현재 샘의 과거 입구이다. 여기 흐르는 것은 더 이상 수난하는 고통이 아니라 수난당한 고통이다. 더 이상 봉헌하는 사랑이 아니라 봉헌된 사랑이다. 오로지 상처만이 거기 있다, 입을 쩍 벌리고, 커다란 열린 문으로, 혼돈으로, 무로! 이 무에서 샘이 솟구친다. 더 이상 결코 이 문은 닫히지 않으리라. 첫 창조가 달리 다른 데서가 아니라 늘 새로 이 무에서 솟았듯, 이 두 번째 세계, 곧 아직 태어나지 않은, 첫 부활 안에 내재된 이 세계는 다른 데서가 아니라 결코 다시 닫히지 않는 이 상처에서 생성되리라.

모든 형상이 앞으로는 이 벌어진 공허에서 올라오지 않으면 안 된다. 모든 건강함은 자신의 힘을 이 창조하는 상처에서 이끌어내야 한다. 우뚝 선 생명의 개선문이여! 황금 갑옷을 두른 은총의 대군이 불의 창검을 들고 너에게서 솟아오른다. 깊게 뚫린 생명의 샘이여! 샘물이 연달아 너에게서 솟구친다, 고갈 없이, 언제나 끊임없이. 물과 피로 된 샘이 솟아나 이방의 심장들에 세례를 주고, 시드는 심장들에 생기를 주며, 죄의 사막들 위로 굴러간다. 넘치도록 풍요롭게 한다. 이 물을 받는 모든 심장은 흘러넘치고, 모든 갈망은 차고도 남는다.

제3부

승리

10장

 이제 10장부터 발타사르는 구원 역사의 정점에 있는 주님 부활의 신비를 묘사하고 있다. 우선 그는 주님의 부활을 목도하는 인간의 심리를 깊이 파헤친다. 이어서 부활하신 주님의 심정을 헤아리며, 인간을 향한 애정 가득한 그분의 당부 말씀을 전하고 있다.

 발타사르는 다음과 같이 돌아가신 주님의 빈자리에 주저앉아 좌절하고 있는 인간의 심리를 묘사한다.

 "오직 아는 바는, 주님이 돌아가셨다는 것, 그분과 당신 사이의 달콤한 생명은 세상을 떠났다는 것이었다. 믿음은 무덤 안에 봉인되었다. 위로받지 못한 허무의 텅 빈 아픔이요, 더 이상 애통해할 수 없는 탈진이다. 그렇게 당신은 공허 속을 응시한다. 진실로 무덤은 비어 있고, 당신 자신이 비어 있기 때문이다."

 부활하신 주님은 그런 우리에게 다가와 우리 이름을 부르며 새 생명에 대한 희망을 일깨워 주신다.

"오, 생명이 당신 등 뒤에 서 계신다! 생명이 당신을 부르신다. 당신은 고개를 돌리고, 알아보지 못한다. 사랑의 입에서 나오는 당신의 사랑받는 이름, 당신의 존재, 당신의 본질, 당신 자신인 그 이름이, 죽었다고 믿었던 입에서 샘솟았다! 한 줄기 천둥 속에 나는 새 존재이다."

이제 부활하신 주님은 부활의 메시지를 당당히 선포하신다.

"나는 부활이요 생명이다. 나를 믿는 이, 내가 만지는 이, 내 입에서 나오는 자기 이름을 듣는 이는 살고, 죽은 이들 가운데서 부활했다."

이어서 주님은 부활의 기쁜 소식을 형제들에게, 온 세상에 선포하도록 당신의 제자들을 파견하려 하신다.

"가라, 가서 나의 형제들에게 알려라. 나의 비둘기, 내 부활의 전령이여, 너의 형제들에게 선포하여라. 가서 소식을 전하고, 불꽃을 옮기어라. 심장들 안에 내 나라를 건설하려는 나의 손에 유용한 도구가 되어라. 내 심장의 박동이 계속 뛰게 하여라."

또한 발타사르는 주님의 마음을 헤아려 부활의 기쁜 소식을 듣는 모든 신자들에게 다음과 같이 전한다.

"네 심장의 고통이 너의 깊은 속에 이르기까지 다 드러나 열렸으니, 나에게 너의 손을 뻗어 그 손으로 또 다른 심장의 박동을 느껴

라. 자 내어놓아라. 우상을 내어놓아라. 네 가슴 속 차가운 돌덩이를. 내가 그 대신에 살로 된 새 심장을, 나의 심장 박동을 따라 함께 뛰는 심장을 너에게 주리라."

부활하신 주님은 말씀하신다.

"나는 가난한 이들 사이에 현존한다. 그들이 차가운 판잣집에서, 내일에 대한 확신도 없이, 탄식과 체념 가운데 누더기를 걸치고 누울 때면, 나는 그들이 깜박 잠들기 전에 보이지 않는 손으로 그들의 영혼을 쓰다듬는다. 나는 병실을 돌며 앓고 있는 내 형제들을 방문한다."

당신 승리의 시간을 본 이는 아무도 없습니다. 세계 탄생의 목격자는 없습니다. 토요일의 지옥 밤이 어떻게 부활의 새벽빛으로 바뀌었는지 아무도 모릅니다. 잠든 채로 우리는 모두 날개에 실려 심연 위로 옮겨졌고, 잠든 채로 우리는 부활의 은총을 받았습니다. 그리고 아무도 모릅니다, 어떻게 그분에게 그 일이 일어났는지를. 어떤 손이 그분의 뺨을 쓰다듬었고, 그리하여 창백한 세계가 갑자기 화려한 색채로 빛나게 되었고, 그분은 자신에게 일어난 기적을 두고 무심결에 미소 지어야 했는지를.

그 누가 묘사할 수 있겠습니까, 주님은 영이시라는 말이 무슨 의미인지를? 영은 보이지 않는 실재입니다. 모든 감각적인 것보다 더 명백하게 자신을 증명합니다. 영은 우리 한가운데에 생겨난 낙원의 보이지 않는 향기입니다. 영은 보이지 않는 커다란 날개입니다. 바람이 불면 알 수 있습니다. 그 솜털만이라도 스치듯 우리를 쓰다듬을 때면, 솟구치는 갑작스러운 즐거움을 통해 영을 알 수 있습니다.

영은 변호자, 위로자입니다. 영의 부드러움 안에서 후회의 말은, 한 방울 이슬이 햇빛에 사라지듯, 말없이 침묵합니다. 비단처럼 가벼운 커다란 흰 외투가 당신 몸에 둘러 있고, 그 외투 아래 바싹 달라붙은 절망의 옷들이 저절로 녹아 없어집니다. 영은 마법사입니다. 없는 것을 당신 안에 만들어 낼 수 있고, 도무지 떼어 낼 수 없을 듯해 보이는 것을 사라지게 할 수 있습니다. 사막 한가운데에 정원들과 샘들과 새들을 만들어 냅니다. 영의 마법은 불길한 요술이 아닙니다. 온전한 진리입니다. 그리고 영은 진리로써 당신에게 믿음을 마련해 줍니다. 당신은 말씀을 믿으십니다. 당신은 보시고, 느끼시고, 만지십니다. 당신은 당신에게 자라난 새 지체를 느끼십니다. 당신은 미끈한 피부를 쓰다듬으십니다. 기적을 통해 피부에서 상처가 사라졌습니다. 당신은 기적의 나라에서 사십니다. 당신은 이리저리 돌아다니십니다, 아이들이 동화 속에서 행복해하며 모든 걸 당연하다고 여기듯. 그리고 더 이상 자세히 기억하지 못하는 꿈처럼 모든 것은 과거이고, 옛 세계 전체가 액자 속 그림처럼 새 공간 속에 걸려 있습니다.

방금 전만 해도 그대는 꿇어 앉아 있었다, 눈물을 쏟으며, 빈 무덤 앞에. 그리고 오직 그대가 아는 바는, 주님이 돌아가셨다는 것, 그분과 그대 사이의 달콤한 생명은 세상을 떠났다는 것이었다. 그대는 동굴 속 공허만을 응시하고, 찬바람이 소름끼치게 영혼 깊이에서 불어온다. 그곳은 죽은 이가 안식을 위해 누웠던 곳, 그대가 그분에게 기름을 발랐고, 아무것도 더 이상 기대하지 않는 경외심으로 그분을 장사 지냈던 곳이다. 그대는 그분의 무덤에서 예식을 치르기를 바란다. 그대는 기도하기를 멈추지 않고, 공허한 예식을 거행하기 위해 교회 안으로 이동하는 것을 단념하지 않는다, 그대의 죽은 사랑에 대한 희망 없는 예배를 위해.

아, 이제 부활이란 무슨 의미인가? 부활하지 않은 이들 가운데 누가 그것을 알겠는가? 이제 믿음이란 무슨 의미인가? 믿음은 무덤 안에 봉인되었다. 이제 희망이란 무슨 의미인가? 힘도 갈망도 없는, 납같이 무거운 생각이여. 그리고 사랑한다는 것은? 아, 어쩌면 그것은 아쉬움이요, 위로받지 못한 허무의 텅 빈 아픔이요, 더 이상 애통해 할 수 없는 탈진이다. 그렇게 그대는 공허 속을 응시한다. 진실로 무덤은 비어 있고, 그대 자신이 비어 있기 때문이다. 그러니 그대는 이미 깨끗하다. 오직 극심한 경련만이 뒤돌아보는 것을 방해한다. 그대는 앞만을 주시하고 있으니, 오, 생명이 그대 등 뒤에 서 계신다!

생명이 그대를 부르신다. 그대는 고개를 돌리고, 알아보지 못한다. 빛에 대한 익숙함을 빼앗긴 눈은 아무것도 파악할 수 없다. 그리고 갑자기 한 소리가, 그대 이름이! 사랑의 입에서 나오는 그대의 사랑받는 이름, 그대의 존재, 그대의 본질, 그대 자신인 그 이름이, 죽었다고 믿었던 입에서 샘솟았다! 오, 그 말, 오, 그 이름, 너 나의 본래 이름이여! 그 이름이 나에게 말해졌으니, 미소와 약속 가운데 내쉬어졌으니, 오, 빛의 강물, 오, 믿는다는 것, 희망한다는 것, 사랑한다는 것이여! 한 줄기 천둥 속에 나는 새 존재이다. 나는 그런 존재이고, 그럴 수 있고, 그래도 된다. 나는 나를 되돌려 받았다, 그 동일한 찰나에, 동일한 환호 속에 생명이신 그분의 발 앞에 나를 내던져 엎드리도록.

"나는 부활이요 생명이다!" 나를 믿는 이, 내가 만지는 이, 내 입에서 나오는 자기 이름을 듣는 이는 살고, 죽은 이들 가운데서 부활했다. 그리고 오늘이 네 최후의 날이다. 가장 새롭고 가장 아이 같은 날이니, 너에게 이 오늘보다 더 새로운 날은 없으리라. 영원한 생명이 네 이름으로 너를 불렀기 때문이다.

이제 나는 안다, 내가 누구인지를. 이제 나는 나여도 된다. 그분이 나를 사랑하고, 그분이 나에게 신뢰를 선사해 주기 때문이다. 두 이름이 만난 이 지금이 영원 속, 나의 생일이다. 그 어떤 시간도 이 지금을 지워 없애지 못하리라. 바로 여기에 그 출발이 놓여 있다. 여기에 창조와 한처음이 있다. 여기서 종이 빈 거푸집에 부어지리라. 외부로부터 나에게 한계를 가하고 나의 공허를 묶어 두었던 완강한 외투는 산산이 부서지고, 여기서부터 나는 높이높이 종탑들에서 울릴 수 있으리라. 울리고 울리며 외치리라…! "가라, 가서 나의 형제들에게 알려라!" 이미 참을성 없이 너의 날개들이 퍼지는 것을 나는 본다. 나의 비둘기, 내 부활의 전령이여, 너의 형제들에게 선포하여라. 여기에 부활했음과 생명이 있기 때문이다. 가서 소식을 전하고, 불꽃을 옮기어라. 심장들 안에 내 나라를 건설하려는 나의 손에 유용한 도구가 되어라. 내 심장의 박동이 계속 뛰게 하여라. 그리고 그들은 너 또한 믿지 않으리라, 너 스스로도 믿지 않았듯이. 생명이 너를 비추었다. 그러니 너에게서도 생명의 확신이 빛을 발하며, 그들의 굳어진 감각들을 뒤엎으리라.

"가라, 가서 선포하여라!" 그녀가 휘몰아쳐 나가는 동안에, 주님의 영이 불기 시작한다. 청명한 하늘에서 번개가 치듯 그 영이 여기저기 기가 꺾인 영혼들 앞에서 번쩍이며, 동일한 찰나에 그들을 일으켜 세우고 그들 안으로 똑같은 불꽃을 던져 넣는다. 그리고 그들이 행복에 취한 채 눈과 손으로 그 영을 잡으려 하면, 그 영은 재빨리 사라지며 그들에게 길을 가리켜 준다. "가라, 가서 선포하여라!" 그들을 숨 가쁜 소용돌이 속에서 서로를 향해 뱅뱅 돌게 한다. 마침내 저녁에, 그들은 뜨겁게 타오르며 방 안에 모여 있다. 그분의 사랑에 충만하여 그들은 서로 이야기한다. 그들이 이야기를 주고받는 동안에, 보라, 그들 한가운데에 그분이 서 계셨다. 그리고 그들에게 인사하셨다. 평화가 너희와 함께!

세상은 모르는 평화, 세상은 줄 수 없는 평화이다. 모든 숙고와 상상을 뛰어넘는 평화이니, 높고 낮게 부풀어 올라, 찢어지듯 그들의 심장은 넘치고 넘쳐 무너져 내리고 말리라, 그것이 정녕 평화가 아니라면! 오, 침묵에서 밀려오는 파도, 오, 고요에서 불어오는 폭풍이여! 하느님의 낙원은 아주 단순하니, 거기 손님상은 꿀이 가득 찬 벌집과 구운 물고기이다. 그 낙원은 지극히 지상적이니, 겐네사렛 호숫가, 어부들의 아침이다. 거기 파도가 찰싹거리고, 첫 태양이 안개 사이로 희미하게 빛나고, 물가에 한 남자가 서서 부른다, 손짓한다, 오른쪽에 그물을 던지라고. 그물 안에 고기들이 가득 우글거린다. 물가에 아침 식사가 준비되어 있고, 돌들이 마르는 동안에 모두가 자리를 잡는다. 이 낯선 이가 누구인지, 아무도 물을 필요가 없으니, 물결이 침묵에 부딪혀 찰싹인다. 오, 모든 물음 너머의 평화로다. "주님이시다." 모든 것이 아주 단순하니, 결코 이와 다를 수 없으리라. 늘 그렇듯 스승은 빵을 축복하시어 그 빵을 먼저 쪼개신 다음에 그들에게 주신다. 결코 십자가도 어둠도 죽음도 없었다는 듯. 평화가 너희와 함께! 결코 배반도 부인도 도망도 그들 마음에 일어나지 않았다는 듯. 평화가 너희와 함께! 세상이 주는 것과는 다른 평화를 나는 너희에게 준다. 너희 마음이 근심하거나 두려워 떠는 일이 없도록 하여라. 보라, 내가 세상을 이겼기 때문이다.

그리고 너, 요한의 아들 시몬 베드로야, 네가 나를 사랑하느냐? 나를 세 번이나 배반한 영혼아, 네가 나를 사랑하느냐? 네가 나를 언제나 사랑했던 것은 아니냐? 네가 다른 이들처럼 안전한 구석으로 도망치는 대신에 몰래 내 뒤를 밟았을 때, 그것은 사랑이 아니었더냐? 네가 그날 밤, 정신 나간 사람처럼 얼어붙은 몸으로 불안과 초조에 휩싸여 안뜰 한가운데서 불을 쬐며 앉아 있었을 때, 그것은 사랑이 아니었더냐? 너는 몸을 녹이고 있었다. 그러나 어떤 온기가 너의 마비된 영혼 깊숙이까지 파고들었더냐? 어떻게 그 일이 일어나는지도 모르는 채, 세 번이나 부인했던 네 영혼 안으로. 너희 모두가 나를 버리고 떠나야 했으니, 그것은 나 홀로 나의 길을 갈 수 있도록 하기 위함이었다. 오로지 고독한 이만이 가는 그 길을. 닭이 울 때

쏟아진 쓰라린 눈물로 네 영혼을 온전히 나의 것으로 만들어야 했기에, 너는 부인했다. 이 모든 것이 지금은 멀어졌다. 거의 보이지 않는다. 새 장이 펼쳐졌다.

내가 이긴 것은 그저 죽음만이 아니다. 죄만이 아니다. 그에 못지않게 나는 그에 따른 치욕과 붉은 수치와 네 죄의 쓰디쓴 누룩과 너의 참회와 너의 나쁜 양심까지도 이겼다. 보라, 부활 아침 태양 아래 눈이 녹아 스러지는 것보다 더 흔적도 없이 그 모든 것이 사라졌다. 너는 순진무구하게 나의 눈을 바라본다, 한껏 자유로이, 죄 없는 표정으로, 시치미 떼는 얼굴 뒤로 자신의 장난 짓을 숨기고 싶어 하는 어린애 같은 허위 따윈 하나도 없이. 너는 봄노래보다도 더 가벼이 나를 쳐다본다. 너의 눈길은 속 깊이에 이르기까지 푸르다, 우리 위 저 하늘처럼. 그리하여 나는 너의 말을 정녕 믿을 수밖에 없다. "예, 주님, 당신은 아십니다, 제가 당신을 사랑하는 줄을!" 너에게 주는 나의 부활 선물은 이것이다, 바로 너의 선한 양심이다. 너는 선한 양심으로 이 선물을 받아들여야 한다. 나는 내 승리의 날에 언짢아하는 마음일랑 보고 싶지 않기 때문이다. 이미 지나간 이 회한은 대체 무엇이냐? 불행한 듯 보이려는 이 실패한 시도는 대체 무엇이란 말이냐? 잘못과 후회 사이, 너희 죄의 무게와 너희 죄책감의 길이와 세기 사이, 그 균형을 정확하고 올바르게 측정하려는 이 계산일랑 바리사이들에게 맡겨라. 이 모든 것은 옛 계약에 속한다. 내가 죄와 치욕과 나쁜 양심을 다 품었다.

이제 새 계약이 태어났다, 낙원의 무죄 속에서, 물과 성령으로 다시 태어남으로써. 새로 태어난 이 세계의 광채가 너무도 강력하여, 너희 영혼은 — 성미를 거슬러 시도한다 해도 — 쇠락한 세계의 감촉들을 다시 체험할 수 없다. 꽃받침이 흘러넘치는 온기와 빛으로 자신에게 밀려드는 태양을 거부할 수 있느냐? 그 거룩한 빛을 바라보기에 합당하지 않아 마냥 잎을 오므리고 있을 수 있느냐? 부모가 자녀를 용서하고, 친구들이 서로를 용서할진대, 그들은 무엇을 창조할 수 없는 일개 인간임에도 그러한대, 너희의 창조주인 나에게 내 부활의 날에 이 출산의 행위가 어찌 불가능할 수 있다는 말이냐?

자, 이제 토마스야, 너도 오너라. 네 아픔의 구렁텅이에서 나오너라. 네 손가락을 여기에 대 보고 나의 손을 보아라. 너의 손을 뻗어 내 옆구리에 넣어 보아라. 그리고 너의 눈먼 고통이 나의 은총보다 더 잘 볼 수 있다고 착각하지 마라. 진을 치고 네 고통의 성안으로 숨어들지 마라. 물론 너는 네가 다른 이들보다 더 치밀하게 본다고 믿는다. 손에 증거들을 들고, 너 자신을, 너의 옛 인간을 흑백처럼 명확히 고수한다. 그 인간의 모든 것이 소리친다. "그럴 리 없어!" 너는 간극을 본다. 너는 그 간극을, 악행과 속죄 사이, 너와 나 사이의 그 거리를 정밀하게 잴 수 있다. 이 명확성을 거슬러 대항할 자 누가 있으랴? 너는 너의 슬픔 속으로 물러난다. 이 슬픔은 적어도 너의 것이다. 이 슬픔을 경험함으로써 너는 살아 있음을 느낀다. 그리고 누군가가 너의 슬픔에 손을 넣고, 그 뿌리를 뽑으려 했으니, 그가 너의 가슴에서 심장 전체를 찢어 내고 말았다. 그리하여 너는 너의 고통과 하나가 되었다. 그렇지만 나는 부활했다. 너의 현명한 고통, 네가 잠겨 있는 늙은 고통, 네가 그 안에 잠겨 나에게 충실을 증명할 수 있다고 착각하고 내 곁에 있을 수 있다고 믿는 그 고통은 지극히 시대착오적이다. 오늘 나는 젊고 복되기 때문이다. 그리고 네가 너의 충실이라고 부르는 것은 아집일 따름이다. 너의 손에 기준이라도 들어 있느냐? 너의 영혼이 하느님에게 무엇이 가능한지를 측정하는 척도이냐? 체험이 풍부한 너의 마음이 너에 대한 하느님의 뜻을 읽어 낼 수 있는 시계라도 되느냐? 네가 심오한 의미라고 여기는 것이야말로 불신앙이다. 그러나 네가 참으로 상처를 입었고, 네 심장의 고통이 너의 깊은 속에 이르기까지 다 드러나 열렸으니, 나에게 너의 손을 뻗어 그 손으로 또 다른 심장의 박동을 느껴라. 이 새로운 체험으로 너의 영혼이 항복하고, 켜켜이 쌓인 어두운 울분이 토해지리라. 나는 너를 제압해야 한다. 내가 너에게 면제해 줄 수 없는 게 있으니, 네가 가진 가장 좋아하는 것, 바로 너의 우울한 마음을 너에게서 받아 내는 것이다.

자, 내어놓아라, 그것이 너에게는 영혼과 같은 값이고, 그러면 너 자신이 죽을 수밖에 없다고 여길지라도. 그 우상을 내놓아라, 네 가슴 속 차가운 돌덩이를. 내가 그 대신에 살로 된 새 심장을, 나의 심장 박동을 따라 함께 뛰는 심장을 너에게 주리라. 살 수 없음으로 살고, 죽을 수 없기 때문에 병든 너의 그 자아를 나에게 주어라. 그렇게 그것이 소멸하게 하여라. 그러면 너는 마침내 살기 시작하리라. 너는 불가사의한 네 자아의 슬픈 수수께끼에 푹 빠져 있다. 그러나 너는 이미 간파되었고 파악되었다. 보라, 너의 심장이 너를 책망할지라도, 나는 너의 그 심장보다 더 크기 때문이다. 그리고 나는 모든 것을 안다. 빛 속으로의 도약을 감행하여라. 세계가 하느님보다 더 심오하다고 여기지 마라. 내가 너를 마음대로 할 수 없으리라고 생각하지 마라. 너의 도시는 포위되었고, 비축은 바닥났다. 너는 항복하지 않으면 안 된다. 사랑에게 문을 여는 것만큼 간단하고 달콤한 게 어디 있느냐? 무릎을 꿇고 이렇게 말하는 것보다 더 쉬운 게 무엇이냐? "저의 주님, 저의 하느님!"

내 나라는 너희 모두 안에서 익어 간다. 너희는 이 나라를 보지 못한다. 또는 희미하게 그저 작은 조각들만을 식별할 뿐이다. 그러나 나는 모든 심장의 임금이고 중심이다. 모든 심장의 잘 간수된 가장 내밀한 신비가 나에게 열려 있다. 너희는 외피를 본다. 이 외피로 사람들은 서로에게 자신을 가장한다. 나는 내면에서부터, 중심에서부터 영혼들을 들여다본다. 그 중심에 사람들은 무방비로 노출되어 있다. 그리고 거기 가장 깊은 내면에 너희의 실제 얼굴도 있다. 거기에 너희의 황금이 반짝이고, 거기에 너희의 숨겨진 진주가 있다. 거기에 그림과 초상화, 각인된 귀족 표지가 빛난다. 거기에 언제까지나 아버지의 얼굴을 바라보는 눈이 열려 있다. 거기에 몸이, 외적인 영혼이 졸고 있을지라도, 감실 앞에 등불이 깨어 지키고 있다. 겉으로 사람들이 미숙하고 서투르게, 자주 비뚤어지게 성취하려고 하는 것에 상응하여, 거기 그 안에 순수하고, 감동적이고, 호의적인 것이 있다. 그리고 그들이 정말로 사랑하고 서로에게 선을 행할 때면, 그들의 내적 얼굴도 빛나며 나를 향해 웃는다. 나는 그 인간 형제가 받는 것보다 더 많이 받는다. 그들 안에 있는 좋은 모든 것, 그들 자신은 착각하고 있고, 어쩌면 일종의 부끄러움 때문에 알려고 하지 않는 그 모든 선한 것이 내게로 향해 있다.

영혼들의 불가해한 아름다움, 그들이 한낱 피조물적인 반사에 홀리지 않도록 나의 아버지께서 그들에게 숨겨 두셨던 그 아름다움, 하느님 곁 가장 감동적인 이 아름다움이 베일을 벗고 내 눈앞에 있다. 너희는 이 모든 것을 보는 것이 참으로 경이롭다고 생각하지 않느냐? 나만이 셀 수 있는 이 수백만 심장들이 나의 심장 둘레로 엄청난 영역에 걸쳐 거대한 붉은 고통의 장미처럼 활짝 피어나는 것을 보는 것 말이다. 힘겹게 빛을 향해 숨쉬며, 그 많은 투쟁과 그 많은 위험과 그 많은 눈먼 모험, 도움을 향한 그 많은 기대 속에서, 끊임없이 두려움과 방해와 주저와 넘어짐과 낙하를 헤치고, 다시 정신을 차리고 계속 달려서 그렇게 피어났다. 모든 것이 나를 향해? 각각의 모든 삶이 한없이 꼬인 사슬이요 매 순간 새로 발명해야 하는 이야기이다. 꿈이요 막연한 약속이요 어렴풋한 예감이다. 그러다가도 갑작스러운 통찰이요 여전히 베일에 싸인 결정이요 분명 꿈길 같은 발걸음이다. 그리고 다시 여명이요 안개요 멈춤이다(어쩌면 그래도 차라리 자기 스스로 살겠다는 생각이다). 뒷걸음질이요 망설임이요 나지막한 실망이다.

하지만 그건 무엇이었던가? 어쩌면 나의 목소리인가? 귀 기울이기, 숙고, 뉘우침, 아니면 또는 의도적인 흘려듣기, 고집 센 비켜가기, 드러눕기, 죽은 자 놀이, 어쩌면 일 년 내내, 번개처럼 새로운 부름이 귀에 가 닿을 때까지, 갑작스러운 경련, 잠에서 벌떡 일어남, 그리고 시간을 많이 잃었다는 듯 황급히 길을 나섬인가? 그리고 이 모든 것이 수천 번, 늘 거듭, 그리고 매번, 각각의 영혼에서, 온전히 새롭게 일어난다. 곧 출범 중인 한 세계, 되어가고 있는 나라, 건설 중인 천상 예루살렘, 낙원으로 가는 민족들의 행렬이 언제나 나를 향해 온다. 그리고 모든 영혼이 나에게 주신 아버지의 선물이다. 나는 각각의 모든 영혼에게 다가가도 된다. 그들을 위해 나를 소모해도 된다. 그들 발밑에 나를 길처럼 펼쳐 놓아도 된다. 그들의 모든 운명의 길 위에 나를 세워도 된다, 생명에 이르는 둥근 문처럼. 각각의 영혼과 나 사이에 이 계약이 세워져 있다. 거룩한 혼인의 이 순결한 유대가 맺어져 있다. 각자에게 나는 전부이다. 최극단의 것, 무조건적인 것이요 아버지, 어머니, 친구, 배우자이다. 사랑스러운 모든 착각과 모든 거짓 연인들이 결국 실패했을 때도, 나는 각자를 위한 충만함으로 준비되어 있다. 누군가 진귀한 순 나르드 향유나 풀어진 진주 꾸러미처럼 한 생명을 내 앞에 부어 놓을 때면, 깨어진 옥합 그릇, 쏟아진 눈물, 풀어 헤친 머릿결의 광경이 늘 다시 반복된다.

이런 광경들 말이다. 야곱의 우물가 이야기, 바리사이 시몬의 집에서 벌어진 일, 또는 잊을 수 없으니, 성전에서 있었던 저 여인과의 대화, 또는 나에게 감사를 표하기 위해 혼자 돌아온 그 나병 환자의 눈길, 또는 자신의 들것 위에서 다시 살아나 앉아, 거기 고을 성문 앞에서 주위를 둘러보고 자신을 빤히 쳐다보는 사람들을 응시하며, 자기 어머니를 보고 마침내 나와 눈이 마주친 다음, 드디어 천천히 무슨 일인지를 알아차리기 시작했던 그 젊은이[18]의 눈길, 또는 십자가 아래 서서 모든 힘줄을 다해 나를 향해 애태우며 자신의 온 영혼을 하나의 쟁반처럼 나에게 바쳤던 나의 친구 요한의 눈길, 또는 마지막으로, 그 품속에 안기고 그 곁에서 자란 내 어머니와의 결코 마르지 않을 현존과 어머니가 친구요 신부가 되기까지의 점진적인

---

18 성경에 나오는 나인 고을의 과부의 아들을 말한다. — 역자 주

변모 말이다. 그 모든 것이, 세계가 시작된 이래로, 나에게 바쳐졌다(오, 경배여!). 성조들 역시 내 날을 보기를 갈망했으니, 그들은 그날을 보았고, 그날이 그들에게 위로가 되었다. 나중에 셀 수 없는 성인들의 무리가 그날을 보았으니, 나는 얽히고설킨 수많은 은총의 길들 위에서 그들이 자신의 영혼을 온전히 다 내어 주게 하였다.

그러나 저 깊숙한 아래, 안개 속에, 아버지의 태양의 혜택을 적게 받은 다른 이들도 마찬가지이다. 그들은 힘겨운 길들을 따라 비틀거리며 나에게로 오고 있으니, 자신들의 잘못과 거의 나아지지 않는 자신들의 운명을 짊어지고 헐떡인다. 그들은 작은 이들이고, 끝이 보이지 않는 무리처럼 비천한 민족이다. 그들 가운데 적은 이들만이 안다. 그리고 대부분은 어둠 가운데 아둔하게, 나를 알아보지 못한다. 나는 그들의 눈먼 눈에는 그저 희미하고 모호한 빛과 같을 뿐이다. (내가 손을 대어 고쳐 준 저 눈먼 이가 처음에, 사람들이 보이는데 걸어 다니는 나무처럼 보인다고 한 것과 같다.) 그러나 여명이라도 보게 되면, 그들은 이미 미소를 지으며 기꺼이 다시 큰 걸음으로 앞서간다. 사람들이 노력하고 발명하는 모든 것 역시 나의 것이고 나의 중심을 목표로 한다. 그리고 그 모든 것 가운데 내 나라에서 사라지고 마는 것은 아무것도 없다. 그들이 나의 원형에서 언뜻 본 다음 이를 본떠, 여러 상들과 집들, 다리들에 옮겨 놓은 것, 그들이 내 목소리에 공명하여 음악으로 바꾸어 놓은 것, 나의 새하얀 빛을 수많은 색채와 모양으로 흩어 놓은 것 — 사람들은 자주 아름다운 것에 눈물을 흘리니, 그들은 알지 못하지만 내가 그 안에서 그들의 심금을 울렸기 때문이다 —, 일찍이 그들의 창조적인 본능 안에서 아주 깊은 중심으로부터 작품으로 끄집어 올려 명인의 계획 안에서 더 멀리, 그 초라한 윤곽과 그 무딘 선보다 무한히 더 멀리 어딘가를 암시할 수 있기를 바랐던 것, 이 모든 것이 보이지 않을 만큼 끝없이 연장되는 가운데 나의 중심을 목표로 하지 않으면 안 된다. 그리고 연방과 국가와 민족들 안에서 사람들이 공동체성과 상호 협력을 통해 이룩한 모든 것은 나를 염두에 두고 창안되었으며, 그 모든 것이 진주로 된 열두 성문을 가진 도성의 그림자이고, 내가 내 나라를 건설하는 데 쓸 돌이요 기둥들이다.

그리고 그들은 자신들의 우상들 안에서도 나를 섬겨야 한다. 나를 거부하고 박해하는 이들은 자신들의 계몽된 이상들의 쓰레기 더미에서 내 흔적을 찾아 이리저리 헤집는다. 모두에게 나는 길이요 진리요 생명이다. 그들이 자신들이 가는 길이 무슨 길인지를 모른다 해도, 그 길이 어디로 이어지는지 알아채지 못한다 해도, 그들이 수수께끼들의 파편에서 얻는 것 외에는 진리에 대해 알지 못한다 해도, 그리고 그들이 생명이라 일컫는 것은 그저 내 안에 있는 생명의 허약한 반향이요 왜곡된 반사일지라도 그렇다. 엠마오로 가는 길,

내가 그 길을 얼마나 자주 걸었던가, 그들 곁에서, 내 이름을 결코 들어 본 적이 없다는 듯 나를 알아보지 못했던 그들을 동행하며, 내가 그들에게 생명의 책을 풀이해 주는 동안에 그들 마음이 타올랐고 ― 어찌 내가 침묵할 수 있으랴 ― 함께 걷는 기쁨 속에 나의 마음도 타오르지 않았던가.

 이제 나는 가난한 이들 사이에 현존한다. 그들이 차가운 판잣집에서, 내일에 대한 확신도 없이, 탄식과 체념 가운데 누더기를 걸치고 누울 때면, 나는 그들이 깜박 잠들기 전에 보이지 않는 손으로 그들의 영혼을 쓰다듬는다. 그리고 아버지의 뜻을 거스르는 고의성 없는, 아, 참으로 이해할 수 있는 그들의 반항을 말끔히 닦아 내고 그들에게 충만하고 고통스러운 인내심을 마련해 준다. 활기찬 아침에 그들이 공장으로 가거나 기쁨 없는 하루 일을 위해 나설 때, 나는 그들과 함께 동행한다. 그들의 일과는 어렵고 힘든 점에서 나의 일과 아주 비슷하다. 나는 병실들을 돌며 앓고 있는 내 형제들을 방문한다. 그들은 자신들의 고통으로써 나의 일에 협력한다는 사실을 알지 못한다. 나는 전장들을 돈다. 거기 끝나 가는 생명이 낙원을 세 발짝 앞두고 죽음의 경련 가운데 몸부림친다. 나는 죄와 타락과 절망의 지하 세계 전체를 통과해 가며 모든 것을 진정시키는 가운데, 오물에 덮인 채 구원의 불을 기다리는 많은 작은 보석들을 발견한다. 내가 손을 대는 것은 무엇이나 보게 되고, 내가 축복하는 것은 깨끗해지며, 내가 바라보는 것은 희망 속에 똑바로 선다. 나는 아무도 실망시키지 않는다. 나는 모든 공허를 채울 만큼 부요하다. 세상의 모든 행복을 뛰어넘을 만큼 행복하다. 끝까지 버림받은 것을 나에게로 가로채 올 만큼 강력하다. 내 나라는 한계가 없고 한없이 넘치니, 내가 어찌 이를 사랑하지 않으랴? 누가 자기 몸을 사랑하지 않으랴? 교회가, 그리고 교회를 통해 세계가 내 몸이다. 누가 신부를 위해 가벼운 마음으로 목숨을 바치지 않으랴? 내 안에서 창조된 모든 것은 — 나 없이는 아무것도 없었으니 — 내 말씀의 씨를 위한 모태이고 나의 입맞춤을 위한 순결한 입이다.

그럼에도 그것은 나의 최종적 행복이 아니다. 내 나라는 나의 나라가 아니다. 나에게 속한 모든 것은 아버지께 속한다. 창조된 나의 형제들이여, 너희 모두를 나는 나의 아버지 때문에 사랑한다. 너희는 개선 행렬과 함께 가져와 아버지의 옥좌 앞에 쏟아 놓는 나의 전리품이다. 나를 믿어라, 아버지는 너희를 사랑하신다. 너희를 너무나 사랑하시어, 나를 아끼지 않으시고 너희를 위하여 나를 내어 주셨다. 행동한 건 그분이시고, 나는 다만 그분의 행동이었다. 그분이 계획하시고 마련하시고 토대를 닦으셨다. 너희가 아직 죄인이었을 때 그분이 너희를 선택하시고 예정하시고 사랑하셨으며, 너희를 당신께로 잡아끄시어 너희가 은총을 받고 그분 권능의 위대함을 선포하게 하셨다. 나라는 그분 것이다. 그러니 너희는 "당신 나라가 저희에게 오소서!" 하고 기도해야 한다. 내 뜻이 아니라 그분의 뜻이 이루어져야 한다. 내가 두려움과 피로 이룩한 나라, 오늘 이 부활의 날에 세운 이 나라를 나는 아버지의 손에 맡겨 드린다. 나는 그분을 경배하며 그분 발 앞에 그 나라를 펼쳐 놓는다. 왕국 하나를 창칼로 점령하고 그것을 자신의 신부에게 선물로 주는 한 남자의 행복을, 삼라만상 세계를 아버지께 넘겨 드리는 나의 행복과 어찌 비교할 수 있으랴? 가장 좋은 선물 역시 당연히 빛들의 아버지께서 내려 주시는 것이기 때문이다.

그리고 선물하는 이는 그 누구도, 자신에게 그분이 이미 먼저 베풀어 주지 않으신 것을 그분에게 드릴 수 없다. 그분 영광의 광채요 그분 존재의 거울인 나 역시 오로지 그분을 통해 존재한다. 성령 안에서 그분이 나를 감싸시고, 나와 함께 당신의 피조물을 감싸신다. 그분이 받으시는 것 가운데 그분에게서 흘러나오지 않은 것이 무엇이 있으랴, 모든 선의 근원이신 그분에게서? 나의 행복도 그러하니, 나는 그분 소유이고 그분 빛의 광채이고, 혼탁한 세계를 통과해 끊임없이 그분 품으로 돌아간다. 하지만 나는 그분에게서 나올 때보다 돌아갈 때 더욱 부요하다. 아버지와 나, 우리 둘을 일치시키는 성령은 우리 둘에게서 발출하지 않는가? 내가 성령을 내쉬지 않는다면,

신성이 완성될 리 있겠는가? 그리고 내 안에서 세계는 이 창조에 또한 피조물적인 방식으로 참여하지 않는가? 그 자체로 선물인 세계 역시 모든 것을 선사하시는 아버지 앞에 두 손 가득히 들고 기꺼이 나아가서는 안 되는가? 나라의 씨앗이 자신에게 부여된 자기 본연의 힘으로 예순 배, 백 배의 열매를, 충만한 수확을 내서는 안 되는가? 두 거울 사이에 붙잡힌 빛과도 같이, 나의 복된 행복은 두 기쁨 사이에서 일렁인다.

곧 하나는, 내 아버지께 속하지 않는 것은 아무것도 내 것으로 소유하지 않는 것이다. 심지어 내 안에서 나는 나에게 주시는 아버지의 선물이다. 그리하여 나의 온 존재 안에서 언제나 나는 오로지 그분의 호의만을 만난다. 그리고 다른 하나는, 나의 힘으로 그분에게 이 나라를 세워 드려도 되는 것이다. 그분 자신은 겪지 않으셨던 고통과 죽음을 통해서 말이다. 그리고 우리 둘에게서 발출하는 성령 안에서, 태양 아래 견고한 수정과도 같이 속이 꽉 찬 우주를 그분에게 넘겨 드릴 수 있는 것이다. 다음의 둘도 복되다. 곧 그분만이 드러나시도록 사라지는 것, 그리고 그분 말씀이 되어 그분을 선포하기 위해 다시 나타나는 것. 출렁이는 이 사랑놀이에 나와 세계는 푹 빠져 있다. 더 이상 아무것도 없다, 언제나 더 크신 아버지의 더 큰 영광밖에는.

11장

발타사르는 11장을 통해 제자들, 특히 토마스 사도에게 발현하신 부활의 예수께서 하셨을 법한 일련의 말씀을 소개하고 있다. 주님은 인류의 모든 어두움을 끌어안고 죽음 가운데 산화하셨지만, 마침내 그 죽음의 한가운데서 부활하셨다. 그리고 좌절과 회의 가운데 갇혀 있던 제자들에게 나타나 마침내 당신의 사랑이 세상의 악을 쳐 이기고 승리하셨음을 선포하셨다. 이 장에서 소개되는 부활하신 주님의 말씀을 귀 기울여 들어 보자.

"토마스야. 내가 어디에서 승리를 거두었겠느냐, 십자가에서가 아니라면? 보라, 나의 신비는 이것이다. 곧 나의 십자가는 구원이고, 나의 죽음은 승리이며, 나의 어둠은 빛이다. 이 신비 외에는 하늘과 땅에 다른 신비가 없다. 내가 괴로움 가운데 십자가에 달려 있었을 때, 버림받고 거부당하고, 내 수난은 헛되었나 싶어, 공포가 내 영혼에 들이쳤다. 나의 심장은 뛸 때마다 더욱 피폐해져 갔다. 내 힘은 시냇물처럼 내게서 빠져나갔다. 무시무시한 죽음이었다."

"그리고 이것이 바로 나의 승리였다. 내가 추락하는 동안에 새 세상이 올라왔다. 내가 모든 약함 너머에 이르기까지 시들어 갔던 동안에, 나의 신부, 교회가 강건해졌다. 내가 나를 잃고 온전히 단념한 채 내 자아의 방에서 빠져나와 피난처도 없이, 자아의 가장 비밀스러운 은신처에서 내쫓겼을 동안에, 보라, 나는 내 형제들의 심장에서 깨어난다."

그러나 동시에 예수님은 부활의 빛으로 우리가 지닌 어두움을 적나라하게 드러내며 이렇게 야단치셨다.

"나는 너희가 사다리로 무장을 하고 기어오르려는 것을 본다. 그 어떤 대가를 치르더라도 위로 오르려는 것을. 너희의 사다리는 기도, 묵상, 명상이다. 이런 것으로 너희는 나를 파악할 수 있다고 여긴다. 너희는 심지어 겸손도 덕으로 해석하고, 악력을 연습하듯 힘써 연습한다. 아주 당연한 포기를 희생이라 부른다. 너희의 공명심은 교회의 권력이기도 하다. 너희는 그 권력을 크고 아름답게, 포괄적으로 소유하기를 바란다. 너희는 성덕을 추구한다. 이것이야말로 너희가 성덕을 가지지 않았다는 표지이다."

마지막으로 주님은 당신을 따르려는 모든 이에게 다음과 같은 비결을 알려 주셨다.

"너희가 나를 따르겠다고? 나의 제자라 불리기를 원한다고? 그렇다면 내가 지녔던 마음을 따라 살아라. 참으로 하느님인 나는 하느님과 같음을 고집하지 않고, 나 자신을 비우고 없애고 종의 모습을 취해 사람들과 똑같이 되었다. 인간 일상의 모습을 취하고 나 자신 밑으로 내려갔다. 예속 상태에서 죽음에 이르기까지, 십자가 죽음에 이르기까지."

토마스야, 너는 네 손가락을 내 열린 옆구리에 넣어 보았다. 너의 영혼도 더듬어 깨달았느냐, 나는 마음이 온유하고 겸손하다는 말이 무슨 의미인지를? 나의 제자야, 너는 알아챘느냐, 참으로 내 심장 안에 들어 있고 테두리까지 충만하게 넘치는 이 신비, 가장 내적인 이 심장의 신비를? 친구들아, 너희가 이해했다면, 혼미한 정신과 먹먹한 슬픔을 지니고 엠마오로 가는 영원한 길을 그리 무겁게 걸었겠느냐? 왜 내가 수난하고 죽어야 했는지, 내 나라는 왜 오지 않았는지, 어찌하여 너희 희망이, 너희의 어린애 같은 희망이, 장난감처럼 부서졌는지, 너희는 몰라 머리가 깨질 듯 아팠겠느냐? 날마다 깁는 일을 포기할 수 없어 날마다 다시 찢어지는 그 희망을?

보라, 내가 직접 너희의 이 희망을 부수어 깬다. 왼편과 오른편으로 권좌들이 놓여 있고 화려한 구조물들로 이루어진 나라, 곧 이루어질 나라에 대한 희망, 해 뜨는 데서 해 지는 데까지 온 민족들을 다스리는 승리하는 교회에 대한 희망, 너희가 그리스도의 나라에서 항구히 이어지는 그리스도의 평화라고 부르는 것에 대한 희망을! 실상 그 평화는 이 세상의 나라에서 이어지는 안녕과 확실한 현존에 대한 너희의 갈망에 지나지 않는다. 너는 내가 부활했음을 흑백처럼 분명히 알고자 한다. 토마스야, 너는 보려 하고, 이 나라를 믿지 않는다. 너는 상처들을 보려 한다, 그 상처들을 느끼는 대신에, 나와 함께 수난하며 이 나라의 승리를 쟁취하는 대신에.

내가 어디에서 승리를 거두었겠느냐, 십자가에서가 아니라면? 너희는 유다인과 이방인들처럼 눈멀어, 골고타가 나의 추락이요 파멸이었다고 착각하느냐? 그리고 비로소 나중에, 사흘 뒤에, 내가 죽음에서 돌아와 저승의 목구멍에서 힘겹게 기어올라 와 다시 너희 가운데 나타났다고 생각하느냐?

보라, 나의 신비는 이것이다. 곧 나의 십자가는 구원이고, 나의 죽음은 승리이며, 나의 어둠은 빛이다. 이 신비 외에는 하늘과 땅에 다른 신비가 없다. 내가 괴로움 가운데 십자가에 달려 있었을 때, 버림받고 거부당하고, 내 수난은 헛되었나 싶어, 공포가 내 영혼에 들이쳤다. 모든 것이 어두웠다. 이를 갈며 분노하던 군중만이 입을 삐죽

거리며 나를 조롱했다. 하늘은 침묵했다. 경멸하듯 입을 굳게 다물었다. 찢기고 구멍 난 내 손과 발의 열린 문들로 피가 뿜어져 나왔다. 나의 심장은 뛸 때마다 더욱 피폐해져 갔다. 내 힘은 시냇물처럼 내게서 빠져나갔다. 내 안에 남은 것은 그저 무능과 죽음의 탈진, 끝없는 실패였다. 그리고 마침내 존재의 가장자리, 신비로운 그 마지막 장소에 이르렀다. 그러고는 공허 속으로의 추락, 바닥없는 심연으로의 고꾸라짐, 소멸, 파국, 탈존재, ― 무시무시한 죽음이었다. 나만이 겪은 죽음이었다. (너희 모두에게는 나의 죽음으로 그러한 죽음이 면제되었다. 죽는다는 것이 실로 무슨 의미인지를 아무도 경험하지 못하리라.)

그리고 이것이 바로 나의 승리였다. 내가 추락하는 동안에, 그저 계속 추락만 하고 있는 동안에, 새 세상이 올라왔다. 내가 모든 약함 너머에 이르기까지 시들어 갔던 동안에, 나의 신부, 교회가 강건해졌다. 내가 나를 잃고 온전히 단념한 채 내 자아의 방에서 빠져나와 피난처도 없이(하느님 안에도 피난처는 없었으니), 자아의 가장 비밀스러운 은신처에서 내쫓겼을 동안에, 보라, 나는 내 형제들의 심장에서 깨어난다. 내가 너희에게 말하지 않았더냐, 밀알 하나가 땅에 떨어져 죽어야만 많은 열매를 맺을 수 있다고? 죽지 않으면, 한 알 그대로 남을 뿐이다. 그러나 그러한 죽음에서 무슨 일이 일어나는가? 밀알은 밀알이기를 멈추고, 뿌리는 생명을 위해 저장해 둔 것들을 소모한다. 남은 것은 줄기가 마저 다 먹어 없애고, 시간이 가면 드디어 풍성한 이삭들이 바람과 태양 아래 살랑거린다. 그러면 이제 밀알은 어디에 있는가? 황금빛 이삭들을 손으로 쓰다듬으면서, 그 누가 어둡고 축축한 땅속, 그 칙칙한 성장 과정을 떠올리는가? 밀알은 소모되어 이삭들 안에서 부활했다. 그 자신이요 동시에 그 자신이 아니다. 이것이 모든 밀밭에서 수억 번도 넘게, 해를 넘겨 가며 매번 새롭게 일어나니, 내 나라와 내 사랑이 바로 그와 같다.

그러나 너희, 나의 아이들아, 너희는 무엇을 바라느냐? 나는 너희가 사다리로 무장을 하고 기어오르려는 것을 본다, 그 어떤 대가를 치르더라도 위로 오르려는 것을. 너희는 키가 작다. 나를 보려고 나무에 올라간다. 그리고 자주 내가 그 나무이다. 너희의 사다리는 기도, 묵상, 명상이다. 이런 것으로 너희는 나를 파악할 수 있다고 여긴다. 너희가 말하는 또 다른 사다리는 덕이다. 덕은 수많은 높은 가지들을 가지고 있다. 이 덕의 사다리 위로 너희는 날쌔게 오르며, 누가 더 잘 하는지 서로 곁눈질을 한다. 너희는 심지어 겸손도 덕으로 해석하고, 악력을 연습하듯 힘써 연습한다. 고행과 내적 가난과 고난 속에서의 인내라는 나의 거룩한 말들, 그리고 나의 거룩한 모범인 구유와 십자가를 너희는 끊임없이 너희 입에 올린다. 그러면서 지극히 작은 어려움을 십자가라고, 아주 당연한 포기를 희생이라 부른다. 심지어 너희는 너희의 바람들을 관철하기 위해 내 십자가를 사다리로 이용한다. 너희는 나중에 그만큼 더 많은 효과를 얻기 위해 어쩌면 고통을 참는다.

너희의 공명심은 교회의 권력이기도 하다. 너희는 그 권력을 크고 아름답게, 포괄적으로 소유하기를 바란다. 너희 자신이 직접 다스리지 못한다 해도, 너희는 교회가 어떻게 민족들을 양 떼처럼 돌보는지, 흐뭇하게 바라본다. 이 권력욕이 너희 안에 얼마나 끈질기게 자리 잡고 있는가! 내 이름 때문에 세상에서 자기를 버린 모든 이 안에 숨겨진 채로 그것이 얼마나 그대로 살아 있는가! "너희 눈이 열리고, 너희는 신들처럼 되리라"고 유혹하는 옛 뱀의 노래가 얼마나 달콤한가! 그리고 그 자리가 더 비밀스러운 의미로는 첫 자리일 때만 많은 이가 끝자리를 찾는다. 주의하여라, 세상이 너희의 겸손에 박수 치는 것을 잊으면, 너희는 실망이 무엇인지 깨닫지 않겠느냐? 너희가 얼마나 영적인 품위에 열중해 있는지! 사람들의 종교를 너희에게 인사하느냐 인사하지 않느냐에 따라 평가하는지!

너희는 성덕을 추구한다. 이것이야말로 너희가 성덕을 가지지 않았다는 표지이다. 거룩한 이는(바로 나다) 그것을 얻으려고 힘쓰지 않는다. 무의식적으로, 거리낌 없이, 자신은 신경 쓰지 않고, 자기 형제들의 지친 발을 씻어 주기 위해 허리를 굽힌다. 하느님을 향한 자신의 배고픔일랑 잊어버리고, 형제들을 식탁에 앉게 한 다음 이리저리 돌아가며 시중을 든다.

내가 누구를 생각했겠느냐, 너희가 아니라면? 내가 추위에 떨며 아이로 구유에 누워 있었을 바로 그때에. 타볼 산의 광채 속에서 내가 모세와 엘리야와 함께 무엇에 대해 이야기했겠느냐, 너희를 위한 나의 수난에 대해서가 아니라면? 내가 누구를 위해 아버지에게 표징을 청했겠느냐, 너희를 위해서가 아니라면? 내가 누구 때문에 그 끝없는 십자가 길의 십사처를 비틀거리며 걸었겠느냐, 너희를 위해서가 아니라면? 그리고 내 신성 자체와 내 아버지의 품, 이 모든 것을 내가 누구를 위해 버렸겠느냐, 너희를 위해서가 아니라면? 너희가 나를 따르겠다고? 나의 제자라 불리기를 원한다고? 그렇다면 내가 지녔던 마음을 따라 살아라. 참으로 하느님인 나는 하느님과 같음을 고집하지 않고, 나 자신을 비우고 없애고 종의 모습을 취해 사람들과 똑같이 되었다. 인간 일상의 모습을 취하고 나 자신 밑으로 내려갔다, 예속 상태에서 죽음에 이르기까지, 십자가 죽음에 이르기까지.

너희는 나에게 이렇게 말한다. "스승님, 스승님은 위에서 오셨고, 부요하셨고 아무것도 더 필요하지 않으셨습니다. 하느님이셨습니다. 그러니 어찌 신적인 생명에 대한 갈망이 있으셨겠습니까. 그러나 우리는 작고, 우리 안의 모든 것이 늘 조금 더 많은 것을 욕망합니다. 하느님을 소유하고 싶어 하는 것이 피조물인 우리의 타고난 욕구입니다." 하지만 그렇게 말하는 너희는 너희가 무슨 정신을 가지고 있는지 알지 못한다. 너희가 하느님과의 유사성을 갈망한다고? 그렇다면 나를 바라보아라. 그렇다면 나의 길을 걸어라. 너희 생각에, 내가 이미 하느님이었기에 아무것도 더 얻을 필요가 없었다고? 그것이 내가 너희에게 계시해 준 하느님이냐? 아무것도 필요 없이 스스로 자족하는 하느님, 이 세상의 똑똑하다는 이들의 그 하느님이냐? 그러한 이들의 철학은 너희에 대한 나의 사랑 앞에 부끄러운 것이 되었다. 하느님인 것, 이것이 나에게는 충분하지 않았다. 나는 나의 충만함 안에 아쉽게도 너희의 모자람이 채워져 있지 않다고 믿었다. 나는 너희의 종이 되기 위해 나의 신성을 버림으로써, 오직 그럼으로써만 너희에게 그 신성을 증명하기를 바랐다. 너희가 나를 지나쳐 아버지에게로 가려는 의도가 무엇이냐?

하느님에게서 가장 신적인 것이란 바로 이것이었다(그리고 이것을 보여 주는 것이 나의 관심사였다). 곧 하느님은 당신 자신을 포기하실 만큼 참으로 자유로우시다는 것, 바로 그것이었다. 충만에 대한 너희의 욕구를 가리켜 너희는 사랑이라 부른다. 그러나 하느님이 아니라면 그 누가 사랑의 본질을 아느냐? 하느님은 사랑이시기 때문이다. 너희가 하느님을 사랑하는 것이 사랑은 아니다. 하느님이 너희를 사랑하셨고 자기 영혼을 나의 형제들인 너희를 위해 바치신 것이 사랑이다. 그분의 영원한 행복은, 너희에 대한 헛된 사랑으로 자신을 소모하는 것에서 기쁨을 느끼는 것이었다. 그분의 초세상적인 단일성은, 너희를 신적인 생명으로 먹이기 위해 빵과 포도주의 신비 안에서 자신을 눈처럼, 바닷가의 모래알처럼 수천 배 수만 배로 불리시는 것이었다. 그분의 자기 충족은, 배고프고 목말라 하신 것, 그리고 당신의 지체들 안에서 그 모든 가난과 치욕, 감옥과 헐벗음, 병고를 겪으신 것이었다. 나의 형제들아, 그분의 승리는 이것이었다. 곧 내가 나의 신성조차도 제압하고, 종의 모습 안에서 주님을, 죄의 형상 안에서 사랑의 본질을 계시할 수 있었다는 것이었다. 내가 하느님 밖에서도 하느님 안에 있을 수 있었다는 것이었다. 내가 아니었던 모든 것 안에서 내가 모든 것이 되었다는 것이었다.

자신을 내어 준다는 것이 무슨 의미인지를 알아들어라. 그것은 자유로이 자신의 자유를 박탈당하는 것, 사랑으로 더 이상 자유롭지 않게 되는 것, 자신이 더 이상 자기 자신의 주인이 아닌 것이다. 여행길이 어디로 이어질지 자신은 더 이상 결정할 수 없는 것, 자신을 넘겨주는 것, 원하지 않는 방향으로 우리를 이끌고 가는 지속적인 요구들에 자신을 내맡기는 것이다. 그렇다면 어디로? 너는 최고로 높은 어느 절벽에서 추락한다. 너의 추락은 자유롭다. 하지만 네가 추락하자마자 중력이 너를 잡아당긴다. 너는 죽은 돌처럼 골짜기 밑바닥까지 구를 뿐이다.

그리하여 나는 나를 내어 주기로 결심했다, 내 손에서 나를 내려 놓고 나를 주기로. 누구에게? 상관없었다. 죄에, 세상에, 너희 모두에게, 악마에게, 교회에게, 하늘 나라에, 아버지께… 그저 오롯이 자신을 내어 준 존재가 되는 것뿐이었다. 그 위로 독수리들이 모여드는 시체가 되는 것뿐이었다. 소모되고, 먹히고, 삼켜지고, 엎질러지고, 쏟아진 자, 노리갯감, 철저히 이용당한 자, 찌꺼기까지 다 짜내지고 한없이 짓밟힌 자, 치여 깔리고 공기로 흩어지고 바다로 흘러 녹아든 자, 모조리 해체된 자가 되는 것이었다.

이것이 계획이었다. 이것이 아버지의 뜻이었다. 그리고 나는 순종하는 가운데 그 계획을 실행함으로써(순종이 실행 그 자체였다), 세계를 충만히 채웠다, 하늘부터 지옥까지. 그리하여 모든 무릎이 내 앞에 엎드리고, 모든 혀가 나를 고백하지 않으면 안 된다. 이제 나는 모든 것 안에 모든 것이다. 그러므로 죽음도, 나를 액체처럼 녹였던 죽음도 나의 승리였다. 나의 몰락, 나의 어지러운 하강, 저 아래(나 자신 밑으로) 하느님에게는 어울리지 않는 낯선 모든 것으로의 나의 내림, 저승으로의 하강! 이것이 바로 이 세상이 내 안으로, 하느님 안으로 상승하는 것이었다. 나의 승리였다.

너희는 하느님 안에 있다 — 내 신성의 대가로. 너희에게는 사랑이 있다 — 나는 사랑을 너희에게 잃었다. 이 상실이 내 나라이다.

내 나라는 이 세상 것이 아니다. 그러나 세상은 내 영역 안에 있다. 십자가에서 내 심장이 쥐어짜듯 피땀을 흘리고 모든 힘이 다 빠졌을 때, 공허와 무능만이 여전히 고통을 당하고, '더 이상 어찌할 수 없음'과 '더 이상 아무 의욕도 없음'이 심장에서 한 방울 한 방울씩 떨어졌을 때, 심장에서 모든 피가, 영혼에서 모든 영이 이미 다 새어 나갔을 때, 이제 거기 그저 무無만이 피를 흘렸다. 보이는 것으로는 살로 된 심장이, 보이지 않게는 영혼과 정신과 하느님이 창에 찔렸을 때, 거기 최종적인 탈진의 물이 흘러나왔다. 하느님 자신이 내 안에서 소진되었다. 바닥날 수 없는 것이 바닥났다. 존재의 바다가 말랐다. 생명이 남김없이 소모되었고, 사랑이 다했다.

이것이 나의 승리였다. 십자가에 부활이 있었다. 죽음에서 세상의 무덤이 격파되었다. 공허 속으로의 추락이 승천이었다. 이제 내가 세상을 모조리 채운다. 모든 영혼은 결국 나의 죽음으로 산다. 자기 자신을 내려놓으려는 사람, 자신의 협소함, 자신의 뜻, 자신의 힘, 자신의 반항과 고집을 포기하려는 사람, 바로 그 사람에게서 내 나라가 자란다.

하지만 사람들은 이것을 그저 억지로 행하고, 내 은총에 내맡기기보다는 오히려 모든 것에 흡족해한다. 그러니 나는 멀고, 먼, 일생 동안의 길들을 그들과 함께 가야 한다, 그들이 진리를 깨달을 때까지, 그들이 자신들이 이해하지 못한다는 것을 알아 고집 센 손가락들을 벌리고, 내 심장 안에 잠길 때까지. 자신들 아래 바닥이 심하게 흔들린다는 것을 느끼면서도, 그 바닥없는 것을 새로운 토대와 시점視點으로 삼지 않고, 뚫린 것을 메워 더 높은 밀실로 만들지 않을 때까지. 내어 줌의 희생을 더욱 현명한 방어로, 하느님의 어리석음을 더욱 섬세한 지혜로 삼을 때까지. 그들이 자기 자신에 대한 습관적인 시선을 진정으로 버리고 마침내 나를, 처음 보듯 나를 바라볼 때까지. 그리스도교에 참으로 정통한 그들에게 멀리서부터 여명처럼 내 나라의 지평이 열릴 때까지. 그들이 권태와 계산에 싫증이 나, 처음으로 말씀을 이해할 때까지.

곧 너희가 어린이처럼 되지 않는다면… 어린이는 무방비이다. 어린이는 사공 없는 나룻배처럼 영혼의 물결 위에서 갈 때까지 간다. 어린이는 울 때, 온전히 운다. 자유로이 자신을 눈물에 내맡긴다. 슬픔을 억제할 줄 모른다. 어린이는 이 눈물의 홍수에서 피신할 수 있는 높은 성탑을 가지고 있지 않다. 울음이 다할 때까지 운다, 구름이 사라질 때까지 하늘이 비를 내리는 것처럼. 기뻐할 때는, 완전히 기쁨으로 바뀐다. 속속들이, 이것저것 고려하지 않고 한없이 기쁨을 만끽한다. 두려움을 가질 때는, 그 두려움은 순수하다. 어린이의 현명함은 (치명적 현명함이니) 무시무시한 것과 자신의 영혼 사이에 유리벽을 세우지 않는다.

이 세상 현자들은 너희에게 이렇게 선포한다. 행복하여라, 석면으로 지은 방을 가지고 있어 삶의 그 어떤 물이나 불에도 시달리지 않는 사람. 행복하여라, 자신의 열정들을 잘 훈련하고 절제하여 자신의 보루 둘레로 넘을 수 없는 장벽을 쌓고 운명 앞에 끄떡없이 사는 사람. 그러나 나는 너희에게 이렇게 말한다. 행복하여라, 어린이처럼, 결코 극복되지 않는 현존에 자신을 내맡기는 사람, 허투루 지나치는 일 없이, 끊임없이 넘치는 나의 은총에 자신을 내어 주는 사람. 행복하여라, 자신들의 숭고한 빛에 만족하며 더 이상 해명을 필요로 하지 않는 계몽된 자들이 아니라, 나무에서 떨어지는 것 말고는 아무것도 할 게 없는 원숙한 자들이 아니라, 날마다 나의 비밀들 앞에 서서 그것들을 풀 수 없어 불안해하며 쫓기고 떠도는 사람들. 행복하여라, 영이 가난한 사람들, 정신이 빈한한 사람들! 불행하여라, 부요한 사람들. 두 배로 불행하여라, 영이 부요한 사람들! (하느님께는 불가능한 것이 없지만) 그러한 영에게는 그 두꺼운 심장을 감동시키는 것이 실로 어렵기 그지없다.

가난한 이들은 자발적이며, 이끌기가 쉽다. 강아지와 비슷하게, 주인이 접시에서 작은 조각이라도 던져 줄까 하여 주인의 손에서 시선을 떼지 않는다. 가난한 이들은 참으로 주의 깊게 나의 눈짓을 따르고, 바람에 귀 기울인다(바람은 불고 싶은 대로 분다). 바람의 방향이 바뀔 때조차도, 그들은 하늘의 날씨를 알고 시간의 표징들을 해석한다. 나의 은총은 눈에 잘 띄지 않는다. 그러나 가난한 이들은 작은 선물에도 만족해한다. 그리하여 나는 가난한 이들, 장애인들, 다리 저는 이들을 내 잔치에 초대했다. 그리고 품격 있는 사회의 가장 바깥으로 기분 좋게 물러난 이들, 곧 부랑자들, 길거리의 노상강도들, 불량배들, 난민들을 초대했다. 이들은 나의 사랑스러운 손님, 존경받는 손님들이다. 이들 가운데 함께하는 것이야말로 나의 즐거움이다. 나는 세리와 창녀들과 더없이 친밀하게 지낸다. 이들이 너희보다 먼저 하늘 나라에 들어갈 것이기 때문이다. 시몬아, 너는 여기 이 여자를 보고 있느냐? 그저 천한 계집이다. 그러나 이 여자는 많이 사랑했고, 자신을 하찮게 여겼다. 그리하여 이 여자는 많이 용서받았다. 모든 것을 용서받았다. 이 여자는 내 평화의 선물을 가지고 돌아가도 된다.

나는 빈 그릇에 나의 충만함이 부어지기를 바란다. 희망 없는 심장들에 나는 새 희망의 뿌리들을 내리려 한다. 아이를 못 낳는 사라의 태중에 약속의 아이가 들어앉게 하려 한다. 너희의 열심한 신심이 대체 무엇이란 말이냐? 너희의 '영적인 삶'의 허세가 대체 무엇이란 말이냐? 내가 바라는 것은 자비다. 희생 제물이 아니다. 너희는 완전성을 추구한다. 옳은 일이다. 그러나 하늘에 계신 너희 아버지와 다른 완전한 사람이 되어서는 안 된다. 아버지께서는 의로운 이에게나 불의한 이에게나 당신의 해가 떠오르게 하시고, 선인에게나 악인에게나 비를 내려 주신다. 오후 다섯 시부터 와서 일한 종들에게도 오전 아홉 시부터 와서 온종일 고생한 첫 사람들과 똑같이 동일한 품삯을 주신다.

너희는 완전성을 추구한다. 옳은 일이다. 그러나 나는 너희에게 묻는다, 무엇을 위해서인가? 네 형제들의 구원이 너희를 다그치기 때문에? 형제들이 저지르는 불쾌한 일들로 너희 마음이 격해지기 때문에? 상대가 누구든 그를 도우려는 너희 사랑의 열정으로 너희가 자신을 기꺼이 희생하려 하기 때문에? 너희는 너희 마음이 흠 없이 되려고 준비하고 노력한다. 백성의 죄 대신에 양이나 염소를 불살라 바칠 때, 율법이 흠 없는 것을 요구하듯 그렇게 흠 없이 되려고 그러는가? 그리고 너희는 느낀다, 자신의 마음이 이 세상 황금에 매달려 있는 한, 형제들이 너희를 믿을 수 없음을, 너희가 그들에게 가난을 선포한다 해도 말이다! 그리고 자신의 몸이 육체의 일들을 행하는 한, 그 몸이 어찌 네 형제들이 갈망하는 정결의 빛을 발산할 수 있겠느냐? 그리고 자신의 영이 당연한 개인적 자유에만 몰두하는 한, 그 영이 어찌 세상을 구원하는 주님의 순명에 대해 설득력 있게 말할 수 있겠느냐? 이 모든 일들이 너희에게 하나의 도구이어야 한다. 너희 자신을 사랑의 방편이요 도구로 준비시키기 위한 수단이어야 한다. 너희가 모든 완전성을 이루었다 해도, 너희의 하늘 곳간이 온갖 공로로 천장까지 가득 찼다 해도, 사랑이 없으면, 너희에게 그 모든 것이 아무 소용이 없을 것이기 때문이다.

그러나 이 사랑을 가지는 것은 얼마나 쉬운가, 참으로 그렇지 않으냐! 세상을 보아라. 나의 눈길로 세상을 바라보아라. 보라, 세상이 얼마나 헛된 것을 추구하고, 욕심스레 해악을 붙잡으려 하고, 절망으로 마비되어 가는지를. 보라, 능욕당한 아이, 오염된 소년, 타락한 소녀를. 보라, 그들이 얼마나 미움과 욕심으로 서로 대적하며 서로를 얼어붙게 하거나 들끓게 하는지, 그들의 마음이 얼마나 돌처럼 굳어지고 타락하고 부패해 가는지, 그들이 춤추듯 자신들의 올가미에 계속 점점 더 얽혀 들어가는지를. 소름끼치는 공포 속에서 그들은 마침내 벌어진 심연에 굴복해 쓰러진다. 이것이 세상의 이치라고 사람들은 말한다. 그리고 웃는다. 누가 이를 뒤집기를 바랄까! 그러나 너희는 패배를 인정하지 않는다.

오히려 칼날이 너희를 꿰뚫기라도 했다는 듯, 고통에 놀라 펄쩍 뛰며 말한다. 그렇게는 안 돼! 너희는 틈새로 재빨리 숨는다. 너희는 안다, 나, 너희의 하느님이 세상을 구원했음을. 은총을 통해 너희는 내 업적을 잠시라도 들여다볼 수 있다.

모든 것이 완성되었느냐? 죄는 죽었느냐? 감사 외에는 너희가 할 게 더 이상 아무것도 없느냐? 여기서부터 저기까지 이미 엄청난 전환이 이루어졌느냐? 나라가 이미 와 있느냐? 돌이 치워져 있느냐? 고문당한 사람이 끔찍하게 울부짖지 않느냐? 너희는 전력을 다해 바퀴 아래로 돌진한다. 부족한 것을, 정말로 부족한 것을, 내 수난에서 부족해 보이는 것을 너희 몸으로 채우려 한다.

나의 아이들아, 대체 무엇을? 선포? 사람들을 설득하는 것? 한 번이라도 나의 거룩한 말이 너희를 적중할 수 있었던 적이 있을까? 행동? 낙원을 강행하는 것, 당장 여기 땅 위에서 이미? 무류성의 교회? 잠에서 깬 이들의 수도회? 너희는 안다, 이 모든 것의 끝이 어디인지를. 너희는 오랫동안 애쓰고 힘써 노력하고 상처 입을 만큼 분투한다. 그리고 너희가 일에 미친 그 오랜 날들을 되돌아볼 때, 이룬 게 무엇이냐? 둘, 셋이 돌아온다. 어쩌면 스물이, 아니면 백이. 다른 이들은 어디에 있느냐? 업적을 이루었고, 세상을 뒤집었느냐? 행동은 그저 시작만? 예술적으로 쌓아 올린 약간의 벽이 다시 무너져 내리며, 너희를 그 잔해 더미 아래 함께 묻으려 하지 않느냐? 헛되도다! 너희는 눈을 든다. 그리고 본다 ─ 어쩌면 처음으로? ─ 십자가를.

죄의 압도적인 권세 앞에서는 은총의 강력한 힘만이 승리한다, 과중한 요구에 쓰러지며. 우리의 성취들은 낡은 껍질처럼 언제나 더 빨리 바닥으로 떨어져 내리며, 달콤한 열매를 드러낸다. 그리고 마침내 모든 것은 열매를 중심으로 돌아간다. 곧 끝없는 갈망을 중심으로! 무엇인가를 만들어 내는 행위들의 나무가 언제나 더 뜨겁게 타오르며 소모된다, 마침내 숯덩이로 타는 사랑의 적나라한 불꽃만이 남을 때까지. 너희의 행위들은 좋다. 그러나 감옥에 갇힌 바오로의 결박이 더 나았다. 그리고 요한에게는 마지막에 사랑에 대한 이 갈구 외에는 남은 것이 아무것도 없었다. 나의 요구는 늘 더욱 절박해진다. 아무것도 이 요구를 충족하지 못한다. 이 요구를 만족시킬 수 있는 것은 아무것도 없다. 아무것도 너희를 흡수해 버리는 공허를 밀봉시킬 수 없다. 아무것도 너희가 보는 그 흐르는 눈물을 진정시킬 수 없고, 가시관을 쓴 침 뱉음 당한 얼굴의 그 치욕을 가릴 수 없다. 그러니 너희는 너희 영혼을 땀 닦는 수건처럼 힘껏 잡아채 나에게로 들어 올려라. 나는 그 영혼 안에서 진정할 수 있으리니, 이제 그 영혼은 나의 흔적들을 계속 지녀야 하리라. 나의 모상이 그 안에 새겨져 있으리니, 그 영혼은 이제 나의 고통도 이해하리라. 이해하며 나의 고통을 함께 완성하리라. 나는 그 영혼에게 이 시선을 면제하지 않으리라. 두 가지 사랑은 없다.

함께, 우리 영혼들의 피와 땀이 바닥으로 흘러내린다. 그러나 우리 사이에 어떤 간격이 있는지를 너희는 안다. 나는 모든 짐을 나 홀로 짊어졌다. 그사이에 너희는 잠들어 있었다(너희가 잠들지 않은 때가 언제냐?). 너희는 늘 너무 늦게 짐을 나누어진다. 십자가의 수난은 다 했다. 너희가 나누어 받는 것은 정녕 심판이 아니라 은총이다. 너희의 짐이 너희를 내리누른다 해도, 그것은 참으로 하나의 놀이와 같다. 내 멍에는 부드럽고 내 짐은 가볍다. 너희가 지는 십자가는 그저 암시에 지나지 않는다. 구원에 대한 너희의 협력은 그저 (내 사랑의 한 표현인) 은유에 지나지 않는다. 그러나 그 또한 유효하다. 나 자신이 그것을 유효하게 만든다. 나는 너희의 실패를 보충하여 충만하게 한다. 자 그러니, 너희도 나의 실패를 보충하여 충만하게 채워야 한다. 그러지 않는 한, 사랑은 정녕 사랑이 아니리라. 내가 너희에게 그것을 허락하지 않았더라면 말이다.

내 실패에 동참하여라. 나와 함께 구원의 허무함을 맛보아라. 이것을 재료 삼아 나의 아버지는 당신의 은총을 발휘하신다. 심판이 있다. 아버지의 손에 저울이 들려 있다. 한쪽 접시에는 하중을 받으며 짓누르는 허무함이 놓여 있다. 다른 쪽 접시에는 위로 향하는 가벼운 희망이 놓여 있다. 그리고 첫 번째 접시가 아래로 내려간다. 그리하여 판결은 떨어졌다. 희망이 올라간다. 벗어나듯 날아오르며 내 나라가 승리한다.

12장

 발타사르는 12장을 통해 부활하신 예수께서 당신의 신부인 교회를 향해 간직하신 헤아릴 수 없는 사랑을 다양한 말로 표현하고자 했다. 무엇보다 그 신부의 아름다움을 묘사했으며, 그 신부가 세상 한가운데서 당신을 드러내는 예언적 표지가 되기를 바라셨다. 그러나 동시에 바람난 여인 같은 신부의 모습을 적나라하게 보여 주며 야단치기도 하셨다. 하지만 주님은 그 이상으로 교회를 향한 무한한 신뢰와 사랑을 드러내며 교회가 이 세상의 중심에서 당신의 구원을 선포하며 참된 생명을 수혈하는 심장이 되길 바라셨다. 귀 기울여 부활하신 주님의 말씀을 들어보기로 하자.
 "나의 신부여, 나는 너를 들어 높이겠다. 광야에서 들어 높여진 구리 뱀처럼, 지옥을 산산이 부수어뜨리는 바위처럼, 꼭대기에 빛나는 구름이 걸려 있는 타볼산처럼, 실패 속 내 승리의 방패이며 온 나라들에 그늘을 드리우는 십자가처럼 말이다. 그리하여 너의 모습은, 내가 이 세상에 나 자신을 위한 기념비를 세웠다는 참된 상징이 되리라. 너는 세상 끝까지 나의 증인이 되리라."

"나의 신부여, 너는 거기 민족들 위로 정녕 하나의 표지처럼 서 있다. 너는 사람들에게 나와 아버지 사이의 일치에 대한 모상이 되어야 한다. 이를 위해 나는 너에게 사랑의 끈으로 일치를 이루어 주는 우리의 성령을 보냈다. 그리고 너를 세례와 교리, 사도적 계승의 포괄적 일치 위에 세웠다."

"너희는 수백 년을 거치며 더 나은 자리를 두고 다투는 가운데 계속 나의 몸을 찢고 조각냈다. 너희 사제들의 질투는 누구나 아는 일이 되었고, 너희 수도회들의 싸움과 너희 단체들의 경쟁은 조롱거리가 되었다. 누구나 각자 자신의 협소한 프로그램을 최고라고, 유일하게 참되다고 여긴다. 그리하여 지체들은 서로 차단되고, 생명을 주는 나의 거룩한 피는 더 이상 그들 사이로 흐르지 못한다."

"너는 늘 바람난 여자처럼 행동하며 다른 이와 더불어 날마다 나를 배반하려 든다. 너는 네가 자처하는 그런 존재가 결코 아니다. 영원히 너는 나의 순결한 몸, 정결한 아내이다. 이 거룩함으로 내가 너의 치욕을 덮어 주겠다. 나는 너를 네가 아닌 다른 존재로 새롭게 평가하고 내 심장의 오롯한 힘으로써 너를 다시 창조하려 한다. 아담의 갈빗대에서 하와를 지어 냈듯이."

"오, 교회여, 네 삶의 원천은 너 자신이 아니다. 오로지 내 안에서 나로 말미암아 살아라. 더 이상 네 심장을 생각하지 마라. 오로지 나의 유일한 심장에서 만족을 얻어라. 나의 여종이 되어, 네 뜻은 버리고, 룻처럼 내 발치에 누워라. 죽기까지 순종하여라. 나는 너를 세상의 여왕으로 들어 높이겠다."

보이지 않는다, 내 나라는. 그러나 나의 신부여, 나는 너를 사람들 눈앞에 보이도록 세우겠다. 그리하여 아무도 너를 못 본 채 지나치지 않도록 하겠다. 나는 너를 들어 높이겠다, 광야에서 들어 높여진 구리 뱀처럼, 지옥을 산산이 부수어뜨리는 바위처럼, 꼭대기에 빛나는 구름이 걸려 있는 타볼산처럼, 실패 속 내 승리의 방패이며 온 나라들에 그늘을 드리우는 십자가처럼 말이다. 나는 너를 철로 된 기초들 위에 세우겠다. 그리하여 너의 모습은, 내가 이 세상에 나 자신을 위한 기념비를 세웠다는 참된 상징이 되리라. 너는 세상 끝까지 나의 증인이 되리라. 곧 내가 세상에 있었고, 시간의 끝까지 너를 떠나지 않으리라는 것에 대한 증인이 되리라. 너는 민족들 사이에서 반대의 표징이 되리라.

그리고 오, 교회여, 누구나 전율하며 네 이름을 속삭이리라. 너에게서 영들이 갈라지리라. 많은 이가 너를 사랑하고 너를 위해 모든 것을 바치리라. 그러나 아주 많은 이가 너를 미워하고, 너를 사람들의 땅에서 지워 없애기 전에는 쉴 수조차 없다며 결연히 맹세하리라. 그리고 너를 멸시하리라, 나 외에 땅 위에서 그처럼 멸시를 받은 존재는 없었을 만큼. 그들은 네 얼굴에 침을 뱉기 위해 긴 줄을 서고, 자기들 신발에 묻은 오물을 네 옷에 닦으리라. 사방 벽에 너의 비밀에 대한 우스꽝스러운 그림을 그려 놓고, 술집마다 너에 대한 외설적인 노래들을 부르며 넘어갈 듯 웃고 떠들리라. 그들은 너를 형벌 기둥에 세우고 너를 묶은 다음 네 입을 틀어막고서는, 온갖 비열한 행위를 들이대며 너를 비난하고, 너에게 깨끗이 씻으라고 요구하리라. 너를 중상모략하기 위해 그 어떤 시도도 마다하지 않으리라. 너의 부족함은 무엇이나 엄청난 것으로 부풀려지리라. 너에게는 힘든 시간이 오고, 수많은 의자들 가운데 네 자리는 없으리라. 어디나, 길처럼 보이는 모든 것은 곧바로 낭떠러지, 구렁텅이, 또는 벽이 되리라. 너는 말하리라. "불가능해!" 너는 땅 위에서 살아야만 하리라. 그러나 너에게는 고향집이 없으리라. 너는 민족들의 좋고 나쁜 모든 관습과 사람들의 모든 곤궁에 익숙해지지 않으면 안 되리라. 그러나 사람들은 네가 그들과 친밀해지거나 신뢰를 쌓도록 내버려 두지 않으리라. 그들은 네가 집안에서 이방인으로 지내고 있고, 기껏해야 그들이 너를 참아 주는 정도이며, 네가 진정으로 사랑받는 것은 결코 아니라는 사실을 네가 뼈저리게 느끼게 해 주리라. 네가 아무리 노력하고 자주 찾아본다 해도, 그들은 탐탁하지 않게 여기리라. 네가 너를 그들과 동일시하면, 그들은 너를 무시하리라. 네가 움츠러들면, 그들은 말하리라. "보라, 자신이 어디에 속하는지 스스로 알지 않는가. 자, 이제 끝장을 내자, 그를 단번에 영원히 몰아내자." 한동안 너에게 행복과 성공이 부여된 것처럼 보일지라도, 그들은 너의 상징 둘레로 몰려든 다음, 너의 대성당들, 그 그늘 아래 엄청난 넓이로 거처를 정하리라. 너의 말은 그들에게 양식이 되고, 너의 축복은 그들의 삶을 찬란하게 변모시키리라. 그러나 그런 다음, 마치 자녀들이 다 자라 네 가슴에서 젖을 떼려 하듯, 그런 때가 오리라. 곧 더욱 현명한 이들은 너의 천상적 결합에서 벗어나고, 수백 년에 걸쳐 타락의 눈덩이가 불어나리라. 그리하여 마침내 저지할 수 없이 일단의 무리가, 땅으로 향하는 불가항력적인 이 전환에 휩쓸린 채로, 네 울타리를 떠나리라.

 너는 인류를 불러 모아, 네 기도의 봉헌 접시에 담긴 유일한 열매인 듯 그 인류를 나에게 바치려 했다. 보라, 너는 지금 가을 나무처럼 잎을 다 떨구고 서 있다. 아무 수확도 내지 못했다. 네 심장에서 타오르던 파견 명령은 시작의 첫날보다도 더 채워지지 않았다. 그때는, 이방인들의 그 헤아릴 수 없는 어두움 한가운데서도 모든 것이 여전히 가능했었다. 한 빛이 솟아올랐고, 모든 얼굴이 이 새것을 향해 저절로 돌아갔었다. 그러나 이제 너의 노래는 손풍금이 된 듯하다. 네가 거리에 나타나면, 모든 창문이 닫힌다. 그럼에도 마지못해 귀에 들리는 것은 그저 짜증과 한없는 지루함을 유발한다. 너는 완전히 실패하여 결국은 연주를 고스란히 망친 치욕을 더 이상 감출 수 없다. 폭격으로 파괴된 너의 몇몇 교회들이 위기로 채워질지도 모른다.

그러나 그저 다시 올 번영의 날만을 기다려라. 그날까지 너는 수천 년 된 시체보다도 더 잊힌 채로 있으리라. 너는 시대의 징표들을 알아보지 못했다. 일찍이 너에 의해 빗장이 풀려, 목말라하는 세상 위로 사랑의 급류가 쏟아져 내렸다 — 그때에, 하인이 희망 없는 눈을 쳐들었다. 여자들이 너울을 걷어 올렸다. 권리를 박탈당한 모든 이가 지상을 초월하는 자비의 숨결을 느꼈다 — 이제 그 사랑의 급류는 막혔고, 너의 관료들은 조심스레 흐르는 관과 기관들을 통해 내 은총의 귀중한 수분을 아주 조금씩 나누어 준다. 일찍이 야생에서 피어났던 나무의 껍질은 마개로 모두 막혔다. 그리하여 너는 집 안에 틀어박힌 사람처럼 되었으니, 시간의 파멸적 폭풍과 네 창문과 문들을 뒤흔드는 박해의 요란한 진동조차도 너를 잠에서 깨우지 못하고, 네 얼굴을 내리치는 타격에 너는 그저 헝클어진 미소만을 지을 뿐이다. 치욕이 네 위를 덮고 또 덮는다. 네가 그 치욕을 부정하는 만큼 모든 것은 더욱더 격렬해지고, 너는 마치 아무것도 느끼지 못하는 듯 행동한다.

　그리하여 나의 신부여, 너는 거기 민족들 위로 정녕 하나의 표지처럼 서 있다. 사람들이 손가락으로 가리키는 표지이자 잘 알려진, 그러나 적게 사랑받는 표지처럼. 너의 실패는 나 자신 위로 떨어진다. 너 때문에 내 이름도 이방인들 가운데서 조롱을 받을 것이기 때문이다. 진심으로 나를 찾았던 많은 이가 깜짝 놀라 길 한가운데 꼼짝 않고 서 있었다. 그들이 갑자기 너를 보았기 때문이었다. 그러고는 그들은 몸을 돌렸다. 그리고 많은 이가 알아보았다, 네 신자들이 얼마나 힘겹게 살고, 그들 대다수가 구원받지 않은 이들처럼 보이고, 마음의 열정이 얼마나 보잘것없이 잿더미 아래 사그라지고, 자신들은 은밀하게 세상으로 가득 차 있으면서도 얼마나 엄하게 세상을 단죄하는지를. 그리하여 그들은 단호하게 이방인들의 무죄함 쪽으로 전향했다. 세상을 뛰어넘는 너의 사랑은 그들에게 걸림돌이 되지 않는다. 이런 걸림돌이야 네가 세상에 주어야 하는 것이다. 하지만 너의 미지근함과 만회할 수 없는 너의 사랑 결핍이야말로 정녕 화나는 일이 되리라.

　너는 사람들에게 나와 아버지 사이의 일치에 대한 모상이 되어야 한다. 이를 위해 나는 너에게 사랑의 끈으로 일치를 이루어 주는 우리의 성령을 보냈다. 그리고 너를 세례와 교리, 사도적 계승의 포괄적 일치 위에 세웠다. 사도적 계승은 베드로에게서 비오 12세에 이르기까지 중단 없이 이어져 왔다. 일치는 너의 본질 자체이다. 너의 여러 표지들을 보고 사람들은 너를 알아보고, 그 표지들의 힘으로 네가 너를 증명할 수 있는바, 그 모든 표지가 다 늘 일치에 토대를 둔다. 나 자신이 이 일치를 네 안에 심었고, 지워지지 않는 이 인호印號를 너에게 새겼다. 내가 나의 영과 함께 네 안에 들어갔다. 그리고 너의 유일한 심장이 되어 안으로부터 너를, 일치를 향해 움직이게 한다. 그러니 네가 이 일치에서 떨어져 나가는 일은 있을 수 없으리라. 그러나 너는 늘 너 자신을 거슬러 반항한다. 그 어떤 백성도 너의 백성만큼이나 분열되어 있거나 근본에서부터 불목으로 점철된 예가 없다. 네 안에서 직무를 수행하고, 파견 사명을 담당하고, 내가 부여한 과업을 관리하는 모든 이가, 자신이 맡은 부분을 전체로 보려는 경향을 끊임없이 가지고 있다. 자신이 돌리는 작은 바퀴를 모든 것을 움직이는 권한으로 해석하고, 자신이 행하는 쓸모없는 봉사를 필수불가결한 것으로 여긴다.

　너희 모두는 지체들이다. 그리고 지체들로서 너희는 봉사하는 가운데 서로를 보완함으로써 완성을 이루어야 하고, 자신이 가지지 못한 것을 형제들이 가지고 있음에 감사해야 한다. 자기 것을 추구하지 않는 사랑 안에서 너희는 전부를 가질 수 있으리라. 내가 그 전부이기 때문이다. 나는 몸의 머리이고 일치를 이루는 혼이다. 그러나 너희는 수백 년을 거치며 더 나은 자리를 두고 다투는 가운데 계속 나의 몸을 찢고 조각냈다. 그리고 온 지체를, 온 나라를 교회 공동체에서 떼어 낼 수 없게 되자, 아울러 눈먼 고집 속에서 수십 만 번째 또 하나의 새로운 분파를 나의 진정한 집 옆에 세우지 못하자, 늘 허기를 채우지 못하는 설치류 같은 너희는 집 내부에서 쥐새끼들처럼 벽을 후벼 파고, 두더지들처럼 기초를 흔들어 댄다. 너희 사제들의 질투는 누구나 아는 일이 되었고, 너희 수도회들의 싸움과 너희 단체들의 경쟁은 조롱거리가 되었다. 누구나 각자 자신의 협소한 프로그램을 최고라고, 유일하게 참되다고 여긴다. 그리하여 지체들은 서로 차단되고, 생명을 주는 나의 거룩한 피는 더 이상 그들 사이로 흐르지 못한다. 네 집의 일부가 또다시 쓰러지기 오래전에, 외부의 이설이 확증되기 오래전에, 이미 내부에서 사랑의 수액은 막혔고, 은밀한 이단과 모든 것을 갉아 먹는 죄로 인해 끔찍한 것은 더 이상 되돌릴 수 없이 되었다.

나의 몸이여, 너와 함께 나는 거대한 묵시록적 전쟁을 영원히 치른다. 나와 나의 심장에서 멀리 떨어져 있는 것은 자기 자신 안에서 상실된 움푹 꺼진 살이다. 그런 살을 구원하는 것은 나에게 어렵지 않다. 그런 살은 저항하지도 않고, 제때에 양 우리로 데려오는 데에도 어려움이 없다. 그러나 좀 더 가까이 있고, 축성을 통해 나의 신비 속으로 들어와 내 몸에 속하며, 내 둥그런 심장 내부의 박동을 느끼는 지체는 영을 받았고, 깨어 있고, 자유로이 선택할 능력이 있다. 그런 지체는 죄가 무엇인지를 비로소 참으로 안다. 그리하여 내 몸 안에서 나 자신이 위험에 처해 있다. 나의 내부에 치명적인 적이 도사리고 있다. 나는 가슴에 뱀 하나를 품고 젖을 먹였다, 죽지 않는 벌레를. 이 점에서도 나는 너희와 비슷하게 되었으니, 너희 자신의 살에서 유혹이 너희에게 치솟듯, 나의 살에서 가장 깊은 위협이 솟아 나에게 달려든다.

영은 자발적이고 강하다. 그러나 살은 약하다. 영이 살에 막히는 바로 그 지점에서 영은 취약해지며 약함과 타협한다. 거기서 영은 이미 늘 자신을 배반하고 포기했었다. 영 안에 살로 된 무엇이 없다면, 어찌 영이 살과 한 존재를 이룰 수 있으랴? 그러니 강력한 하느님인 내가 나 자신을 배반하여 나의 몸, 나의 교회인 너에게 나를 넘겨주었던 바로 그 지점에서 나는 약하게 되었다. 거기서, 바로 오직 거기서 나는 치명타를 당할 수 있었다. 거기서 나는 무너졌고, 나의 몸 안에서 몸을 사랑하라는 유혹에(실로 누가 자기 자신의 살을 미워하랴?), 헤아릴 수 없는 몸의 혼돈에다 나를 넘기라는 유혹에 굴복하고 말았다. 거울 같은 살의 수면 아래로 잠기고, 아버지의 빛과는 반대되는 이 세상 안으로, 끓어오르는 이 어둠 속으로, 감각들의 이 모험 속으로, 인류라는 미지의 이 원시림 안으로 넘어가라는 유혹에 쓰러지고 말았다. 너희가 욕망에 싸여 약동하는 맥박 속에서 유혹의 경계를 넘듯, 나 역시 위험을 알면서도 떨리는 마음으로 살의 경계를 넘었다. 내 교회의 몸 안으로, 너희 자신인 바로 그 치명적인 몸속으로 들어가기를 감행했다. 영은 오로지 자신의 육체 안에서만 죽을 수 있는 존재가 된다. 그리하여 우리는 이제부터 둘이 아니라, 함께 한 살이다. 자신을 사랑하고, 죽기까지 씨름하며 자신과 싸우는 살이다. 너 때문에 나는 약하게 되었다. 약함을 통해서만 나는 너의 본질을 체험할 수 있었기 때문이다. 네가 너의 강점을 알아차리고 나의 벌거벗은 약점을 잽싸게 잡아채다니, 이 무슨 기적이란 말이냐? 그러나 나는 약함을 통해 너를 이겼고, 나의 영은 맹렬하게 저항하는 나의 살을 제압했다. (이보다 더 필사적으로 저항했던 여자는 결코 없었다!) 나의 승리를 봉인하기 위해, 나의 승전을 마지막까지 이용하기 위해, 나의 살이여, 나는 너에게 낙인을 찍었다. 너의 육적인 약함에 나의 육적인 약함의 표를 날인했다. 너의 죄에 내 사랑의 표를 새겼다. 나를 거스르는 너의 죄스러운 싸움은 이제 사랑의 기나긴 격투 외에 다른 무엇이 결코 아니리라. 이것이 이 싸움에 내가 부여하는 의미인바, 이제부터 여기에 더 이상 다른 의미는 없다. 오, 너 비운의 여자여, 정녕 네가 사랑을 알면서도 죄를 지으니, 정녕 그 때문에 너의 죄는 내 사랑의 테두리 안에 있다. 나는 영이며 동시에 사랑이다. 나는 하느님과 세상 사이의 전쟁터 그 자체이다. 그리하여 내 안에서 전투는 이미 또 영원히 승리를 거두었다. 깨어지고 있는 우리의 계약이, 우리의 피의 혼인이, 어린양의 붉은 혼인식이 이미 지금, 이미 여기서 신성한 사랑의 새하얀 신혼 침대이다.

네가 원하는 것을 하여라. 너는 사랑 안에 붙잡혀 있다. 네가 핏덩어리로 버둥거리며 뒹굴던 때, 나는 야생의 너를 주워 올려 내 피로 너를 씻었다. 내 세례의 욕조와 생명의 말씀 안에서 너를 씻겨 주었다. 그리고 찬란한 교회, 흠도 주름도 없고 거룩하고 순결한 나의 교회로 삼았다. 너는 늘 바람난 여자처럼 행동하며 다른 이와 더불어 날마다 나를 배반하려 든다. 너는 네가 자처하는 그런 존재가 결코 아니다. 영원히 너는 나의 순결한 몸, 정결한 아내이다. 이 거룩함으로 내가 너의 치욕을 덮어 주겠다. 그리하여 네 옷의 향기가 온 땅을 채우리라. 아무도 자신이 그 향기를 정말로 온몸으로 느꼈음을 부인하지 못하리라. 이런 사랑을 네가 나누어 주도록, 나는 그 사랑을 네 손에 쥐어 주겠다. 그러면 네 이름이 민족들 사이에서 불리리라, 사랑스러운 이요 사랑의 파수꾼이라고. 그리고 나는 세상 걱정과 나의 잃어버린 양들에 대한 걱정을 네 마음에 심어 주겠다. 그러면 둔한 양 떼가 목자를 알아보고, 자신들의 의지를 거스르다시피 하여 너에게로 달려오리라. 네가 나에게 안겨 주는 수치는 내가 내 십자가의 보물에서 꺼내어 너에게 나누어 줄 치욕만큼 크지는 않으리라. 그들이 너에게 퍼붓는 조롱은, 내가 나의 신성한 고통의 저장고에서 꺼내어 너에게 주는 귀중한 선물과 엄청난 혼인 폐물에 비하면 아무것도 아니리라. 불명예스러운 약함을 지니고 너는 파멸의 이 세기에 세상 앞에 서 있다. 너는 세상을 변모시킬 수 없다. 이 약함은 나 자신의 불명예스러운 약함의 신비에 연루되어 있다. 곧 나 자신이 이 외적인 세상의 얼굴을 새롭게 할 만큼 강했던 적이 언제라도 있었더냐? 그러니 나는 너를 네가 아닌 다른 존재로 새롭게 평가하고 내 심장의 오롯한 힘으로써 너를 다시 창조하려 한다, 아담의 갈빗대에서 하와를 지어 냈듯이.

오, 교회여, 너는 요구와 약속으로 산다. 네 삶의 원천은 너 자신이 아니다. 오로지 내 안에서 나로 말미암아 살아라. 너 자신을 옛적의 너로 인식하지 마라. 더 이상 네 심장을 생각하지 마라. 오로지 나의 유일한 심장에서 만족을 얻어라(이 심장을 내가 너의 몸 한가운데에 심었다). 이처럼 너는 나에게 신부요 몸이어야 한다. 나는 네 안에서, 오로지 네 안에서만 온 세상을 구원하려 한다. 나의 여종이 되어, 네 뜻은 버리고, 룻처럼 내 발치에 누워라. 죽기까지 순종하여라. 세상에서 내 순종의 화신이 되어, 모든 시대에 걸쳐 볼 수 있고 느낄 수 있게 그것을 드러내어라. 참으로 순종하여, 교회를 말하는 것은 순종을 말하는 것이 되게 하여라. 순종 안에 구원이 있기 때문이다. 나를 선포하는 이는 누구나 십자가에서 죽기까지 보여 준 나의 순종을 묘사해야 한다. 그리하여 나는 너를 세상의 여왕으로 들어 높이겠다. 모든 민족, 모든 시대가 너에게 무릎을 꿇어야 한다. 그러나 너는 스스로 순종하는 가운데 내 이름으로 순종을 요구해야 한다. 나는 네 안이 아닌 다른 어느 곳에서도 세상을 다스리기를 바라지 않기 때문이다. 네 몸이 아닌 다른 어디에서도 내 심장은 뛰지 않는다. 이것이 요구이고 약속이다. 돌이킬 수 없을 만큼 너를 나에게 단단히 묶어라, 내가 너와 함께 지옥으로 내려갈 수 있도록. 그러면 돌이킬 수 없을 만큼 내가 너를 나에게 단단히 묶어, 너는 나와 함께 하늘로 올라갈 수 있다. 너를 내 안에서 온전히 비워라, 내가 나로써 너를 채울 수 있도록. 가장 먼 것도, 가장 높은 것도, 가장 깊은 것도 나는 너에게 면제해 주지 않으리라. 네 앞에서 내가 그 어떤 비밀도 가지려 하지 않기 때문이다. 내가 있는 곳에 너도 있어야 한다. 내가 하는 것을 너도 내 안에서 해야 한다. 그렇게 나는 너에게 나의 순종을 가르치려 한다, 네가 눈먼 채로 자신의 모든 통찰, 자신의 모든 사랑, 자신의 모든 믿음이 다 소멸된 상태에 들어서도록. 바로 이 순종을 통해, 누가 나의 영을 지니고 있고 누가 내 몸에 속하는지가 드러나야 한다. 그러나 이 순종은 다만 너에 대한 내 사랑과 나에 대한 네 사랑의 담보일 뿐이리라. 종이 되어 봉사하는 가운데 너는 위에서 오는 빛의 광채를 체험하듯 하느님 자녀로서의 자유를 맛보리라.

그 봉사가 참으로 얼마나 사랑의 요구를 따르는 일인지 경험하리라. 이 모든 것 안에서, 나에게 일어났던 일이 너에게도 비슷하게 일어나리라. 일찍이 나는 내 아버지의 종으로서 그분의 사랑에 오로지 점점 더 옴짝달싹 못하게 속박되었고, 그때에 모든 피조물적 간극은 수단이자 우회로요, 일치의 더욱 심오한 책략의 하나로 드러났다.[19] 아버지께서 나와 함께했던 그 동일한 놀이를 이제 나는 너와 함께 반복한다. 나는 너를 세상 속으로 밀어내고, 과부처럼 너를 땅 위에 남겨 둔다. 이는 더욱 내적으로, 더욱 영적으로, 더욱 신적으로 하늘로부터 나를 너와 결합시키기 위함이다. 나는 네 영이 저승의 그늘 속에서 방황하도록 너를 세상의 무덤 속에 영혼을 빼앗긴 사람처럼 버려둔다. 이는 불현듯, 황급하게 너를 죽음에서 해방하기 위함이요, 네가 살아 있고 내가 네 안에 산다는 것을 새롭게 세상에 증명하기 위함이다. 세상에서 너의 현존이야말로 항구한 기적이기 때문이며, 네가 미지의 원천에서 물을 마시고, 그들의 밥상과는 다른 밥상이 너를 먹인다는 사실이 그 누구에게도 숨겨진 채로 있을 수 없기 때문이다. 그리하여 너는, 그 모든 것에도 불구하고, 민족들 가운데 나의 표지가 되리라. 너는 그들에게 믿기지 않는 존재가 되리라. 그리하여 그들은 너에게 날마다 죽음을 예언하리라. 너 또한 동일한

---

[19] 성자께서 강생과 죽음을 통해 성부에게서 멀어지심으로써 그 사이에 모든 것을 포괄하고 일치시키는 무한한 지평이 열렸다는 의미다. — 역자 주

방식으로 죽으리라.

그러나 보라, 우리는 산다, 너와 나는. 나는 일찍이 한 번 죽었기 때문이다. 그러니 나의 죽음을 먹는 이는 영원히 살리라. 내가 그를 마지막 날에 부활하게 하리라 — 모든 날이 마지막 날이다. 나는 단 한 번 죽었다. 그리고 오로지 단 한 번에 나의 몸, 나의 교회는 죽음에서 생명으로 넘어간다. 이는 유일무이한 전환이다. 각자 자신의 자리에서, 자신의 세기에서, 그러나 유일한 변모의 단일성 안에서, 이 세상이 다른 세상(그러나 동일한 세상)으로 바뀌는 실체 변화 안에서 네 모든 지체들이 이 전환에 함께한다. 이는 땅이 하늘이 되는 유일무이한 전환이다. 그리고 교회가 바로 그 변곡점이다. 여기서 닫힌 세상이 자신을 열고 약속된 은총을 기다린다. 여기서 인간이 자신의 죄를 고백하고 자신의 진리를 인정한다. 인간이 자신의 진리를 남김없이 다 드러냄으로써, 그 진리는 지워진다. 그리고 인간은 그 대신에 하느님의 진리를 받는다. 여기서 옛 인간은 새 인간으로 대체된다. 여기서 세상이 죽고, 다른 세상이 일어난다. 여기서 두 영역이 교차한다. 여기서 모든 끝은 시작이 되고, 모든 출구 없음은 희망의 보증이 된다. 여기가 가장 단단한 바위에서 영원한 생명의 물이 솟는 곳이다. 여기서 이성의 길은 끝이 나고 믿음의 날개가 자라난다. 여기서 세상의 수수께끼는 하느님의 신비에 의해 풀린다. 여기서 하늘과 땅 사이의 틈이 닫힌다. 네 신자들이 하늘과 땅에 동시에 살기 때문이다. 멀고 먼 약속이 더 이상 참된 행복이 아니다. "그들이 사랑 안에서 아버지, 당신을 알고, 당신이 보내신 저를 아는 것이 영원한 생명입니다."

구원에 대한 그 어떤 인간적 두려움도 흔들리는 토대가 되지 못하리니, 그리하여 믿음의 바위는 더없이 굳건하리라. "내 양들은 나의 목소리를 듣기 때문이다. 나는 그들을 알고, 그들은 나를 따른다. 나는 그들에게 영원한 생명을 준다. 그들은 영원히 길을 잃지 않으리라. 아무도 그들을 내 손에서 빼앗아 가지 못하리라. 그들을 나에게 주신 나의 아버지께서는 모든 이보다 더 크시다. 아무도 (그들을) 아버지의 손에서 빼앗아 갈 수 없다. 아버지와 나는 하나이다." 그러므로 나 자신이 부활이요 생명이다. 나를 믿는 이, 내 열린 옆구리에서 흘러나오는 샘물을 마시는 이에게서 새 샘이 솟아나고, 그 샘은 결코 마르지 않으리라. 그 샘이 영원한 생명에서 솟아 영원한 생명으로 흘러들기 때문이다. 그리고 마르타야, 마지막 날에, 비로소 그날이 되어서야 내가 그를 부활하게 하려는 것이 아니다. 나를 믿는 이는 이미 죽음에서 생명으로 넘어갔기 때문이다. 그의 무덤은 이미 파괴되었고, 그는 영원한 생명으로 부활했다. "영원한 생명이란, 그들이 믿고 사랑하고 희망하는 가운데, 아버지, 당신을 알고, 당신이 보내신 저를 아는 것입니다."

너, 나의 교회여, 나는 이 샘을 신뢰했다. 너, 나의 몸이여, 너에게서, 너의 열린 옆구리에서 이 샘이 솟아나 민족들의 원기를 회복시켜 준다. 너 자신이 새 하와로서 내가 잠든 사이에 솟아났듯, 신적인 생명인 내가 너에게서 솟아난다. 너의 손이 나를 쪼개어 세상의 빵이 되게 한다. 물론 여자는 남자에게서 나온다. 그러나 여자를 통해 남자가 태어난다. 하지만 모든 것은 하느님에게서 나온다. 나는 하느님으로서 근원이요 모든 존재에 앞선다. 따라서 남자는 하느님의 영광이자 여자의 근원이다. 인간이 되신 하느님은 남자이다. 이와 달리 교회는 여자이다. 여자는 남자의 영광이기 때문이다. 그러나 내가 사람의 아들이 되었다. 그러기에 나는 사람에게서 태어났다. 오, 교회여, 그러니 나는 너의 아이이다. 내 아버지의 뜻을 실행하는 이는 누구나 나에게 형제요 자매일 뿐만 아니라, 나의 어머니이기도 하기 때문이다.

너는 내 심장에서 솟아났다. 그리고 나는 네 심장 아래 깃들었다. 나는 고통 가운데 십자가에서 너를 낳았다. 이제 너는 산고를 겪는 여자로서 세상 끝 날까지 나를 낳기 위해 진통하리라. 너의 형상은 동정인 내 어머니의 형상과 신비스럽게 서로 겹친다. 내 어머니는 한 명의 여자이다. 그러나 이 여자는 네 안에서 우주적 어머니가 된다. 네 안에서 나의 하나뿐인 심장도 세계의 심장으로 확장되기 때문이다. 너 자신이 민족들의 거룩한 심장이다. 나 때문에 거룩한 너는 나를 위하여 세상을 하나로 모으고, 역사의 몸을 관통하여 내 피를 순환하게 한다. 네 안에서 내 구원이 익어 가고, 나 자신이 나의 충만한 모습으로 성장해 간다. 나는 너와 함께 둘이며 하나이니, 둘이며 하나인 살의 계약 안에서, 너 나의 신부요 나의 몸이여, 우리 자신인 이 나라를 마침내 내가 아버지 발 앞에 바칠 때까지 나는 자란다. 우리 사랑의 계약이 세계의 의미이다. 모든 것은 이 안에서 충만해진다. 사랑이 세계의 의미이기 때문이다.

13장

발타사르는 이 마지막 장에서 부활하신 주님을 체험한 사람이 느끼는 많은 회한과 더불어 그분을 바라보며 하게 된 새로운 결단에 대해 전한다. 주님의 부활을 체험하기 전, 이 사람들은 자신의 사고방식에 사로잡혀 주님을 잘못 따르고 있었다. 그러나 이제 주님 부활의 빛 아래 그 모든 잘못을 뉘우치며 새로운 각오를 한다. 그리고 마지막으로 자신을 구원의 길로 인도하신 주님께 감사와 찬미를 드린다. 그들의 생생한 고백을 들어 보기로 하자.

"저는 지도며 측량 기구들로 무장을 하고 채비를 단단히 했었습니다. 저는 겸손의 열두 계단을 암송했고, 영혼의 성을 둘러친 일곱 요새와 참호를 외워 두었습니다. 꽤 많은 꼭대기에서 저는 작은 깃발들과 표지들이 꽂혀 있는 것을 보았습니다. 야영지마다 '복된 삶을 위한 지침들'이 은박지나 빈 정어리 깡통처럼 여기저기 뒹굴고 있었습니다. 저에게 그것들은 낡고 녹슬었으며, 이제는 거의 야생의 한 부분이 되어 간다는 인상을 주었습니다. 그리고 마침내 원시림의 잡목과 뒤엉킨 덩굴들 속에서 그 모든 것들은 사라져 갔습니다. 선생들이 말했습니다. 지식의 길은 셋이라고. 긍정의 길, 부정의 길, 그리고 이 둘을 뛰어넘는 초월적 극단의 길이 있다고. 그러나 저는 경험으로, 이 길들은 길이 아님을 알았습니다."

"저희의 의로움은 율법 학자들과 바리사이들의 의로움을 능가해야 합니다. 그러나 저희는 이 아이보다 더 작아지고 더 낮아져야 합니다. 저희는 보물을 하늘에, 좀도 들지 않고 녹도 슬지 않는 안전한 곳간에 쌓아야 합니다. 그러나 저희는 다른 모든 이보다 더 가난해야 하고, 영적으로는 내일과 영원한 날을 두려워하거나 걱정하지 않는 복된 거지가 되어야 합니다."

"늘 침착함을 유지하고, 보상을 바라지 않아야 합니다. 그러나 사람들의 슬픔과 기쁨에 공감하며, 주고받는 것에도 열린 마음을 가져야 합니다. 가시덤불 속에서도 멈추지 않고 자라는 씨앗처럼, 인내하는 가운데 당신 나라가 저희 안에서 씨앗이 되게 해야 합니다. 그러나 번개처럼 담대하게, 불꽃 튀는 원대한 결정을 통해 하늘 나라를 폭력으로 빼앗아야 합니다!"

마지막으로 발타사르는 다음과 같이 주님께 감사하며 인류를 향한 그분의 수난과 부활의 신비를 찬미한다.

"당신께 어찌 다 감사할 수 있겠습니까, 주님! 당신은 저희의 심장을 능가하시니 말입니다. 모든 것은 당신의 고동치는 심장과 연결되어 있습니다. 그 심장이 여전히 망치질을 하며 시간과 지속적 주기를 만들어 내고, 고통스러운 커다란 박동 안에서 세상을, 그 역사를 진전시킵니다. 당신의 심장은 저희가 당신 안에 쉬기까지 술렁입니다. 시간과 영원이 서로에게 스며들기까지."

오, 당신 사랑의 복된 야성野性이여! 당신을 길들일 자 아무도 없을 것입니다. 당신을 모조리 탐험할 수 있는 자 아무도 없을 것입니다. 무모하게 뻗기 시작했던 길들은 멀리 나아가지 못합니다. 갑자기 중단되고, 허공에는 여전히 개척자들의 좌절이 맴돕니다. 돌아서지 않으면 안 된다는 분위기가 팽배합니다. 다른 오솔길들이 새로이 생겨나고, 원시림의 풀들이 좌우에서 밀려듭니다. 그 위로 높은 나무줄기들이 가로질러 넘어집니다. 또다시 야성이 콧노래를 흥얼거리며 피어납니다, 무한히.

제가 소년이었을 때, 저는 당신과의 어려움 따윈 잘 해결할 수 있으리라 여겼습니다. 제 앞에 가파른 길이 놓여 있었습니다. 저에게 용기가 솟았고, 저는 배낭을 조여매고 오르기 시작했습니다. 당신 말씀대로 영 안에서 모든 것을 버림으로써, 저를 가볍게 만들었습니다. 한동안 저에게도 제가 위로 올라가고 있는 것처럼 보였습니다. 그러나 오늘 제가, 그 모든 날들이 지난 지금, 눈을 드니 치솟은 당신의 봉우리들이 그 어느 때보다 더 높이, 더 가늠할 수 없이 제 위로 빛나고 있습니다. 그러니 길에 대해 더 이상 무슨 할 말이 있겠습니까.

저는 지도며 측량 기구들로 무장을 하고 채비를 단단히 했었습니다. 저는 겸손의 열두 계단을 암송했고, 영혼의 성을 둘러친 일곱 요새와 참호를 외워 두었습니다. 꽤 많은 꼭대기에서 저는 작은 깃발들과 표지들이 꽂혀 있는 것을 보았습니다. 돌 더미 위의 붉고 푸른 표시들은 이미 많은 이가 그곳을 지나갔다는 증거였습니다. 야영지마다 "복된 삶을 위한 지침들"이 은박지나 빈 정어리 깡통처럼 여기저기 뒹굴고 있었습니다. 시간이 흐르면서 이런 친밀한 잔여물들에 주목하는 저의 버릇은 없어졌습니다. 그것들이 점점 더 드물어 간다는 것만이 눈에 띄었고, 저에게 그것들은 낡고 녹슬었으며, 이제는 거의 야생의 한 부분이 되어 간다는 인상을 주었습니다. 그리고 마침내 원시림의 잡목과 뒤엉킨 덩굴들 속에서 그 모든 것들은 사라져 갔습니다.

그리고 당신을 몰아대며 마법에서 풀려나게 하려고 시도했던 모든 이가 저에게는 유치하고 천박해 보였습니다. 저는 제 안에서 그들에 대한 분노를 느꼈습니다. 그들이, 오, 야생이여, 당신의 마법을 파악할 수도 있었을 이들의 영혼들을 오도하기 때문입니다. 그러나 연민 또한 저에게 엄습했습니다. 그들이 가장 좋은 것과 관련해 세상과 자기 자신을 기만하고 있었기 때문입니다. 그리하여 어느 날, 저는 모든 것을 덤불 속으로 던져 버렸습니다, 배낭과 식량과 지도를. 그리고 오로지 당신에게, 동정의 영토여, 저를 바쳤습니다. 당신을 위하여 자유롭게 되었습니다.

선생들이 말했습니다, 지식의 길은 셋이라고. 긍정의 길, 부정의 길, 그리고 이 둘을 뛰어넘는 초월적 극단의 길이 있다고. 첫 번째 길은 모든 피조물 안에서 당신을 발견하는 것입니다. 모든 것이 저마다 자신의 파편 안에서 당신 빛의 광채를 반사하고 있기 때문입니다. 두 번째 길은 모든 피조물을 떠나는 것입니다. 피조물의 굳건한 한계들은 한없이 유동하는 당신 존재를 담을 수 없기 때문입니다. 그리고 마침내 세 번째 길은 모든 피조물의 완결성의 껍질을 부수고, 당신 영원성의 한없는 척도까지 확장하는 것입니다. 그러나 저는 경험으로, 이 길들은 길이 아님을 알았습니다. 긍정의 길은 언명이고, 부정의 길은 반-언명입니다. 이 둘은 서로 얽히고설켜 결국은 심연에 이릅니다. 그리고 세 번째 길은 도달하기가 불가능합니다. 많은 이가 조언하기를, 자신을 깊은 나락으로 내던져, 자신의 존재와 유한성이 산산조각이 나면, 자신이 갈망하는 바가 무엇인지를 발견할 수 있다고 했습니다. 거기서 눈이 열리고, 하느님처럼 될 것이라고 말했습니다.

이런 말에는 커다란 유혹이 숨어 있었습니다. 분화구 저 깊이에서 유혹하듯 황금 용암이, 신적인 생명이 손짓하는 것처럼 보였습니다. 이 빛나는 황금이 저에게는, 멀리 아토스Athos 산의 높다란 동굴들에서 밤마다 이따금씩 선원들에게 전설처럼 반짝였던 그 빛인 듯 보였습니다. 플로티노스Plotinos와 알 할라지al-Halladj[20]와 보살의 제자들이 모든 한계들 위로 한껏 날아올랐던 그 황홀경이 저를 향해 거룩하게 빛나고 있었습니다.

그러나 제때에 저는, 주님, 당신의 심장을 생각해 내었습니다. 당신께서 당신 피조물의 한계들을 사랑하셨고, 이 지상의 골짜기로 내려오셨음을 기억해 내었습니다. 당신은 세상 끝 날까지 여기 저희 가운데 머무르시기 위해, 그리고 영이 길을 잃거나 저희가 작은 이들 가운데 그 누구라도 업신여기는 일이 없도록 경고하시기 위해 저

---

20 10세기 이슬람 신비주의자. ─ 역자 주

희의 골짜기로 내려오셨던 것입니다. 그리고 저는 지치신 당신이 창녀의 우물가에 앉으셨고, 침으로 진흙을 개어 태어나면서부터 눈먼 이의 눈에 발라 주셨음을 유심히 바라보았습니다. 그때에 제 안에서, 저 고귀한 이들이 황홀경에서 만났던 것은 자신들의 텅 빈 갈망의 겉꾸민 유령 외에 다른 것이 아니지 않았나 하는 의심이 올라왔습니다. 그러므로 당신의 인류를 지나쳐 계속 나아가, 이른바 더욱 깊고 깊은, 바닥 모를 아버지의 심연 속에 도달한 줄 알았던 이들 역시 착각했음이 분명합니다.

당신 자신이 아니었던 모든 길은 실패했습니다. 당신을 알지 못했던 모든 이는 길을 잃었습니다. 그리고 당신 안에 있지 않았던 이는 당신을 알지 못했습니다. 당신 안에서 이미 먼저 걸어간 길이 아니라면, 저에게서 당신까지 그 어떤 길도 갈 수 있는 길은 없었습니다.

그러나 주님, 당신이, 당신 자신이 어떻게 길이십니까? 당신과 인간의 길들은 비교할 수 없습니다. 당신의 그 어떤 말씀도 다음 목적지에 대한 확실한 길잡이가 아닙니다. 이정표처럼 거리와 분명한 방향을 보여 주지 않습니다. 모든 방향은 심판이고 처형입니다. 모든 실행은 사형 집행입니다. 모든 지시는 추방 명령입니다. 당신 자신이신 그 길은 — 당신은 하나의 길이십니다 — 저희 발밑의 굳건한 길들일랑 모두 다 치워 버려야 합니다. 앞으로 나아가는 모든 걸음은 동시에 저희 무無의 더욱 커다란 간극 속으로 저희를 돌려세우고, 저희를 옆으로 물러나게 합니다. 저희는 먼지 속에 엎드려 영광의 임금이신 당신만이 그 길을 가시도록 해야 합니다. 저희는 과업들을 실행해야 하고, 과제들을 통해 성장해야 합니다. 그러나 저희는 성장함으로써 더욱 작아져야 하고, 당신을 바라보며 저희의 모든 업적들을 잊어야 합니다. 저희의 의로움은 율법 학자들과 바리사이들의 의로움을 능가해야 합니다. 그러나 저희는 이 아이보다 더 작아지고 더 낮아져야 합니다.[21] 저희는 보물을 하늘에, 좀도 들지 않고 녹도 슬지 않는 안전한 곳간에 쌓아야 합니다. 그러나 저희는 다른 모든 이보다 더 가난해야 하고, 영적으로는 내일과 영원한 날을 두려워하거나 걱정하지 않는 복된 거지가 되어야 합니다. 저희 앞에 놓인 것을 향해 열성을 다해 달려야 합니다. 그럼에도 저희는 당신 손안에 있는 새처럼 긴장을 풀고 두려움 없이 쉬어야 합니다. 저희의 업적들이 모든 사람 앞에서 빛나게 해 주십시오. 그러나 저희는 조심하여 남모르게 그 일들을 행해야 합니다. 하늘에 계신 아버지처럼 저희도 완전한 사람이 되어야 합니다. 그러나 성전에서 기도하던 세리처럼 스스로 뉘우치며 저희 자신을 쓸모없는 죄인으로 여겨야 합니

---

21 예수님께서 어린이 하나를 불러 제자들 가운데 세우시고, 이 어린이처럼 자신을 낮추는 이가 하늘 나라에서 가장 큰사람이라고 이르신 말씀(마태 18,1-5)을 떠오르게 하는 표현이다. — 역자 주

다. 성숙하고 깨어 있으면서, 당신의 친구들로서 저희는 심오한 당신 신비들 속으로 잠겨야 합니다. 그러나 종들로서, 종말의 그 날과 그 시간을 알려고 해서는 안 됩니다. 산고를 겪는 어미처럼 저희는 사람들을 위해 애쓰고 죽어야 합니다. 하지만 그들이 저희를 맞아들이지 않으면, 신발의 먼지를 털고 계속 길을 가야 합니다. 늘 침착함을 유지하고, 보상을 바라지 않아야 합니다. 그러나 사람들의 슬픔과 기쁨에 공감하며, 주고받는 것에도 열린 마음을 가져야 합니다. 가시덤불 속에서도 멈추지 않고 자라는 씨앗처럼, 인내하는 가운데 당신 나라가 저희 안에서 씨앗이 되게 해야 합니다. 그러나 번개처럼 담대하게, 불꽃 튀는 원대한 결정을 통해 하늘 나라를 폭력으로 빼앗아야 합니다![22]

거기, 어디가 길입니까? 길잡이는 어디 있습니까? 그것은 그저 황야가 아닙니까? 그리고 누가 당신 나라를 파악할 수 있습니까? 겨자씨처럼 작고, 모든 것보다 더 크게 자라고, 좋은 것과 나쁜 것이 뒤섞여 있고, 그럼에도 악한 이는 들어갈 수 없고, 아직 멀리 있고, 이 세상에 속하지 않고, 가까이 다가와 있고, 저희 한가운데에 있고, 저희가 멀찍이 떨어져 죽음의 그늘 아래 앉아 있을 때면 가까이 다가

---

22 "하늘 나라는 폭행을 당하고 있다. 폭력을 쓰는 자들이 하늘 나라를 빼앗으려고 한다."(마태 11,12 참조)라는 말씀과 연관된 표현이다. 현대인에게는 부정적으로 들리지만, 이는 온 마음과 온 힘을 오롯이 다 쏟아야 한다는 의미다. ― 역자 주

오고, 저희가 다가가 붙잡으려 하면 멀어지는 당신 나라를 누가 파악할 수 있습니까? 이 나라는, 세상에서의 당신 현존은, 당신을 잡을 수 없듯이 손안에 움켜쥘 수 없습니다. 모든 것이 동시적이기 때문입니다. 가난하고 부요하며, 전능하고 무능하며, 아무도 못 본 채로 그냥 지나칠 수 없을 만큼 가시적이고, 동시에 아무도 은총의 눈 없이는 볼 수 없을 만큼 감추어져 있습니다. 하느님의 사랑이 그 성사들 안에서 거의 하인처럼 저희 발 앞에 떨어져 놓이고, 되돌릴 수 없는 본연의 결정체로 결속되어 물과 빵과 포도주와 기름 안에서 만질 수 있고 이용할 수 있는 것이 됩니다. 그러나 동시에 누군가가 그 사랑을 쥐려 하고 붙잡으려 하면, 그 사랑은 붙잡으려는 손가락들 사이를 미끄러지듯 빠져나가고 맙니다, 모든 가시울타리를 비웃는 바람처럼.

    그리고 너, 오 교회여, 민족들의 영주요 여왕이여, 결점도 주름도 없는 신부로서 너는 통치자의 오른편에 범접할 수 없는 숭고함 가운데 서 있도다! 그러나 동시에 너는 백발의 여종이요 버림받은 창녀로서 짐승에 올라탄 붉은 바빌론과 자주 거의 구별할 수 없을 정도이다! 그리고 너희 그리스도인들이여, 너희는 세상의 빛이요 등경 위의 등불, 민족들의 소금이요 하느님의 자유민들이로다! 그러나 동시에 너희는 사람들에게도 추문이요, 너희 죄 때문에 경멸당하고 그리스도 때문이 아니라 다른 정당한 이유로 박해를 받는다! 너희는 하늘의 시민이요 이 세상에는 고향이 없는 이들이다! 그러나 동시에 너희는 하루하루 힘겹게 애를 쓰고, 질질 끌려가다시피 매번 죄 고백을 이어간다! 그러니, 너희는 과연 누구인가?

심장들 안에도 야성이 있습니다, 원하면서도 반항하고, 갈망하면서도 거부하고, 달려오면서도 물러서는 심장들 안에도. 양심들 안에도 야성이 있습니다. 악하면서도 다시 선하고, 하느님의 자녀라는 확신으로 충만하면서도 자신이 진노에 합당한지 아니면 사랑에 합당한지 몰라 전전긍긍하는 양심들 안에도. 사랑 자체에도 야성이 있습니다. 정말로 사랑인지, 아니면 헌신의 장미들 사이에서 어쩌면 여전히 계속 무성히 뻗는 욕망에 지나지 않는지를 모르는 사랑, 또는 모조리 부어진 하느님 사랑의 선물과 그리스도 주님 안에 세워진 굳건한 건물에 대해 더욱 확실하게 알고 있는 바로 그 지점에서도 그것은 다만 파열하여 부서져 내리는 낡은 벽은 아닌지를 정녕 모르는 사랑에도.

마지막으로, 뒤죽박죽인 이 온 세계에도 야성이 있습니다. 굳건한 바위와 물보라 치는 물결, 영원히 똑같은 것의 회귀와 결코 전례 없던 항구한 탄생으로의 변모, 은하들의 질서와 전자들의 불확정성이 있습니다. 세계는 마치 수수께끼 내기의 자유 속에 온갖 상상의 법칙들이 한꺼번에 끓어넘치는 것과 같습니다. 세계는 인간에게 맡겨진 정원이니, 인간은 이를 돌보고 끝없는 발전을 이루어야 합니다. 그러나 세계는 무심한 혼돈처럼 모든 울타리를 넘어 늘 다시 범람하며, 뾰족하게 솟은 꼭대기들은 부수고, 굽이지며 상승하는 것은 자연스럽게 아래로 돌리고, 너무 익은 것은 태곳적 모태로 되돌립니다. 세계에서는 의미와 그 반대 의미가 동일한 무게를 지니고, 모든 부분은 그 반대 부분이 필요합니다. 세계는 둥근 알처럼 닫혀 있고, 하늘까지 이르는 모든 충동을 자신의 지상 권역 내에 묶어 둡니다.

그럼에도 동시에 세계는 다시 덮을 수 없는 해부된 몸뚱이처럼 열린 채로 누워 있습니다. 스스로는 이룰 수 없는 충만을 고대하며 내장으로부터 신음을 쏟아 냅니다. 모든 손가락으로 하느님을 가리키며 모든 힘줄을 다해 그분을 갈구합니다, 절실히 필요한 비를 갈구하듯. 세계의 깊은 내부로부터 모든 힘들이 올라옵니다. 하지만 세계는 힘없이 웅크리고 앉아 위에서 은총이 내리기를 기다립니다. 이중적인 세계! 둘이며 하나인 속성과 비非단일성이라는 이 세계의 특성이야말로 참으로 분명한 것입니다. 중간적인 세계! 하지만 세계는 창조주와 피조물을 분리함으로써 또한 그 둘을 결합시킵니다. 무시무시한 세계가 머리를 치켜들고서, 인간 모습이 되신 하느님을 복수하듯 집어삼킵니다. 하지만 아이 같은 세계가 젖먹이처럼 동정 마리아의 품에서 꿈을 꿉니다.

그 누가 그분의 창조와 그 너머에 담긴 주님의 뜻을 헤아릴 수 있으랴? 그 누가 지혜의 무궁한 꽃송이를 짧은 끈으로 간단히 묶을 수 있으랴? 그 누가 그분의 헤아릴 수 없는 무한성의 밀림을 길들일 수 있으랴?

보라, 뿜어 오르는 분수 아래 있기라도 하듯, 인간의 정신과 본질이 온갖 신비의 낙수를 맞고 있다. 흐르게 하여라. 흐르게 두면서 너는 네가 무엇을 할 수 있는지 가늠한다. 그리하여 네가 할 수 있는 것은 넘치는 물을 받는 그릇이 되는 것이다. 심장과 두뇌를 열어라. 그리고 움켜잡으려고 하지 마라. 모조리 씻기어져 너는 깨끗하게 될 것이다. 속속들이 너를 관통하여 흐르는 낯선 것은 바로 네가 추구하던 의미이다. 포기하는 가운데 네가 너 자신을 내려놓을수록, 너의 지혜는 더욱 풍요로워지리라. 끈질기게 네가 받으면 받을수록, 네 힘은 더욱 강해지리라. 보라, 모든 것이 너를 혼란스럽게 하려 한다. 그럼으로써 가득 찬 혼란의 소용돌이 속에서 네가 넘치는 사랑의 충만함을 알도록 하기 위함이다. 모든 것이 너를 비우려 한다. 이로써 네가 넘치는 믿음의 충만함을 담을 공간을 마련하도록 하기 위함이다. 모든 것이 너를 닳아 없앤다. 그리하여 너는 훤히 들여다보이는 낡은 천과 같이 되어, 넘치는 빛의 충만함이 너를 통해 새어 나오리라.

그러니 보라, 모든 것은 원자에 이르기까지 기본 요소로 해체된다. 그럼으로써 새롭게 조직화되어 절대적 중심의 유일한 결정체를 이루기 위함이다. 모든 것은 '더 이상 알지 못함'과 사투를 벌이는 가운데 죽는다. 최종적 무능이라는 소재로써만 세상을 이긴 승리자의 용포를 지을 수 있기 때문이다. 빙산이 태양 아래 쩍쩍 갈라지며 파열하듯, 모든 것은 강으로 흘러든다. 그리고 연달아 굴러떨어지며 형태도 없이 사납게 바다로 섞여 든다. 그러나 그 움직임은 중심의 박동에서 생겨난 것이었다. 그리고 밀려드는 혼돈의 요동처럼 보였던 것은 우주적 그리스도의 몸에서 일어나는 피의 순환이다.

이 몸 안에서 너는 흘러야 한다. 늘 새롭게, 핏방울로서, 붉은 심실心室과 고동치는 혈관을 통해 너를 순환하게 해야 한다. 이 순환 안에서 너는 네 반항이 헛수고임을 경험하리라. 너를 추동하는 근육의 힘처럼 네가 치켜드는 그 반항이. 쇠락하여 사라질 수밖에 없는 피조물의 두려움을 너는 경험하리라. 그러나 너는 또한 신적 생명의 즐거움을 경험하리라. 그 생명은 끝없이 흐르는 사랑의 폐쇄 회로 안에 존재한다. 거룩한 피의 강을 따라 흐르며 너는 모든 것들을 만나리라, 산골짜기 계곡 물의 낙하 속에서 돌과 돌들이 부딪히듯이, 그러나 또한 왕실의 강 따라 부드럽게 변화하는 풍경 속에서 아름다운 돛단배들이 서로 교차하듯이. 자유롭게 풀린 채로 물결 따라 내리흐르며 너는 고독 속에서 모든 존재들 사이의 친교를 배워 알리라, 그것은 몸속, 흐르는 궤도 안에서의 상호 접촉이요 자기 동일성임을. 그리하여 너는 모든 것과도 모든 자연과도 혈연을 맺고 마침내 너 자신과도 통교하리라. 그리고 자아 망각이라는 가장 먼 우회로를 지나 선물이 쌓인 성대한 탁자 앞으로 인도되리라. 그 위에는 네가 미지의 존재로서 놓여 있으리니, 그것이 너 자신에게 주어지는 새 선물이다. 심장에서 솟아나 거대한 몸의 모든 지체들로 흘러들며 너는 콜럼버스의 멀고 먼 항해를 시작하리라. 그러나 지구가 공처럼 둥글 듯 정맥의 피는 심장으로 귀환하리니, 사랑은 영원히 나고 든다. 점점 너는 그 리듬을 배워 익히리라. 그리고 심장이 너를 공허와 죽음 속으로 밀어낸다 해도 더 이상 두려워하지 않으리라. 이제 너는, 그것이 다시 충만함과 즐거움 속으로 빨려 들어가는 지름길임을 알기 때문이다.

    네가 떨어져 나가 너 자신에게서 멀어진다면, 명심하여라, 그것은 너의 파견임을. 아들에게서 파견됨으로써 너 자신이 아들의 길, 곧 아버지에게서 세상으로 가는 길을 성취한다. 그리고 멀고 먼 곳, 곧 하느님이 부재하시는 곳으로 가는 너의 길이야말로 하느님 당신 자신의 길이다. 하느님은 당신 자신에게서 나오시고, 당신 자신을 버리시고, 스스로 추락하시고, 당신 자신을 곤경에 빠뜨리신다. 그러나 아들의 이 나옴은 아버지와 아들로부터 영의 나옴이고, 영은 아버지에게 이르는 아들의 귀환이다. 극단의 끝, 가장 먼 물가, 아버지가 보이지 않고 온전히 감추어진 바로 그곳에서, 아들은 당신의 영을 내쉬신다. 혼돈과 어둠 속에서 당신의 영을 속삭이듯 내보내신다. 하느님의 영이 물 위를 떠도신다. 그리고 아들은 영 안에서 떠돌며 영광스럽게 되시어 아버지께로 되돌아가신다. 그리고 너는 그분과 함께 그분 안에 있고, 출구와 입구는 하나이고 동일하다. 이 유일한 생명, 이 흐르는 생명밖에는 더 이상 아무것도 없다.

당신께 어찌 이루 다 감사할 수 있겠습니까, 주님! 저는 흘러도 되고, 움켜쥘 필요도 없으니 말입니다. 당신의 복된 불가해성 안으로 저를 확장해도 됩니다. 그리고 표징과 문자들에 대해 근심하며 애써 알아맞힐 필요가 없습니다. 모든 것은 룬Rune 문자[23]이지만, 모두 다 당신에 대해 속삭이기 때문입니다. 모든 것은 표징이지만, 모두 다 당신을 가리킵니다. 그리고 모든 것들의 수수께끼 위로 당신의 신비가 태양 빛처럼 가물가물 떨어집니다. 모든 세상 빛의 일몰 속에서 당신의 더 큰 밤이 말없이 여명처럼 떠오릅니다. 모든 길은 저를 강제로 저 자신에게서 나오게 하여 야성 안으로 밀어 넣습니다. 제가 더 이상 길을 발견하지 못하는 까닭에, 저는 당신 날개와 숨결을 느낍니다. 당신께 어찌 다 감사할 수 있겠습니까, 주님! 당신

---

23 주로 주술적 용도로 쓰였던 고대 게르만 민족의 문자. — 역자 주

은 저희의 심장을 능가하시니 말입니다. 저희가 파악할 수 있는 모든 것은 결국 저희 아래 비루하게 놓여 있을 따름입니다. 저희의 영은 멈추기를 바라지 않고, 당신 안에서 머무르기를 갈구합니다. 인식하는 가운데 당신 심장에 의해 인식되기를 갈구합니다.

모든 지혜는 실패하고, 이를 통해 저희가 경험하는 것은 무지가 아니라, 모든 지혜가 당신 안에 간직되어 있다는 사실입니다. 세상의 물결은 왕성하게 일어나 물보라를 날리며 거세게 밀려가고, 길게 퍼지며 경배를 거부하기라도 하듯 당신의 물가에 부딪힙니다. 당신께 어찌 다 감사할 수 있겠습니까, 주님! 당신은 세상의 고통스러운 야성을 다른 방법이 아니라 바로 당신 사랑의 복된 야성 속으로 받아들여 해체시키시니 말입니다. 당신은 저희가 저희 안에서 투쟁하고 밀어내는 모든 것을 당신 창조력의 도가니 안에서 죄다 녹여 내십니다. 그리고 저희 안에서 중의적이고, 그 때문에 매혹적으로 빛나는 모든 것은 당신 안에서 화해를 이루고, 둘이며 하나로서 구원을 받아 희미한 빛을 발산합니다. 당신은 세상의 수수께끼를 걷어 내시고 그 자리를 신비로 대체하십니다. 모든 것은, 죄조차도, 당신께는 하나의 소재이며 건축재입니다. 속죄하시는 가운데 당신은 모든 것을 짊어지시고, 모든 것에 그 본질을 없애지 않으시면서도 새 본질을 선사해 주십니다. 쓰레기를 보석으로, 정염情炎을 동정童貞으로 변화시키십니다. 희망 없는 것들에 미래를 선사해 주십니다.

당신의 마법적인 손은 아이들의 모든 동화를 능가합니다. 당신은 모든 가능성들의 한결같은 살아 있는 원천이십니다. 실제적인 것은 당신의 손안에서 물레 위의 점토보다 더 쉽게 펴지고 굽혀집니다. 당신은 그 어떤 꿈보다도 더 환상적이십니다. 저희의 아주 멋진 유토피아들은 하찮을 뿐, 당신이 이미 실현하신 것의 생기 없는 모조품입니다. 당신이 발견하시고 자유로이 고안하신 것이야말로 정녕 모든 것들의 가장 내적인 꿈이요, 그 무엇도 결코 감히 꾸려 하지 않았고 꿀 수도 없었던 꿈입니다. 그러나 당신이 그것들을 당신 입에 담아 당신 맘대로 발설하시면, 그것은 그들의 본질에 대한 진술이 되고, 그들 자신은 자기 자신들에게 선물이 됩니다. 당신께 어찌 다 감사할 수 있겠습니까, 주님! 저의 존재가 당신 안에서 저 자신을 능가하니 말입니다. 저의 중심은 저 자신 너머 당신 안에 있습니다. 제 마음의 비스듬한 길 위에서 저는 좋든 싫든, 그리고 모든 반항에도 불구하고, 저 자신에게서 떨어져 나와 당신 안으로 넘어가야 합니다. 이처럼 모든 것들이 알에서 새끼가 부화하듯, 새싹이 움트듯 당신에게 자신을 엽니다. 그리고 모든 존재가 자신들의 창문 밖으로 당신을 향해 얼굴을 내밀고, 당신 안에서, 자기 자신 너머에서, 당신과 자기 자신을 동시에 발견합니다. 숨어 있는 암술 주위로 꽃받침들이 모이듯 그들은 당신 둘레로 모여 질서를 이룹니다. 암술의 감추어진 현존은 그저 향기로만 알 수 있습니다.

세상의 장미가 잎을 떨굽니다. 저희는 모두 시들고 집니다. 그러나 그 가을 속에서 당신의 봄이 피어납니다. 저희는 노란 낙엽으로 떨어지고, 이리저리 흩날리고, 문드러지고, 썩어 갑니다. 땅에서 온 것이 변모해 땅으로 돌아갑니다, 지상적으로 생각하는 심장이. 그리고 또다시 하늘의 정원이 무성히 자라는 야성으로 바뀝니다. 저희는 하느님이 아닙니다. 이 유한성의 침묵은 관통될 수 없습니다. 유한성이 저희 모습이고, 유한성이 저희 운명이며 행복입니다. 저희는 저희 모습을 파괴해서는 안 됩니다. 당신 자신조차도 저희 모습에 경외를 가지고 계십니다. 저희는 물러나 거리를 유지합니다. 사랑은 오직 거리가 있어야 가능합니다. 일치는 오직 간격 안에서 가능합니다. 하느님은 성령의 일치이시고, 이는 오직 아버지와 아들의 구별 안에서만 가능합니다. 저희가 당신의 상대로 존재한다는 것, 저희는 받아들이는 거울이라는 것 자체가 저희 안에 찍힌 당신 저작권의 인증입니다. 저희가 당신이 아니라는 바로 그 점에서 저희는 당신을 닮았습니다. 저희가 경외의 먼 끝으로 떨어져 나가 있다는 바로 그 점에서 저희는 사랑의 현존에 참여합니다. 사랑은 정숙하고 하느님의 품은 동정이기 때문입니다. 그리고 여왕이신 당신의 어머니는 동정이고 처녀입니다.

저희는 엎드려 당신을 경배합니다. 마지막에는 오직 당신만이,

심장이신 당신만이 한가운데에 계십니다. 저희는 없습니다. 저희 안에 좋은 모든 것은 당신이십니다. 저희 자신인 것은 무엇이나 고려의 대상이 아닙니다. 저희는 당신 앞에서 사라져, 다만 저희 형제들을 위한 당신의 거울이자 창문이기만을 바랍니다. 당신 앞에서 저희 몰락은 저희 위로 떠오르는 당신의 상승입니다. 당신 안으로 저희 소멸은 저희 안으로 당신의 진입입니다. 당신 앞에서 저희 몰락은 여전히 당신 몰락의 형상을 띠고 있기 때문입니다. 당신에게서 멀리 떨어진 저희의 죄스러운 현실은 여전히 저희 것이 아닙니다. 당신이 그 현실을 당신 자신의 것으로 만드셨기 때문입니다. 죄는 구원의 모습을 하고 있습니다.

그리하여 모든 것 안에 모든 것이 되시어 최종적으로 당신만이 남으십니다. 당신은 당신 자신과 하나이십니다. 그리고 당신을 잃는 일 없이, 당신은 당신 자신을 모든 것 안으로 쏟아부으십니다. 지체들의 다양성 안에 머무르시면서도 당신은 모든 지체들을 불러 모아 몸의 일치를 이루십니다. 당신이 자신을 남김없이 비우시어 극한의 약함에 이르시고, 사랑을 모조리 포기하시는 것이야말로 궁극적 강함과 불변하는 사랑의 행위 그 자체입니다. 당신이 가장 약하실 때, 그리고 모든 것이 벌레처럼 당신을 짓밟아 뭉갤 때, 당신은 영웅이시고, 뱀의 머리를 짓밟으셨습니다. 그러니 무엇이 공허입니까? 무엇이 충만입니까? 이 둘 가운데 무엇이 정녕 결핍입니까? 당신이 텅비어 충만을 목말라 하실 때, 저희는, 교회는, 당신의 충만함입니다. 당신이 꽉 차, 유모가 부풀어 오른 아픈 젖가슴에서 젖을 짜내듯 당신을 비우기를 갈구하실 때도, 저희는, 교회는, 또한 당신의 충만함입니다. 그러나 언제나 당신은 충만하시고 저희는 비어 있습니다. 언제나, 당신이 마르고 닳으실 때도, 저희는 모두 당신의 충만함에서 은총에 은총을 받습니다. 당신의 교회는 다만 당신 그릇입니다. 당신의 교회는 다만 당신 기관Organ입니다. 당신은 흐르는 샘물이십니다. 그리고 저희에게서도 샘이 하나 솟아 영원한 생명으로 흘러든다면, 그것은 당신이 주신 물입니다. 오로지 당신에게서만 생명수의 샘들이 흘러나오기 때문입니다. 그리고 당신이 가난하고 늙은 모습으로 세상을 두루 다니실 때도, 비천하고 소외된 이들로 변장하시고 죄인들과 세리들 뒤에 당신을 감추실 때도, 저희가 사방으로 흩어져 당신에게 자비의 여덟 가지 업적[24]을 완수해 드릴 때도, 오로지 당신만이 모든 것을 선사하는 분이십니다. 당신만이 저희에게 안팎으로 사랑을 가능하게 하십니다.

당신만이 계십니다. 당신은 모든 것 안에 모든 것이십니다. 오롯

---

24 성경에 나오는 자비의 여섯 가지 행위(마태 25,35-36 참조)와 후대에 덧붙여진 '장사 지내는 것'과 '노예 해방'을 아울러 가리킨다. — 역자 주

이 둘이 함께하기 위해, 산출과 태胎의 신비를 저희와 함께 경축하기 위해, 당신의 사랑이 저희를 원할 때조차도, 이쪽에도 저쪽에도 늘 '당신의' 사랑이 있습니다. 거기 선사하고 선사받는 것은 당신의 사랑입니다. 당신의 사랑이 동시에 씨앗이고 태이며, 태어난 아기는 또다시 당신이십니다. 그리고 사랑이 걷기 위해 두 다리를 필요로 할 때, 거기 걷는 이는 한 사람이고, 그가 바로 당신이십니다. 그리고 사랑이 둘을, 곧 사랑하는 이와 사랑받는 이를 필요로 할 때, 거기 사랑은 오로지 하나이고, 이 하나가 바로 당신이십니다.

모든 것은 당신의 고동치는 심장과 연결되어 있습니다. 그 심장이 여전히 망치질을 하며 시간과 지속적 주기를 만들어 내고, 고통스러운 커다란 박동 안에서 세상을, 그 역사를 진전시킵니다. 그것은 시계의 불안입니다. 당신의 심장은 제 안에 쉬기까지 동요합니다. 당신의 심장은 저희가 당신 안에 쉬기까지 술렁입니다, 시간과 영원이 서로에게 스며들기까지. 그러나 "너희는 불안해하지 마라, 내가 세상을 이겼다!" 죄의 고통은 이미 사랑의 고요함 속으로 가라앉았습니다. 그리하여 사랑은 더욱 어두워졌으니, 세상이라고 하는 것을 경험함으로써 사랑은 한층 더 세차게 타오르고 더욱 작열합니다. 반항의 얕고도 얕은 심연은 깊이를 잴 수 없는 자비에 의해 삼켜졌습니다. 그리고 장엄한 약동 안에서 고요히 다스립니다, 신성한 심장이.

더 알아보기

발타사르, 그는 누구인가

현대 가톨릭 신학에 대해서 이야기할 때 반드시 거론되는 사람들이 있다. 카를 라너, 한스 큉, 로마노 과르디니, 발타사르 등이다. 그중에서도 단연 독보적인 인물이 바로 발타사르이다.

발타사르는 어떤 삶을 살았는가?

한스 우르스 폰 발타사르Hans Urs von Balthasar는 1905년 8월 12일 스위스 루체른에서 태어났다. 그는 개방적인 가정에서 유복한 어린 시절을 보냈으며, 어릴 적부터 영특하고 감수성이 풍부했다. 그리고 그가 처음에 관심을 보인 학문은 문학이다. 그는 고향에서 고등학교 과정을 마치고 빈, 베를린, 취리히 대학 등에서 독일 문학을 전공한 후, 1928년 취리히 대학에서 박사 학위를 취득했다. 그렇게 문학을 공부하는 과정에서 그는 신학에 눈을 뜨게 되었다. 베를린에서 슈프랑어E. Spranger의 강의를 듣고, 과르디니R. Guardini의 키에르케고르 강의를 들으며 깊은 감명을 받은 것이다. 그래서 그가 문학 박사 학위를 받았을 때 그의 논문 주제는 "근대 독일 문학에서 본 종말론 문제에 대한 역사"였다. 그는 이 논문에서 인간의 생각 속에 계신 하느님의 현존을 추적하고자 했다.

학위를 받은 직후인 1929년, 발타사르는 예수회에 입회했다. 수도회에서 수련기를 마친 1930년, 그는 독일의 풀라흐에서 에리히 프르치바라의 지도 아래 3년간 철학을 공부했다. 프르치바라는 발타사르에게 해석학적 방법을 지도해 주었다.

1933년, 발타사르는 철학 공부를 끝내고 신학 공부를 계속하기 위해 리옹으로 갔다. 거기서 앙리 드 뤼박H. de Lubac과 운명적인 만남을 갖게 되었다. 뤼박은 발타사르에게 교부들의 문헌과 프랑스 문학에 관심을 갖도록 이끌었다. 그리하여 발타사르는 신학을 공부하면서도 문학과 예술에 대한 관심을 잃지 않았다. 리옹에서는 가톨릭 시인으로 유명한 폴 클로델P. Claudel과 친해졌으며, 제

네바에서는 〈어느 시골 신부의 일기〉로 잘 알려진 조르주 베르나노스G. Bernanos와도 친하게 지냈다.

1936년 7월 26일, 발타사르는 뮌헨에 위치한 예수회 성당에서 사제로 수품되었다. 그리고 2년간 독일 고전과 프랑스 가톨릭 작가들의 작품을 주로 번역하면서, 신학 잡지 〈시대의 목소리〉에서 활동하였다.

1940년 그는 스위스 바젤 대학에서 학생들에게 영성을 지도하는 신부로 임명되었다. 여기서 개신교 신학자인 칼 바르트K. Barth와 열정적인 만남을 갖게 되었다. 이후 그는 바르트와 친교를 나누면서 바르트의 사상과 관련해서 가장 통찰력 있는 학자 가운데 한 사람이 되었다. 그는 바르트에 대해서 《칼 바르트. 그의 신학의 의미와 그에 대한 소개》(1951)라는 책을 남기기도 하였다.

발타사르는 바젤에서 그의 신학 사상에 결정적인 영향을 미치게 될 또 하나의 인물을 만나게 된다. 그는 다름 아닌 신비가인 아드리엔 폰 슈파이어Adrienne von Speyr였다. 슈파이어는 발타사르로 인해 가톨릭으로 개종한 인물로 오상과 같은 많은 신비 현상을 체험한 지극히 높은 영성의 소유자였다. 발타사르는 그와 열정적으로 대화를 나누며 그의 체험을 간접 경험했으며, 이를 통해 그의 신학적 전망도 성장해 갔다. 이탈리아의 어느 텔레비전 방송 인터뷰에서 그는 다음과 같이 말했다.

"아드리엔 폰 슈파이어는 삼위일체, 강생, 십자가를 비롯해 여타 많은 것들에 대한 신학적인 직관을 갖고 있었습니다. 이는 1940년대 이후부터 마지막까지 줄곧 제게 영감을 불어넣어 주었습니다. 제 모든 활동은 거대한 가톨릭적인 전망의 관점 안에 자리하고 있습니다."

그가 아드리엔 폰 슈파이어를 만나던 시기에 쓴 책이 바로 《세계의 심장》(1944)이다. 이 책은 예수 그리스도의 형상 안에 있는 인간적인 측면과 세상을 구속하시며 모든 것을 포용하는 우주적인 측면을 결합하는 것에 관한 책이다. 그는 이 두 가지 측면을 연결하기 위해 자신을 포기하고 세계의 심장인 예수 성심에, 삼위일체의 위격적 결합에 그 자리를 내어 주어야 함을 이야기하고 있다. 이 작품은 발타사르의 초기 작품에 속하지만 향후 그가 나아갈 신학적 방향을 문학적인 형식으로 제시하고 있다는 점, 그의 신학적, 문학적 총체總體가 담겨 있다는 점에서 특히 중요한 가치를 지니고 있다. 그래서 그는 이 작품을 1988년 6월, 자신이 세상을 뜨기 얼마 전에 재출간하기로 하고 이때 비로소 머리말을 썼다.

이 머리말에서 발타사르는 "이 책의 영적 함의含意는 시간의 흐름 속에서도 변하지 않았다."고 단언하며, 사랑의 본질 자체로 자신을 드러내는 그 심장 박동에 대한 애정을 드러냈다. 또한 이 작품의 서정 문학적 양식이 호소력이 있을지 걱정하면서도 세상의 소음 속에서 이 심장의 박동을 느끼기 힘든 청춘들에게 이 글을 바치며 그들이 사랑의 본질 자체를 발견하기를 바랐다. 이렇게 할 수 있었던 것은 오래도록 학생들을 지도하며 그들의 고민과 영적 성장에 깊은 애정을 가졌기 때문이다.

한편 발타사르는 학생들을 지도하며, 재속 수도회에서 하느님께 봉헌하는 삶을 더욱 더 소중히 여기게 되었다. 그는 《평신도와 수도자 신분》에서 이러한 수도 성소가 지닌 아름다움과 그 본성에 대해 썼다. 1948년 그는 이 새로운 영성 생활의 형태에 자신을 봉헌하기 위해, 그리고 더 자유롭게 학문에 정진하며 작품 활동을 하기 위해, 예수회 총장 신부로부터 수도 서원에 대한 관면을 얻게 된다. 그 후 1952년 《성벽을 무너뜨리다》라는 책을 출간했는데, 여기서 그는 교회가 여러 세기 동안 자신을 가둬 온 격리 구역에서 나와야 하며, 자신과 세상, 가톨릭 신자들과 여타 다른 그리스도인들, 종교와 문화 그리고 과학 간에 세워 둔 인위적인 장벽을 무너뜨려야 한다고 주장했다. 다소 파격적인 내용을 담은 이 작품은 당시에 이해받지 못했으며 신랄한 논쟁을 야기했다.

이를 비롯한 여러 가지 이유로 인해 발타사르는 1962년부터 열린 제2차 바티칸 공의회에 참여하지 못했다. 그러나 비록 직접 참석하진 못했지만, 공의회에 큰 영향을 미쳤다. 개혁과 현대화에 대한 그의 사상은 광범위한 동의를 얻어 냈으며 상당히 많은 공의회 본문에 생명력을 전해 주었다. 공의회 준비 기간과 회의 기간 동안 발타사르는 긴급한 요청들에 대해서 대변인 역할을 했다. 이어서 공의회가 폐막된 다음, 교회가 현대화되어 가는 광경을 직접 지켜보면서, 공의회의 의도가 오해받고 왜곡되는 것을 막고 그리스도의 메시지가 순수하게 보존되게 하려고 했다.

1961년 그는 기념비적인 신학대전을 작성하기 시작했다. 이 작품은 전체 16권의 3부작으로 되어 있는데, 《영광》 7권, 《하느님 드라마》 5권, 《하느님 논리》 3권(그리고 《후기》 1권)이다. 그는 공의회 이후 새로운 벗들로 구성된 그룹에 속하게 되었으며, 언제나 더 많은 책임과 어지러움을 정리할 역할이 주어졌다. 그가 주도한 '친교와 해방' 운동과 같은 일들이 그러하다. 그는 이를 위해 《세상 안에서 그리스도인의 책임》(1971)이라는 작품을 썼다.

또한 1972년 〈친교*Communio*〉라는 잡지를 창간하고 발행하는 일도 하였다. 이 잡지는 생생하고 현실적인 신학적 사색을 증진하는 것을 목적으로 하면서도 가톨릭 전통과 충만한 조화를 염두에 둔 가톨릭에서는 의미가 큰 잡지다. 그는 매년 잡지 편집을 위해 바젤에서 제한된 모임을 조직했다. 거기서 제안된 각각의 주제에 대해 다양한 조언을 하고, 어려움들을 밝게 드러내 이에 대한 해결책을 제시하곤 했다. 1984년 요한 바오로 2세 교황은 그의 공로를 치하하며 그에게 바오로 6세 국제 학술상을 수여했다.

발타사르는 마드리드에서 있었던 국제 편집 회의에서 돌아온 후, 추기경에 임명되었다는 소식을 들었다. 당시 상당히 지치고 병든 상태였지만, 교황에게 순명하기 위해 그 직무를 받아들였다. 그러나 추기경좌에 오르기 이틀 전인 1988년 6월 26일 이 세상에서 마지막 날을 보냈다. 당시 그의 책상 위에는 자신의 친구들을 위해 이제 거의 마지막이 된, 매년 성탄 선물로 준비하곤 했던 원고가 놓여 있었다. "만일 여러분이 어린아이처럼 되지 않는다면…" 이는 그의 마지막 증언이었다.

발타사르는 평생 단행본 119권, 논문 532편, 공동 집필서 114편, 번역서 110권을 남겼다. 그 가운데 《영광》, 《하느님 드라마》, 《하느님 논리》는 그의 사상을 종합한 것으로 여겨지며, 그 외에도 바르트에 대한 연구서와 이레네오, 고백자 막시모, 니사의 그레고리오, 오리게네스 등 교부에 관한 글은 특히 유명하다.

발타사르는 무엇을 이야기했는가?

한스 우르스 폰 발타사르는 20세기의 가장 독창적인 가톨릭 신학자이다. 그는 다음 두 가지 면에서 독특한 점을 지니고 있었다. 첫 번째는 아름다움을 통해 계시를 해석하고자 했다는 점이다. 이러한 점에서 그의 새로운 신학적인 체계가 탄생하였다. 그래서 그의 신학 체계는 '신학적 미학'이라고 불리곤 한다. 두 번째로 그는 인상 깊은 광범위한 문헌들을 바탕으로 각각의 작품들을 풍요롭게 했다. 그의 스승 앙리 드 뤼박은 그를 일컬어 "우리 시대에 가장 교양 있는 사람"이라고 평가했다.

발타사르의 또 다른 독특함이라고 한다면, 그가 공의회 이전에는 진보주의자들과 개혁주의자들 편에 있었던 반면, 공의회 이후에는

'전통주의자들'의 선두에 섰다는 점이다. 그러나 이러한 변화로 인해 그가 자신을 부정했다거나 공의회에 의해 승인된 현대화 계획을 거부했다고 이해해서는 안 된다. 그는 항상 충실한 신앙인이었고 공의회가 세운 계획에 대한 정확하고 올바른 해석을 옹호했다. 사실, 그는 전례 운동, 에큐메니즘 운동, 성경 운동, 신학 운동에 내재된 위험과 애매모호함을 강력하게 고발했으며, 비신화화, 세속화에 대한 공의회의 해석에 결정적으로 기여했다. 공의회는 세속적인 정신에 굴복하지 않고 그리스도교 진리의 절대적인 가치를 보존했다. 그가 존경했던 뤼박과 마찬가지로, 발타사르는 우리 시대의 문제들을 깊은 애정을 가지고 과거의 유산에 연결할 줄 아는 특별한 감수성을 지녔다. 그는 한편으로는 성경과 교부들을 매우 사랑했으며, 또 한편으로는 세상과 현대인을 향해 개방적 자세를 취했다.

그는 신비주의를 다시 부각시켰는데, 이는 아드리엔 폰 슈파이어의 영향이 클 것이다. 그는 사색적이기보다는 관상적인 신학을 펼쳤으며, 추상적이고 냉철하며 기계적인 사색에 대해서는 강한 반감을 보였다.

그가 자신의 신학을 통해 지향했던 것은 신적 계시에 대해 완전하고도 철저한 틀을 제시하는 것이었다. 그는 인류를 향한 하느님의 거룩함의 현현을 우리가 어떻게 지각할 수 있는지에 관해 답을 하고자 하였다. 이러한 목적을 이루기 위해 그는 삼중적인 초월의 길(아름다움, 선성善性, 진리)을 다루었다. 그리고 이 가운데 아름다움에 우선순위를 부여했다.

이탈리아의 텔레비전 방송 인터뷰에서 발타사르는 이러한 선택을 하게 된 이유에 대해 다음과 같이 직접 말했다.

"저는 《영광》의 첫 페이지부터 3부가 있을 거라고 언급한 바 있습니다. 그리고 각 부분에 '아름다움', '드라마', '하느님 논리'라는 이름을 부여했습니다. 이러한 구분은 세 가지 초월적 개념(아름다움, 선성, 진리)에 바탕을 두고 있습니다. 이 3부작은 신학에 대한 완전한 비전을 위해 필요합니다. 저는 '아름다움'과 함께 시작했는데, 이는 어린아이가 보는 첫 번째 실재 또는 단순한 사람이 감지하는 첫 번째 실재가 존재의 광채光彩이기 때문입니다. 이 개념을 신학으로 옮기기 위해 제가 본 첫 번째 실재는 그리스도 안에서 드러나는 하느님의 광채입니다. 그것은 모든 현세적, 인간적 실재와는 완전히 다른 하느님의 드러나심을 말합니다. 이러한 첫 번째 감지 행위는 또한 흠숭의 행위로서, 이 흠숭은 여타 모든 것을 지배한다고 생각합니다. 이 점은 복음서에도 잘 드러납니다. 예컨대, 마태오 복음서의 마지막에 그리스도께서 발현하시자 제자들은 엎드려, 먼저 그분을 흠숭했습니다. 왜냐하면 그들은 그분에게서 신성神性을 알아보았기 때문입니다. 이어서 그들은 사명을 받게 되며, 이는 그들에게 삶의 드라마가 됩니다. 마지막으로, 그들은 인간의 언어로 표현되어야 할 그 무엇을 선포해야 했습니다. 그것이 바로 논리입니다. 바로 여기에 3부가 있습니다."

발타사르는 참된 가톨릭적 특징을 지닌 신학 체계를 완성하려 하였다. 그러기 위해 그는 하느님의 빛과 말씀을 받아들이려고 인류가 거쳐 온 모든 진로, 곧 문학적, 철학적, 신학적, 시적, 종교적, 신비적 진로를 탐색했다. 그러면서 하느님과 그분의 '자기 계시'라는 주제가 인류의 사상사에서 취한 모든 형태를 세심하게 탐구했다. 그는 철학을 계시와의 만남에 이르기 위해 나아가는 의식이나 무의식으로 여겼다. 그러나 이는 현재의 실재 역사 속에서 이루어지는 것으로 "그리스도교 메시지를 오늘의 세계에 믿을 수 있고 수용 가능한 것으로 제시하는 것"을 지향한다. 따라서 발타사르의 신학에 대해서는 다음과 같이 말할 수 있다.

"발타사르의 신학은 본질적으로 호교적護教的이며 대화적이다. 그의 신학이 복음의 진리를 분명히 드러내고 옹호한다는 점에서 호교적이며, 그리스도교의 진리를 우리 시대의 사람들에게 이어 준다는 점에서 대화적이다."

지은이 **한스 우르스 폰 발타사르**

1905년 스위스 루체른에서 태어났다. 문학에 관심이 있어 1928년에 취리히 대학교에서 독일 문학 박사 학위를 취득하였으나, 문학을 공부하면서 신학에 관심이 생겼다. 1929년에 예수회에 입회하였고, 1936년 사제로 서품되었다. 그러나 아드리엔 폰 슈파이어를 만나 재속 수도회에 애정을 갖게 되어 1948년 예수회에서 퇴회하였다. 제2차 바티칸 공의회에 큰 영향을 미쳤으며, 1972년에는 현재까지도 중요하게 여겨지는 잡지인 〈친교*Communio*〉를 창간하기도 하였다. 1988년 요한 바오로 2세 교황은 그를 추기경에 서임하였으나 수여식 이틀 전에 세상을 떠났다. 주저인 《영광》 7권, 《하느님 드라마》 5권, 《하느님 논리》 3권을 포함하여 평생 동안 단행본 119권, 논문 532편, 공동 집필서 114권, 번역서 110권을 남겼다.

옮긴이 **김혁태**

전주교구 사제로 독일 프라이부르크 대학교에서 신학 박사 학위를 받았으며 현재 광주가톨릭대학교에서 사제 양성에 힘쓰고 있다. 옮긴 책으로 《공의회 새로운 시작》, 《예수 마음 코칭》, 《쉰보른 추기경과 다윈의 유쾌한 대화》, 《사람아, 그대의 품위를 깨달으라》, 《주님의 기도 바로 알기》, 《믿음의 재발견》 등이 있고, 논문으로 "예외 없는 희망? 발타살의 '지옥' 담론과 그 종말론적 귀결에 대한 고찰" 등이 있다.